어린이 청소년,
책하다
힙하다

서로이음_사서교사 서평집
어린이 청소년, 책하다 힙하다

2025년 9월 29일 1판 1쇄 펴냄

글 한국학교도서관협의회
편집디자인 책마을해리

펴낸곳 도서출판 기역 | 출판등록 2010년 8월 2일(제313-2010-236)
주소 경기도 파주시 회동길 363-8 출판도시 | 전북 고창군 해리면 월봉성산길 88 책마을해리
전화 070-4175-0914 | 전송 070-4209-1709 | 전자우편 bookdota@naver.com

ⓒ 한국학교도서관협의회, 2025
ISBN 979-11-94533-14-6(03810)

 이 책은 친환경 종이로 만들었습니다.

서로이음_사서교사 서평집

어린이 청소년,
책하다
함하다

한국학교도서관협의회 지음

ㄱ

여는글

읽는다는 것의 새로운 풍경, 공간에서 피어나는 책 이야기

    사서교사로 근무한 지 20년, 한 해가 다르게 우리 아이들의 독서 환경이나 독서를 즐기는 문화가 달라지고 있음을 느낍니다. 요즘 아이들은 어디에서 책을 읽을까요? 도서관? 서점? 어쩌면 스마트폰 속?

    아이들은 그들이 좋아하는 공간에서, 그들만의 방식으로 '읽고' 있습니다. 누군가는 독립서점 한켠에서 만화책을 펼치고, 누군가는 카페형 도서관에서 음악과 함께 시집을 들여다보고, 또 다른 누군가는 책보다 먼저 공간에 반해, 그곳에서 책을 만나기도 하죠.

    이번 서평집의 주제는 '텍스트힙(Text Hip)을 이끄는 어린이청소년 독자들'입니다. 책이라는 텍스트가 힙해진다는 건 무슨 의미일까요? 우리가 텍스트라고 하면 보통은 '글자'나 '문자'를 떠올리지만, 이제 텍스트는 더 이상 종이에 찍힌 활자에 머물지 않습니다. 책을 둘러싼 공간, 그 안의 사람들, 콘텐츠가 주는 감각과 취향까지 모두 텍스트의 일부가 됩니다. 그리고 그 텍스트가 지금 이 시대, 이 세대의 감성과 만나면 '힙'이라는 단어가 붙게 되는 거죠.

    우리는 이 흥미롭고도 소중한 변화의 흐름을 따라가 보기로 했습니다. 아이들이 좋아하는 작은 책방, 청소년 전용 복합문화공간, 학교도서관 등 다양한 장소를 직접 찾아가, 그들이 어떤 책을 읽고 어떻게 즐기는지를 가까이서 지켜보았습니다. 아동 청소년 문학을 다루는 평론가와 인터넷 서점 MD의 이야기도 들어보았고요, 그 속에서 우리는 '읽는다는 것'이 단순한 행위를 넘어 자기 취향을 표현하고, 연결하고, 성장하는 방식으로 자리 잡고 있음을 확인할 수 있었습니다.

어린이청소년들은 끊임없이 책과 함께 호흡하고, 반응하고, 변화하고 있습니다. 그들은 더 이상 수동적인 독자가 아니라, 책을 통해 자신만의 세계를 만들어가는 창조자이자 실천자입니다.

이 서평집에는 그런 어린이청소년들의 다채롭고 생생한 독서 풍경이 담겨 있습니다. 더불어 서로이음 서평단의 감각적인 책 리뷰, 학교도서관을 사랑하는 학생들과 교사들의 진솔한 글까지 독서를 향한 이들의 애정이 곳곳에 녹아 있습니다.

'텍스트힙을 이끄는 어린이청소년 독자들'의 흔적들을 모은 작은 아카이브와도 같은 이 서평집이, 오늘도 아이들과 책 사이를 잇기 위해 조용히, 때론 열정적으로 애쓰는 독자분들에게 작은 응원이 되기를 바라며, 글을 마칩니다.

서로이음 기획단 구혜진, 나현정, 김담희, 배고은, 심하나, 정경진을 대표하여

심하나 사서교사

차례

004 여는글_읽는다는 것의 새로운 풍경, 공간에서 피어나는 책 이야기

 텍스트힙을 이끄는 어린이청소년 독자들

학교도서관 독서활동 … 012
  013 (초등학교) 학교도서관, 달의 뒤편 ‖ 신윤해
  021 (중학교) 어떤 중학생이 어떤 독자가 되기까지 ‖ 박인혜
  026 (고등학교) 인문학적 상상력이 필요한 시대 ‖ 나현정

인터뷰 … 033
  034 책의 온기를 마이크에 담아내는_유영진 평론가 ‖ 구혜진
  041 책 바다에 물 들어온다. 자, 책갈피 노를 저어라_교보문고 허이진 MD ‖ 이대건

에세이 … 047
  048 책쓰기 동아리 운영기_독자에서 작가로, 나의 이야기를 세상으로 ‖ 정원진

책공간 … 056
  058 광주광역시교육청학생교육문화회관 항로1216_청소년의 꿈을 응원하는 ‖ 구혜진
  061 그림책방 씨앗_우리 동네에도 그림책방이 필요해 ‖ 김담희
  064 꿈샘어린이청소년도서관과 충북교육도서관 청소년공간 빛나래
      _오롯이 어린이청소년만을 위한 ‖ 심하나
  067 동대전도서관_아이들과 청소년을 위한 열린 공간 ‖ 정경진
  069 트윈세대 도서관: space T 프로젝트_트윈과 틴을 위한 상상력 자극 도서관 ‖ 나현정

어린이청소년 독자의 목소리 … 073
  074 나의 도서관 루틴 ‖ 김예인(좌야초)   075 도서관을 다르게 보는 법 ‖ 김승연(이리영등중)   076 나에게 도서관이란? ‖ 김지율(이리영등중)   077 도토리숲에서 나만의 도토리 찾기 ‖ 전시은(이리영등중)   078 도서관, 나의 작은 세상 ‖ 김지윤(수곡중)   078 우리 학교 VIP석 ‖ 송윤혜(수곡중)   079 숲도서관에서 시작된 나만의 아침 ‖ 윤영채(성암국제고)   081 나만 아는 도서관의 이 작은 공간 ‖ 이정찬(오송고)

주제서평 … 084
  085 이파라파 냐무냐무 ‖ 박은비   087 나는 3학년 2반 7번 애벌레 ‖ 방민지   089 맞아 언니 상담소 ‖ 신윤해   091 고양이 해결사 깜냥 ‖ 이지은   093 푸른사자 와니니 ‖ 주경   095 열다섯에 곰이라니 ‖ 이슬기   097 아몬드 ‖ 허민영   099 회색인간 ‖ 신정임

서로이음 추천도서 서평

초등학교 낮은학년

- 102 『사자마트』 편견을 깨고 진심을 마주한 순간, 마음에도 별이 뜬다 ‖ 방민지
- 104 『수영을 할 수 있게 되면』 낯선 세계 앞의 용기 ‖ 방민지
- 106 『호호호호박』 호호호호 웃음 파티에 초대합니다! ‖ 이성연
- 108 『해든 분식』 내가 음식으로 변한다면? ‖ 이성연
- 110 『감정 호텔』 감정이 눈에 보인다면? ‖ 이예지
- 112 『불안구슬』 불안을 돌보는 방법 ‖ 이예지
- 114 『생쥐 소소 선생』 공감과 소통이 필요한 당신에게 ‖ 이주영
- 116 『그래도, 용기』 어제보다 한 발짝씩 성장하는 아이 ‖ 이주영
- 118 『난독의 계절』 '지금'이 모여 만든 '행복' ‖ 이주영
- 120 『우리는 괴롭힘을 이겨낼 거야!』 아이에게는 용기, 어른에게는 위로가 되어주는 ‖ 주경
- 122 『작은 죽음이 찾아왔어요』 그림책이 전하는 다정한 이별의 인사 ‖ 주경
- 124 『마트에 간 햄스터』 경제, 유통, 사회를 팝니다! 마트 탐구 생활 ‖ 방민지
- 126 『내 친구 도감』 학교생활, 이럴 땐 이렇게! ‖ 이성연
- 128 『멋진 민주 단어』 '지금-여기-우리 삶' 멋진 우리의 단어 ‖ 이성연
- 130 『나는 소고기입니다』 고기의 일생 ‖ 이예지
- 132 『피노키오에게도 미디어 리터러시가 필요해』 디지털 환경에서 인권을 지키는 방법 ‖ 이주영
- 134 『사람이 사는 미술관』 삶을 아름답게 바라보는 시선 ‖ 이주영
- 136 『인생의 규칙』 인생의 규칙이 알려주는 삶의 지혜 ‖ 주경
- 138 『시스티나 성당 천장화』 예술과 역사를 함께 올려다보자! ‖ 방민지
- 140 『초밥이 여행을 갔어요』 한 번 보고 끝? 열 번 봐도 새로운 그림책 ‖ 주경
- 142 『플라스틱은 왜 지구를 해칠까요?』 우리는 왜 지구를 지켜야 할까요? ‖ 방민지
- 144 『반딧불이 정원의 어느 밤』 새벽을 깨우는 작은 빛, 밤의 정원에서 ‖ 이성연
- 146 『얼음산 빙수 가게』 건강한 자연은 영원하지 않아 ‖ 이예지
- 148 『자, 맡겨 주세요!』 지구에게 필요한 건 감기약이 아니라고요 ‖ 이예지
- 150 『나무는 자라서 나무가 된다』 아이와 함께 자연의 신비를 발견하는 따뜻한 대화 ‖ 주경

서로이름 추천도서 서평

초등학교 높은학년

152 『반가워요, 여신님!』 이 책 때문에 흥이 다 생겨버렸으니까, 책임져 ‖ 김수정
154 『고백 시대』 사랑과 거절을 처음 배우는 아이들 ‖ 방상미
156 『제로의 비밀수첩 쉿!』 비밀수첩으로 보는 아이의 성장 ‖ 방상미
158 『암행어사 박아지』 바가지를 든 소녀 암행어사 박아지 ‖ 최주연
160 『선감학원의 비밀』 기억과 치유 ‖ 이경혜
162 『열세 살 우리는』 뜨거운 한때를 지나고 있을 열세 살에게 ‖ 이선미
164 『언제나 다정 죽집』 다정함은 다정함으로 돌아온다 ‖ 이선미
166 『배송 완료』 택배가 우리 집에 오기까지 ‖ 김수정
168 『변호사 어벤져스』 어린이 변호사 특공대 ‖ 최주연
170 『생각실험실』 생각 작동 메커니즘 ‖ 최주연
172 『스포츠 인문학 수업』 스포츠 속 또 다른 세계 ‖ 최주연
174 『일제 강점기 최초의 여성 노동 운동가 강주룡』
    여성 노동자의 권리를 위해 자신을 던진 을밀대 영웅 ‖ 이경혜
176 『재밌게 걷자! 경복궁』 걸으면서 탐험하는 경복궁 이야기 ‖ 이경혜
178 『편의점에서 경제도 파나요?』 오늘 우리는, 편의점에서 경제도 산다! ‖ 이선미
180 『예술이 왜 필요할까?』 이제는 나도 예술을 말할 수 있다 ‖ 김수정
182 『왜 유명한 거야, 이 그림?: 한국미술』 초등학생을 위한 한국 미술 입문서 ‖ 방상미
184 『아는만큼 보이는 세계명화』 화가의 수수께끼를 풀어봐요! ‖ 이경혜
186 『오케스트라가 궁금해』 오케스트라를 나눠요 ‖ 이선미
188 『4번 달걀의 비밀』 숫자로 표현되는 닭의 삶 ‖ 김수정
190 『라면 공부책』 라면 공부 ‖ 김수정
192 『김대식 교수의 어린이를 위한 인공지능』
    인공지능이 발달한 미래, 우리는 어떻게 살아야 할까? ‖ 방상미
194 『서울대 교수와 함께하는 10대를 위한 교양 수업 8』 고생물학으로 보는 공룡의 세계 ‖ 방상미
196 『매머드 매쓰』 재미있는 수학으로의 한 걸음 ‖ 최주연
198 『선생님, 탄소 중립을 이루려면 어떻게 해야 해요?』 초등학생이 기후를 지킬 수 있을까? ‖ 이경혜
200 『열두 살 궁그미를 위한 지구과학』 책으로 떠나는 지구탐험 ‖ 이선미

서로 이음 추천도서 서평

중학교

- 202 『라이프 재킷』 극한의 상황에서 우리는 어떤 모습일까? ∥ 허정
- 204 『이중 하나는 거짓말』 어떤 거짓은 용서하고 어떤 진실은 승인해주는 ∥ 윤은정
- 206 『기념일의 무게』 '왕 다이아몬드 반지'가 갖고 싶어! ∥ 이혜은
- 208 『냠냠』 마음을 배려 있게 표현하려면 ∥ 이혜은
- 210 『연남동 빙굴빙굴 빨래방』 한 세탁기를 쓰는 사이입니다 ∥ 한지희
- 212 『나의 열여섯 살을 지켜준 책들』 고전 문학, 너를 지켜줄 이야기 ∥ 한지희
- 214 『너의 마음이 부를 때』 부르면 달려올 누군가가 있다는 위로 ∥ 조은혜
- 216 『순일중학교 양푼이 클럽』 양푼이 안에 담긴 우정과 위로의 세계 ∥ 조은혜
- 218 『십 대를 위한 기후 수업, 나는 풍요로웠고 지구는 달라졌다』
  우리 모두가 속해 있는 이 세상은 달라졌다 ∥ 허정
- 220 『나는 캐나다의 한국인 응급구조사』 삶은 치열했지만 따스했다 ∥ 허정
- 222 『나의 첫 지정학 수업』 세계사 흐름을 꿰뚫는 지리의 힘 ∥ 윤은정
- 224 『혐오, 나는 네가 싫어』 너와 나의 경계를 지키는 힘 ∥ 윤은정
- 226 『괜찮아?!』 도움이 필요한 아이에게 ∥ 이혜은
- 228 『요즘 10대를 위한 최소한의 맞춤법』 한국인도 한국어가 어렵다 ∥ 이혜은
- 230 『(변호사 아빠와 떠나는) 민주주의와 법 여행』 "정치? 나랑 상관있어!" ∥ 한지희
- 232 『명화의 탄생, 그때 그 사람』 한 사람의 인생이 한 점의 명화가 되기까지 ∥ 윤은정
- 234 『요즘 아이들을 위한 요즘 K-pop 작사 수업』 노래 한 곡, 메시지를 담을 시간 ∥ 이혜은
- 236 『내 몸 쓰는 법』 지금 당장 운동하고 싶어지는 책 ∥ 한지희
- 238 『세계관 만드는 법』 다양한 예시로 풀어낸 창작의 설계도 ∥ 조은혜
- 240 『하리하라의 과학배틀』 사회 속에서 나의 의견을 분명히 해야 하는 이유 ∥ 허정
- 242 『과학이 지구를 구할 수 있나요?』 과학적 사고로 기후 변화 바라보기 ∥ 윤은정
- 244 『10대를 위한 뇌 과학 수업』 스마트폰, 스마트하게 사용하고 있나요? ∥ 한지희
- 246 『나를 위한 첫 번째 환경수업』 일상에서 시작하는 환경 수업 ∥ 조은혜
- 248 『지붕 뚫고 홈런 스포츠 과학』 경기장 속 과학 탐험 ∥ 조은혜
- 250 『식물의 신기한 진화』 식물에게 배우는 인간의 생존 전략 ∥ 허정

서로 이음 — 추천도서 서평

고등학교

- 252 『시랑 헤어지고 싶지만 만난 적도 없는 너에게』 우리가 아직 시랑 헤어질 수 없는 이유: 시와 문해력 ‖ 권은정
- 254 『푸른 숨』 무엇이 우리를 숨쉬게 하는가 ‖ 권혜림
- 256 『페이스』 당신은 어떤 사람인가요? ‖ 김민경
- 258 『말은 안 되지만』 관심이 필요한 문제들 ‖ 김민경
- 260 『흐르는 강물처럼』 삶을 이어 나갈 용기 ‖ 김민경
- 262 『이처럼 사소한 것들』 삶을 움직이는 사소함의 힘 ‖ 신형란
- 264 『낭독을 시작합니다』 소리 내어 읽는다는 것은 마음을 나누는 일 ‖ 신형란
- 266 『왜 우리는 가짜 뉴스에 더 끌릴까』 질문하고 참여하는 미디어 리터러시가 필요해 ‖ 권은정
- 268 『달력으로 배우는 인권 수업』 기념일로 열어 보는, 사람을 존중하는 수업 ‖ 권은정
- 270 『청소년을 위한 김난도 교수의 트렌드 수업1』 이제는 나도 트렌드 읽는 사람 ‖ 권혜림
- 272 『광고의 모든 것』 청소년을 위한 광고 길잡이 ‖ 권혜림
- 274 『도시 대 도시! 맞짱 세계지리수업』 반대라서 더 궁금하고 끌리는 도시 이야기 ‖ 권혜림
- 276 『인공지능은 선생님을 대신할까요?』 청소년에게 필요한 AI윤리 이야기 ‖ 권혜림
- 278 『돈은, 너로부터다』 돈은 근접전이다 ‖ 김민경
- 280 『시대예보: 호명사회』 미래에 날 부르는 이름은 무엇일까? ‖ 신형란
- 282 『좋은 문장 표현에서 문장부호까지』 어색한 내 문장을 구해줄 우리말 처방전 ‖ 이유진
- 284 『나는 나를 지킵니다』 자신을 지키면서 관계를 유지하는 방법 '경계 존중' ‖ 이유진
- 286 『선율 위에 눕다』 낯선 클래식, 익숙한 감정으로 들어가보자 ‖ 권은정
- 288 『화가가 사랑한 나무들』 그림 속 나무들이 마음을 품다 ‖ 신형란
- 290 『눈이 보이지 않는 친구와 예술을 보러 가다』 다름을 통해 배우는 '진정한 봄' ‖ 이유진
- 292 『화학의 역사』 변화의 역사, 과학의 흐름 ‖ 권은정
- 294 『찬란한 멸종』 멸종이 찬란한 이유 ‖ 김민경
- 296 『플래닛 아쿠아』 바다는 하나의 생명체다 ‖ 신형란
- 298 『지금 우리가 할 수 있는 일』 작은 실천으로 시작하는 기후 행동 가이드북 ‖ 이유진
- 300 『인공지능은 나의 읽기-쓰기를 어떻게 바꿀까』 ChatGPT가 대신 써준 글, 정말 내 글일까? ‖ 이유진

기획
특집

텍스트힙을 이끄는 어린이청소년 독자들

학교도서관 독서활동

초등학교 독서활동_**학교도서관, 달의 뒤편** | 신윤해
중학교 독서활동_**어떤 중학생이 어떤 독자가 되기까지** | 박인혜
고등학교 독서활동_**인문학적 상상력이 필요한 시대** | 나현정

학교도서관 독서활동_초등학교

학교도서관, 달의 뒤편

— 신윤해

커다란 도미노처럼 늘어진 000, 100, 200, 300, 400, 500, 600, 700, 800, 900 서가. 똑같이 생긴 네모난 서가지만 그중에서도 아이들이 많이 찾는 서가는 800 문학책이 꽂혀 있는 서가다. 이 서가는 정신없이 책들이 들락날락하며 먼지 쌓일 틈을 주지 않는다. 학생에게 선택을 받은 책들은 책가방에서 교과서와 필통에 부딪히고, 집에 와서는 소파에 던져지거나 간혹 심하면 라면 받침대가 되는 참사도 겪는다. 먼지가 소복이 쌓여 먼지 이불을 덮고 있는 100이나 200서가에 꽂힌 책들보다는 나을까 싶다가도 사람의 손에 의해 상처가 생기고 조금씩 조금씩 닳아가는 책을 볼 때면 이 책들도 나름의 고충이 있겠구나 생각이 든다. 코로나 이후로 반납된 도서를 책소독기로 소독한 뒤 다시 배가하는 관행이 생겨서 이 순간만큼은 인기가 많은 책들에겐 휴식시간이다. 사람들도 친구들과 혹은 직장동료들과 즐겁게 놀더라도 혼자만의 시간이 필요하듯, 도서관의 책도 잠시나마 혼자만의 시간이 필요하다고 생각한다.

도서관 구석 자리 인기 없는 서가 옆에는 자주 사용하지 않는 작은 소파와 언제부터 있었는지 모를 선풍기, 청소기가 자리하고 있다. 햇살이 잘 들어오는 창과도 거리가 멀리 떨어져 있어 그 주변을 지나가면 꿉꿉한 오래된 종이 냄새가 나곤 한다. 높은 서가에 그림자가 져서 인공조명도 빛을 내리쬐지 못하는 곳. 대출 반납 데스크에서 앉아 있어도 잘 보이지 않는 그곳. 그래서인지 아이들이 여럿 몰려와 몰래 장난을 치거나 해도 지도하기 여간 힘들지 않은 것이 아니었다. 어떤 날은 저 소파를 치워버릴까 싶다가도 차마 그럴 수 없었던 이유는 그 구석진 자리가 우리 도서관 달의 뒤편이기 때문이었을까?

초등학교 도서관에서 3년 동안 근무하다 보니 도서관에 오는 아이들의 부류가 나뉜다는 것을 알 수 있었다. 첫 번째는 사람들이 가장 보편적으로 도서관을 많이 찾을 것이라고 생각하는 책을 좋아하는 아이들이다. 아침 일찍 등교하자마자 문 열지 않은 도서관 앞에서 줄을 서고 기다리며, 신간 도서가 들어온 날이면 읽고 싶은 책을 다른 친구들보다 먼저 빌려보기 위해 오픈런을 하겠다는 아이들. 맛집 오픈런, 팝업 스토어 오픈런, 명품 매장 오픈런 등은 많이 듣고 보았어도 도서관 오픈런은 이런 아이들 덕분에 경험해 볼 수 있는 흔치 않은 재미난 광경이다. 두 번째 부류는 도서관을 놀이 공간으로 생각하는 아이들이다. 학교라는 공간에서 놀이 공간이 부족해 숨기 놀이, 잡기 놀이를 하러 도서관으로 놀러 오는 아이들과 책보다는 도서관 행사 상품에 혹하여 그 기간에만 도서관을 드물게 찾는 학생들도 많다. 마지막 부류는 교실을 피해 이곳으로 오는 아이들이다.

학교에서 가장 피하고 싶은 시간이 쉬는 시간과 점심시간인 아이들은 각각 그들만의 이유가 있었다. 5학년이 점심을 먹으러 가는 시간인데도 급식실에 가지 않고 도서관 구석 자리 소파에 기대어 책을 읽던 A는 불편한 친구와 시끄러운 장소로부터 도망칠 수 있는 이곳이 자신만의 비밀 공간 같다고 말했다. 서가와 서가 사이 좁은 공간에서 점심시간과 놀이 시간 내내 매일 같은 지도책을 보던 B는 점심시간만 되면 교실에서 다른 친구들이 소리를 지르며 노는 게 기가 빨리고 스트레스여서 조용한 도서관을 찾는다고 했다. 어느 날은 이미 봤던 책을 몇 번이나 반복해서 읽는 것이 신기해서 왜 그 책을 계속 읽는지 B에게 물었다.

"지도책을 펼치면 아프리카, 유럽, 북아메리카, 남아메리카, 아시아, 오세아니아 이렇게 세상이 크고 넓은 걸 계속 볼 수 있잖아요. 좁은 교실에서 벗어난 고요한 곳이 많아 보여요. 드넓은 몽골의 사막에서 쏟아질 것 같은 별을 볼 수 있다면 얼마나 좋을까요? 다른 세상도 있다는 걸 계속 보고 싶어요. 책을 보고 있으면 상상이 돼요. 그리고 언젠가 거기에 가보고 싶어요."

그 말을 듣고 나니 죄책감 같은 것이 몸 깊숙한 곳에서부터 몰려와 마음이 편치 않았다. 자그마한 교실에서 아이들이 도망쳐오는 곳이 도서관이 될 것이라고는 일하기 전에는 한 번도 생각해 볼 수 없었다. 그런 아이들을 이해해 보려고 하지도 않았다. 도서관은 책을 읽는 곳, 배움을 얻을 수 있는 곳이면 제 역할을 다하는 것이라 여겼다. 하지만 정작 도서관은 모두에게 서로 다른 이유로 자신의 자리를 내어주고 있었다. 말없이 묵묵하게 공간을 내어준 도서관과 한낱 호기심으로 도서관의 구석진 곳을 차지하는 아이들에게 어리석은 질문을 던진 내가 비교되어 부끄러웠다. 아이의 마음을 몰라주는 어른은 되지 말아야지 하고 다짐했건만 어느새 약간의 미소와 친절한 태도도 타성에 젖어 아이들에게 겨우 어색한 미소만 건네주고 있는 도서관 붙박이 어른이 되고야 말았다.

어른이 되면 어린 시절 나의 모습은 점점 잊게 되는 걸까? 되돌아보면 나도 내향적인 성향 탓인지 사람이 많고 왁자지껄한 곳을 불편해했다. 초등학생 시절에는 많은 사람 앞에서 발표하면 창피함에 얼굴이 불그스름하게 달아오르는 경험도 많고, 친구와 재밌게 놀다가도 어느샌가 집에 가서 혼자만의 시간을 갖고 싶다고 생각했다. 그런데 어른이 되고 여러 사람을 만나고 사회생활을 하다 보니 이러한 나의 성향은 조금 묻어두고 밖으로는 외향적인 사람인 것처럼 보일 수 있는 가면을 하나 얻을 수 있었다. 나도 10년이 넘어서야 획득한 사회적 외향성 가면을 아이들이 어떻게 지금 갖고 있겠는가. 당연히 그러한 불편한 장소에서 불편한 상황을 피할 수 없는 아이들에게는 잠시라도 혼자만의 시간과 공간이 필요하다.

그들의 마음을 몰라줬던 것이 한동안 계속 머릿속을 어지럽게 했고, 결국 계획에 없던 프로젝트 행사를 운영했다. '도서관은 무슨 색깔일까요?'라는 프로그램명은 사서교사인 나 스스로에게도 던지고 싶은 질문이었고, 우리 학교 학생들이 생각하는 도서관의 모습을 알고 싶은 마음을 담아 정했다. 유난히 도서관을 많이 찾았던 아이들과 행사를 같이 준비하며, 우리의 준비 과정을 영상으로 기록했다. 미니북 활동지를 제작하고, 독서 보드게임을 시연해보고, 북 큐레이션까지 함께 만들어갔다. 순수하고 말간 아이들의 웃음이 담긴 영상은 마지막에 USB에 담아 하나씩 선물했다. 이 순간이 기록으로 남아 기억이 희미해질 때 한 번쯤 꺼내어 볼 수 있기를 바랐다.

내향적이고 예민한 성향의 아이들뿐만 아니라 같은 반 친구와 쉽게 어울리지 못하는 아이에게도 도서관은 잠시 친구가 되어준다. 핏줄로 이어진 가족과 사랑하는 사람을 제외하고 어떤 누군가에게 호감을 갖기 위해서는 여러 가지 전제 조건이 필요하다. 나와 관심사가 비슷하고 성향이 맞아서 이야기만 나눠도 즐겁거나, 비슷한 목표를 가지고 상부상조할 수 있는 사람. 또는 누구에게나 호감을 살 만한 외모와 좋은 성격으로 인기를 얻는다든지의 이유가 아니라면 이유 없는 호의와 호감은 점차 찾아보기 힘든 사회다. 학교는 그런 사회의 단면을 닮아가고 친구들로부터 보편적인 호감을 얻지 못하는 아이들은 교실과 학교가 괴로울 수밖에 없다. 친구들과 무리 지어서 다른 친구를 놀이에서 배제하면 안 돼, 다 같이, 다 함께, 소외되는 친구 없이 사이좋게 지내야 돼, 하고 어른들은 말하지만 어른이 더욱 잘 알고 있지 않을까? 마음이 맞지 않는 친구와 사이좋게 지내는 것이 얼마나 어려운 일인지. 학교를 벗어나면 나와 마음이 맞지 않는 사람과 인연을 이어나가는 것을 선택할 수 있을지 모르지만 교실이라는 좁은 공간에서 불편한 사람과 1년 혹은 그보다 오래 같이 지내는

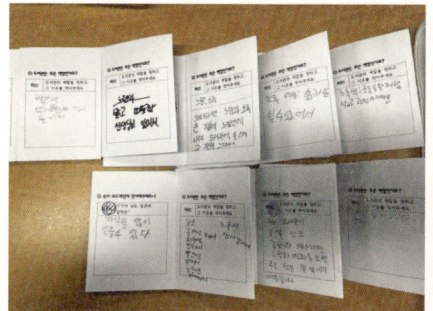

것은 의지를 갖고 바꿀 수 있는 간단한 문제가 아니다. 수업 시간은 선생님의 지도로 어울릴 수 있을지 몰라도 쉬는 시간과 점심시간, 놀이 시간까지 선생님이 모든 시간을 옆에서 도와줄 수는 없는 일이다. 그런 아이들이 잠시 편하게 쉴 수 있는 도서관이 학교에 있다니 그 얼마나 다행인 걸까.

아이들이 좋아하는 책을 수서하고 교육과정과 연계한 프로그램과 다양한 상품이 있는 도서관 행사들을 진행하면서 '도서관은 이렇게 재미있고 좋은 곳이야'라고 보여주려고 애를 쓰면서도 생각지 못한 실패와 어려움에 그만해야겠다고 생각한 적도 있었다. 하지만 부족한 초보 사서교사의 실패들 속에서도 막상 도서관은 아무런 말 없이도 누군가가 쉬어 갈 수 있는 장소로 본인의 역할을 충분히 해내고 있었다. 특별한 것이 없어도 그 자체로 좋은 곳으로.

달은 스스로 빛을 내지 못하고 달에 반사되는 태양 빛으로 인해 모습이 달리 보인다. 빛을 받는 부분이 모두 보이면 둥근 달로, 빛을 받지 못하는 부분만 보일 때는 달이 없는 것처럼 여겨지고, 달이 지구의 주위를 한 바퀴 도는 동안 달 스스로도 한 바퀴 돌기 때문에 지구에서는 달의 뒷면을 볼 수 없다. 학교와 교실이라는 지구가 있다면 아이들은 우주여행가가 되어 달이라는 도서관을 여행한다. 그중에서 어떤 아이들은 도서관 달의 뒷면을 찾아온다. 아이들이 잠시 머무르는 동안 마음이 편안할 수 있도록 쿠션과 보드라운 담요를 구석 자리 소파 위에 가져다 놓는다.

"오늘 하루는 어땠어?"
"점심은 맛있게 먹었어?"
"필요한 게 있으면 언제든지 이야기해줘."
"이 책 재밌던데, 읽어볼래?"

그리고선 하루의 안부를 묻는다. 책수레에 쌓여서 쓰러져가는 도서들과, 밀려있는 업무로 정신이 없다 보면 안부를 건네는 마음의 여유가 사라지기도 하지만 잠깐의 시간을 내어 따뜻하게 내리쬐는 태양이 되어준다면 어두운 그곳도 잠시 밝아질 수 있다. 지구에서의 삶이라는 여행이 버거울 때, 도서관의 달의 뒤편에서 잠시 머물다가 다시 지구로 되돌아가면 된다.

사람들은 저마다 도서관의 역할과 존재 이유를 다르게 생각한다. 어떤 이는 폭넓은 주제의 자료들과 참고정보서비스를 통해 지적 평등을 이룰 수 있는 공간으로, 누군가는 아름다운 건물 공간을 구성하여 주민들이 모임 장소 혹은 지역의 관광 명소로 역할을 해야 한다고 말한다. 실제로 도서관은 어린 영유아부터 청소년, 청년, 중장년, 노년층까지 남녀노소에게 각자의 이유로 이용되고 있다.

책과 함께 인생을 시작하는 북스타트운동은 영유아부터 도서관의 책을 접하며 아기들이 책과 친해지고 부모가 직접 책을 읽어주며 관계 형성에도 좋은 영향을 미칠 수 있다는 점에서 의미가 있다. 청소년 시기에 접어들면 학업으로 인해 절대적으로 책을 읽을 수 있는 시간이 줄고, 여러 미디어의 영향으로 글과 점점 멀어지게 되는데, 이는 문해력의 부족과 사회적 감수성 역량의 발달 부족을 야기한다. 이러한 현상이 점점 사회적 문제로 대두되면서 지자체 공공도서관과 국가 도서관에서는 청소년을 위한 문화 공간과 다양한 프로그램 운영에 힘쓰고 있다. 성인들에게는 각종 자격증 공부와 자기 계발을 위한 평생교육의 장소로서 역할을 한다. 사서들의 열정과 노력이 있었기에 도서관이 존재하고 이와 같은 다양한 역할을 잘 수행해 낼 수 있다.

이처럼 학교도서관 사서교사라는 직업도 멀리서 접하는 사람들에게는 좋은 책을 선별하고 도서관에서 책을 읽으며 더 나은 서비스 제공을 위해 존재하는 직업으로 생각하기 쉽다. 책과 소통하는 업무가 주이지, 도서관을 찾는 이들과의 소통은 부수적인 일이라고 여기곤 한다. 하지만 사서교사라면 지구에게 따뜻함을 주는 '태양'처럼 도서관을 찾는 이들에게 따뜻한 관심을 건네는 역할을 해낼 수 있어야 한다. 도서 대출과 반납을 도와주며 학생이 어떤 분야에 관심을 가지고 있는지, 도서관에서 뛰어노는 학생을 보며 오늘 어떤 행복한 일이 있는지, 혹은 도서관 책상에서 울고 있는 학생을 보며 어떤 슬픔이 있길래 도서관에 왔을지, 이러한 작은 관심으로 도서관은 딱딱한 분위기에서 벗어나 행복한 아이든 슬퍼하는 아이든 언제나 자유롭게 찾아갈 수 있는 장소가 된다. 첫 시작은 간단하다. 따뜻한 인사와 간단한 안부를 건네는 것이다.

"안녕하세요, 오늘 하루는 어땠나요?"
"오늘 표정이 즐거워 보이네요."

학교도서관은 초등학생부터 고등학생까지 주로 아이들이 이용하는 공간이기에 자신의 관심사 혹은 관련 과제 해결을 위해 도서를 찾을 때 사서의 전문적 도움을 더욱 필요로 한다. 그러나 이러한 역할 외에 따뜻한 관심을 가져줄 수 있는 마음도 중요하다. 삶은 누구에게나 버거울 때가 있는 것이라 아이들도 그 나이 때의 걱정과 고민거리들로 힘들고, 그러한 과정 안에서 내면이 점차 성숙해지고 성장한다. 어른이 되는 길에서 피할 수 없는 성장통이고 아픔이겠으나 그 무게가 버거운 날엔 잠시라도 쉬어가고 숨어있을 곳이 필요하지 않을까. 학교도서관이 달의 뒤편이 되어 그들을 품어주면 어떨까.

교실과 학교에 지친 아이들에게 학교도서관에서 '달의 뒤편 자리를 지켜주는 사람으로 남아야지'하고 다짐해 본다. 서가와 서가 사이 빛이 잘 들지 않아 어두운 구석 자리가 필요한 누군가가 있다면 그곳에 잠깐 책 한 권과 함께 편안히 숨어 있을 수 있도록 마음을 내어주고 싶다.

학교도서관 독서활동_중학교

어떤 중학생이 어떤 독자가 되기까지
— 박인혜

중학생 독자 관찰기

 "우와. 저 이 책이랑 똑같은 제목의 영화 봤어요! 이 책, 그 영화랑 내용이 똑같아요?" '오늘 누군가가 반납한 책 코너'에서 『파과』를 발견한 아이가 묻는다. "엉. 그 영화 원작이 이 책이야. 영화도 잘 만들어졌다고 하던데 책도 엄청 재밌어. 주인공이 할머니 킬러야. 벌써 재밌지?"
 우리 도서관에서 흔히 오가는 대화이다. 중학생들은 교실과는 다른 분위기를 느끼고 싶어 도서관을 찾는다. 서가 사이를 돌아다니다가 어디선가 본듯한 제목의 책, 책등의 제목이 독특한 책 혹은 표지가 끌리는 책을 고른다. 대다수는 몇 장 훑어보고 원래 자리에 다시 꽂지만 어떤 아이는 다시 반납해야 한다는 귀찮음을 무릅쓰고, 연체될 수 있다는 불안함을 안은 채, 대출반납대로 향한다. 이 얼마나 귀한 발걸음인가. 이 글은 이렇게 작고 소중한 중학생 독자들의 관찰기다.
 중학생 독자를 한마디로 표현하면 '친생친사'-친구에 살고, 친구에 죽는 독자다. 친구가 읽는 책을 곁눈질로 보다가 그 친구가 반납하는 동시에 대출하기도 하고 친구와 수다를 떨다가 그 책이 재미있다는 추천을 받고 관심을 가지기도 한다. 도서관 가자는 친구를 따라왔다가 점심시간에 의외로 붐비는 도서관을 보고 '나도 책 좀 읽어야지' 하며 큰마음 먹고 책을 빌리기도 한다. 슬프게도 이런 학생들은 보통 그대로 연체자가 되지만, 사서 선생님의 간택을 받아 '명예 도서부'가 되기도 한다. 아이러니하게도 명예 도서부는 '언젠가 결원이 생기면 저를 뽑아주세요!'라는 열정으로 도서부보다 책 정리를 더 성실히 하는 경우도 많다.

덕질이 독서로 이어지기도 한다. 아이돌에게 실시간으로 메시지를 받을 수 있는 어플을 구독하는 아이는 "작사를 할 때 그동안 읽은 책들이 밑거름이 됐다"며 좋아하는 아이돌이 추천한 베르나르 베르베르의 책을 찾아 읽는다. 좋아하는 사람이 읽었다는 이유만으로 책을 빌리는 모습은, 그 자체로 아름다운 덕질의 한 장면이다.

의외로, 수업시간에 교사가 읽고 있는 책 이야기를 해주면 아이들이 도서관으로 달려오기도 한다. "범죄를 저질렀지만 법의 심판을 피해간 열 명의 사람이 편지를 받고 한 외딴 섬에 모이게 됐어. 첫날 밤 이후 '열 명의 인디언 소년들' 노래 가사에 맞추어 한 명씩 사라지게 되거든. 외딴 섬에 모인 사람들 중 범인이 숨겨져 있다는건데…. 범인은 과연 누구일까?" 이렇게 선생님이 추리소설의 앞부분만 이야기해주자, 아이들은 점심시간에 3층에서 도서관이 있는 1층까지 헉헉대며 달려왔다.

"『그리고 아무도 없었다』 어디 있어요, 사서샘?"

학급 학생들에게 읽는 책을 감칠맛나게 공유하는 것도 학급운영에 독서교육을 녹여낼 수 있다는 것을 실감한다.

학교도서관에 드나드는 청소년 독자들은, 가장 가까운 어른인 교사들이 도서관에서 어떤 책을 빌리는지, 선생님들의 독서모임에서는 어떤 책을 읽는지 궁금해한다. 어쩌면 그 모습이, 자신이 그려보는 미래의 자화상에 가깝기 때문일 것이다. 그렇게 청소년 독자가 성인 독자, 평생 독자로 성장해가는 모습은 상상만으로 흐뭇해지는 독자의 일대기다.

작은 사서들, 도서부

도서관에는 사서교사 외에도 중요한 운영 주체가 있다. 바로 '작은 사서들'이라 불리는 도서부다. 이들은 책을 반납하고 정리하며 도서관과 자주 맞닿는다.

도서부의 당번 활동은 일정한 루틴이 있다. 도서들을 반납한 후 반납된 도서를 북카트에서 꺼내 청구기호에 맞춰 서가에 정리하고, 자신이 담당한 서가 상태를 점검한다. 이후에는 도서관 상시코너에서 시 필사를 하는 아이들의 노트와 마담노트(질문만 적혀있는 도서관 방명록)를 확인한 후 사탕을 준다. 암송을 하면 두 개를 준다. 연체자에게는 반납독촉장을 배달하기도 한다. 이 모든 일을 도서부 아이들은 익숙하고 자연스럽게 해낸다.

'도서부의 손길이 도서관에 더 많이 닿으려면 어떻게 해야 할까?' 고민하다, '앉은 자리에서 할 수 있는 책 추천 쪽지 활동'을 시작했다. 독립서점에서 책 표지 위에 붙은 추천 메모에서 아이디어를 얻었다.

조그맣고 귀여운 메모지에 책 제목, 작가, 한줄평과 해시태그를 붙여놓고 서가에서 책을 고를 때 보일 수 있도록 해당 책이 있는 서가에 붙여놓는다. 의외로 많은 학생이 그 쪽지를 보고 "이 책 뭐예요?" 하고 묻는다. 지금도 도서부와 함께 이 활동을 꾸준히 이어가고 있다.

7년째 이어지고 있는 도서부 독서동아리 '책아띠'는 한 달에 두 번, 같은 책을 읽고 간식과 함께 감상과 질문을 나눈다. 특히 상큼달달한 아이스티는 6교시 후의 나른함을 물리치는 필수템이다. 모임이 시작되면 패들렛에 각자의 소감, 문장, 질문을 정리한다. 로그인 없이도 누구나 링크로 접속해서 작성이 가능하고 섹션별로 정리되어 보기 편하기 때문에 동아리에서 같이 쓰는 독서노트처럼 활용하고 있다. 책을 매개로 이야기를 나누다 보면 자연스럽게 '책'에서 '우리'의 이야기로 확장된다. 학년이 모두 다른 도서부가 모여 같은 책을 읽고 내 감정과 경험을 나누며 서로에 대해 자연스럽게 알아간다. 나 역시 '인생에서 가장 중요한 세 가지는 뭐라고 생각해?'와 같은 질문을 하며 아이의 내면을 엿본다. '이런 면이 있었구나' 하고 아이를 새롭게 발견하는 순간이 마음 깊이 번진다.

출판계 빛과 소금, 힙한 중학생 독자들

"선생님, 『가시고기』 도서관에 있어요?"

"어? 너 그 책을 어떻게 알아?"

요즘 아이들의 독서 출발점은 미디어다. '유튜브', '틱톡', '인스타그램'의 북트레일러를 통해 책을 접하고 도서관에 찾으러 오는 일이 많다. '틱톡'에서 인기를 끌며 『가시고기』와 같은 2000년 초판 책이 2024년에 다시 주목받는 경우도 있다.

미디어에서 자주 보이며 아이들이 찾는 책의 공통점은 '물에 젖은 솜처럼 우울한 분위기', '고통받다 못해 피폐해지고 마는 주인공', '감성적이거나 독특한 표지'로 정리된다. 이런 책을 즐겨 읽는 친구들은 이 계열의 분위기를 지속적으로 탐독한다. 과거에 비해 장르소설도 다양해졌다. 웹소설의 영향으로 '피폐물', '회귀물', '아포칼립스물' 등 장르 자체가 더 세분화되고 깊어졌다.

2학년 7명으로 구성된 독서동아리 '북돋우리'는 '책톡900'의 지원을 받아 5개월 동안 5권의 책을 읽으며 책수다를 나누고 있다. 책아띠가 '독서동아리를 가장한 친목동아리'라면, 북돋우리는 '독서동아리를 가장한 음악동아리'다.

첫 모임부터 아이들은 'Music is my life'의 면모를 보였다. 올드팝, 헤비메탈, 알앤비, 힙합 등 장르는 달라도 모두 책 다음으로 음악을 사랑한다고 수줍게 고백한 것이다. 특히 『젊은 베르테르의 슬픔』을 즐겨 읽는 아이가 헤비메탈 밴드 'Metallica'를 좋아한다고 말할 때의 반전매력은 잊을 수 없다. 북돋우리 아이들은 독서모임시 책을 가져오지 않거나 읽지 않고 오면 원하는 노래 1곡을 1절까지 완창해서 사서선생님의 인스타그램에 박제한다는 규칙을 정하기까지 했다.

한 아이는 모임에서 추천받은 곡들을 모아 '북돋우리 플레이리스트'를 만들었다. 감상을 정리하는 시간에 '오늘의 DJ'를 정해 노래를 틀자고 제안하기도 했다. 책과 음악, 그리고 취향이 모여 하나의 기억이 된다. 책 내용보다 노래 가사 한 구절이 기억에 남아 저녁 무렵 흥얼거리게 된다면, 그래서 이 모임을 더 좋아하게 된다면 그걸로 충분하다.

유튜브에 소설 제목과 함께 '플레이리스트'를 검색하면 책 분위기에 어울리는 음악을 선곡한 채널이 많다. 책의 감정선을 그대로 옮긴 듯한 음악을 듣다 보면 책 속 상황에 순식간에 이입되곤 한다. 예스24 공식 계정에도 '책과 함께 듣기 좋은' 음악 리스트가 꾸준히 업로드된다. 저작권 수익이 없는 콘텐츠임에도 이런 플레이리스트는 책을 중심에 둔 문화 마케팅으로 정체성을 완성한다고 믿는다(참고로 나의 최애 독서 플레이리스트는 〈내가 책 읽을 때 듣는 누자베스 노래들〉이다).

문화공간으로서의 학교도서관

학교도서관은 학교 안의 유일한 문화공간이다. 친구와 취향을 나누고 확장하는 공간, 도서부가 추천한 책 쪽지를 따라 새로운 책을 만나는 공간, 같은 책을 읽고 생각들을 나누는 독서동아리의 공간이다.

누군가는 시를 필사하며 자신을 돌아보고, 누군가는 마담노트에 남겨진 질문에 마음 가는 색의 펜으로 답을 쓴다. 독서플레이리스트의 음악은 흐르고 문장을 읽는다. 그렇게 온전히 자신만의 시간을 만든다.

이 아이들은 지금, 평생 읽어도 다 알 수 없고 그래서 더 재미있는 '나'라는 책의 15페이지쯤을 읽고 있는 중이다. 나는 오늘도, 그 귀한 장면을 지켜보고 있다.

학교도서관 독서활동_**고등학교**

인문학적 상상력이 필요한 시대

— 나현정

성암국제무역고등학교 도서관은 2013년부터 매해 '청소년 인문학당'을 꾸준히 운영해 오고 있다. 10년이 넘는 시간 동안 단 한해도 거르지 않고 프로그램을 지속해 온 이유는 분명하다. 우리가 살아가는 세상은 빠르게 변화하고 있으며, 학생들이 맞이할 미래는 지금과는 전혀 다른 패러다임을 요구할 것이기 때문이다. 기술의 급속한 발전과 인공지능, 자동화로 대변되는 변화는 단순한 지식이나 기능만으로는 대응하기 어려운 복잡한 문제들을 쏟아내고 있다. 이러한 시대일수록 인간과 사회에 대한 깊은 이해, 타인에 대한 공감, 그리고 다양한 관점을 바탕으로 사고하는 능력이 더욱 중요해진다. 인간의 삶과 가치를 성찰하고, 사회를 비판적으로 바라보며, 스스로 방향을 설정할 수 있는 '인문학적 상상력'이 미래를 살아가는 데 필수적인 역량이 된 것이다.

인문학당을 처음 기획할 때는 고등학생을 대상으로 방과후에 6차시 수업을 연속으로 진행하는 것이 가능할지 의문이었다. 하지만 선착순으로 모집할 만큼 학생들의 반응이 뜨거웠고, 그 덕분에 지금까지 꾸준히 이어올 수 있었다. 언제까지 계속할 수 있을지는 장담할 수 없지만, 올해도 지원자가 많아 3학년을 제외한 1, 2학년 학생들과 함께 지식을 넘어 삶의 가치를 성찰하는 시간을 갖고 있다.

인문학은 정규 교과목으로 편성된 수업은 아니지만, 다양한 지식과 사회적 맥락을 이해하고, 스스로 사고하며 질문하는 힘을 기르는 데 필수적인 교육이다. 도서관이야말로 이러한 '소양 교육'을 전문적으로 수행할 수 있는 중요한 영역이다. 매년 새로운 주제를 선정하여 6차시로 구성된 프로그램을 운영하며, 학생들은 문학, 철학, 역사, 예술, 사회 등 다양한 인문학 소재를 통해 세상과 자신을 이해하고 표현하는 훈련을 한다. 그동안의 주제를 살펴보면, 동양고전(2013), 서양철학(2014), 세계문학(2015), 명작영화(2016), 한국청소년문학(2017), 철학소설(2018), 숭고한 희생(2019), 걸크러시(2020), 문학기행(2021), 세계문화유산(2022), 슬기로운 지구생활(2023), 한국사회이슈(2024) 등으로, 시대의 흐름과 학생들의 관심을 적극 반영하며 인문학의 영역을 넓혀왔다.

2025년 인문학당은 '브랜드'를 주제로, 익숙한 일상을 인문학의 시선으로 들여다보는 새로운 여정을 시작했다. 단지 상표나 마케팅 전략으로만 여겨졌던 브랜드를, 하나의 문화적 상징이자 사회적 철학으로 확장해 탐구하는 시간이다. 총 6차시에 걸쳐 1학기와 2학기로 나누어 진행되는 인문학당은, 1학기에는 출판 브랜드 '교보문고'와 함께 『길이 없으면 길을 만들며 간다』를 읽으며 책과 지식의 힘, 그리고 출판이 우리 사회에 던지는 의미를 생각해 보았다. 이어 배달앱 '배달의 민족'을 다룬 『배민다움』을 통해 일상 속 친숙한 서비스가 어떤 철학으로 소비자의 마음을 사로잡았는지 살펴보았다. 3차시에는 명품 브랜드 '루이비통'을 주제로 『한 덩이 고기도 루이비통처럼 팔아라』를 함께 읽으며 '럭셔리'라는 개념이 단순한 고가의 물건을 넘어 어떤 이야기와 전략으로 완성되는지 배웠다. 2학기에는 글로벌 콘텐츠 플랫폼 '넷플릭스'와 IT 브랜드 '애플', 그리고 카페 브랜드 '스타벅스'를 주제로 배움을 이어갈 예정이다.

인문학당 프로그램의 전체적인 흐름을 소개하자면, 가장 먼저 주제를 가능한 연초에 선정하고자 한다. 주제가 정해져야 도서 선정이나 외부 강사 섭외 등 이후 단계들이 원활히 진행되며, 학생들에게 더 적합한 책을 충분히 탐색하는 시간도 확보할 수 있기 때문이다. 주제 선정은 사서교사가 시대적 흐름과 학생들의 흥미를 반영해 몇 가지 안을 제안하고, 전교생을 대상으로 한 설문조사를 통해 최종 주제를 확정하는 방식으로 진행된다. 이처럼 학생들이 주제 선정 과정에 직접 참여함으로써 프로그램에 대한 관심과 몰입도가 함께 높아진다. 주제가 정해진 후에는 새 학기 준비기간 중 외부 강사 섭외와 도서 선정이 이루어진다. 인문학당의 성공 여부는 결국 이 두 가지, 즉 주제와 도서 선정의 적절성에 달려 있다고 해도 과언이 아니다. 이때 가장 중요한 기준은 책이 학생들의 눈높이에 맞고, 동시에 주제를 깊이 있게 탐구할 수 있도록 돕는가 하는 점이다. 본격적인 수업은 4월부터 10월까지 매월 수요일 방과후에 진행된다. 참가 인원은 약 30명 이내로, 수업에 앞서 학생들이 충분히 책을 읽고 올 수 있도록 도서를 미리 구입하고, 보다 많은 학생들이 책을 읽고 올 수 있도록 지속적으로 독려한다. 매 차시 수업이 끝난 후에는 학생들이 독서보고서와 브랜드 탐구 보고서를 작성한다. 이를 통해 학생들은 자신이 읽고 느낀 바를 글로 정리하며 사고를 구체화하고, 주제에 대한 비판적 시각을 키우는 연습을 하게 된다. 인문학당의 마지막 단계는, 앞서 작성한 보고서와 글을 바탕으로 진행되는 '책 만들기 프로젝트'다. 이 과정에서 학생들은 브랜드에 담긴 철학과 이야기를 깊이 있게 읽어내고, 각자의 탐구 결과를 글로 풀어내며 자신만의 브랜드 스토리를 완성한다.

4월 9일에 진행된 첫 번째 인문학당 수업에서는 대한민국을 대표하는 문화 브랜드 '교보문고'를 다뤘다. 수업의 주제 도서는 교보문고의 창립자인 고(故) 신용호 선생의 일대기를 담은 『길이 없으면 길을 만들며 간다』였다. 이 책은 '사람은 책을 만들고, 책은 사람을 만든다'는 철학 아래 책을 통한 국민 계몽과 문화 향유를 꿈꾸며 교보문고를 설립한 창립자의 사명감과 비전을 담고 있다.

수업은 책을 사전에 읽어온 학생들의 높은 이해도를 바탕으로 시작되었다.

하지만 책을 미처 읽지 못한 학생들을 위해 수업 초반에는 교보문고의 역사와 운영 철학을 소개하는 짧은 영상을 함께 시청하며 브랜드의 맥락을 공유했다. 영상 속에는 교보문고가 단순한 서점이 아니라, 책을 매개로 한 복합문화공간으로서의 변모 과정, 독서 문화 확산을 위한 지속적인 시도들, 그리고 '지식 나눔의 공공성'을 추구하는 브랜드의 사회적 철학이 잘 녹아 있어 학생들의 몰입도를 높였다.

수업 중반부에는 교보문고의 영업 철학이 담긴 실제 내부 문건을 함께 읽으며, 브랜드의 운영 이념을 분석하는 활동이 이어졌다. '책을 팔기보다 문화를 판다', '서점은 상품을 파는 공간이 아니라 독서 문화를 기획하고 제공하는 공간이다'라는 문장을 접한 학생들은 깊은 인상을 받았다. 이 과정에서 학생들은 브랜드를 단순히 상업적 소비의 대상으로 보는 것이 아니라, 창립자의 철학과 사회적 가치가 녹아든 '기획된 공간'으로 바라보는 관점을 확장시켰다.

마지막 활동으로는 각자가 생각하는 '이상적인 도서관 운영 철학'을 직접 기획해 보는 시간이 주어졌다. 교보문고의 사례를 바탕으로 공간의 목적과 운영 원칙, 이용자 경험, 콘텐츠 큐레이션 방식 등을 설계하는 활동을 통해 학생들은 운영자의 입장에서 브랜드를 다시 바라보게 되었다. 소비자에서 벗어나, 브랜드를 기획하고 운영하는 창의적 기획자로서의 시선 전환이 이뤄진 것이다.

이 수업은 브랜드를 인문학적으로 해석하고, 문화적 맥락 속에서 의미를 찾는 경험이었다. '왜 이 브랜드가 사람들에게 오래 사랑받는가?', '공간에 담긴 철학은 무엇이며, 그것은 사람들에게 어떤 영향을 미치는가?'라는 질문을 던지며, 학생들은 브랜드에 대한 이해를 단순한 지식에서 사회적 성찰의 수준으로 끌어올렸다. 무엇보다, 브랜드 속에 담긴 철학과 이야기를 읽어내고, 그것을 자신의 언어로 해석해 보는 이 경험은 이후의 탐구와 책쓰기 프로젝트로 확장될 수 있는 중요한 출발점이 되었다.

5월 21일, 두 번째 수업은 "한 달에 몇 번 배달 음식을 시켜 먹나요?"라는 질문으로 문을 열었다. 학생들은 각자 손을 들어 자신이 자주 사용하는 배달 앱과 주문 방식을 공유했고, 수업은 자연스럽게 참여 중심의 분위기로 이어졌다. 이날의 주제 도서는 『배민다움』(홍성태)이었고, 주제 브랜드는 이름만 들어도 익숙한 '배달의 민족'이었다.

창업자 김봉진 대표의 다소 엉뚱하면서도 기발한 성공 전략, '고객과 잘 놀기'라는 독특한 사업 철학, 그리고 배달의 민족만의 브랜드 색깔을 만들어가는 과정은 '브랜드'라는 개념이 낯선 학생들에게도 흥미롭게 다가왔다. 배민체, 배민 신춘문예, 치믈리에 자격시험, 배민 라이브 등 기존의 틀을 깬 다양한 기획들은 '배민다움'을 형성해 온 대표 사례였다. 이 과정을 들여다보며 학생들은 브랜드란 단순히 상품이나 서비스를 파는 것이 아니라, 철학과 태도가 어우러진 하나의 정체성이라는 점을 자연스럽게 이해하였다. 심지어 팬클럽 '배짱이'가 생겨났다는 사실은 기업과 고객 사이의 관계가 얼마나 깊어질 수 있는지를 보여주는 흥미로운 예였다.

김봉진 대표는 책 속에서 "우리는 고객과 잘 놀기 위해 일한다"고 말한다. 학생들은 이 문장을 곱씹으며, 고객과의 관계를 어떻게 더 즐겁고 지속가능한 방식으로 만들어갈 수 있을지를 고민해 온 '배달의 민족'의 행보에 주목했다. 유쾌하고 창의적인 기업문화가 어떻게 브랜드의 아이덴티티로 확장될 수 있는지를 배우는 시간이기도 했다.

수업 후반부에는 '나라는 브랜드를 어떻게 나스러움으로 표현할 것인가'라는 주제로 개인 발표가 이어졌다. 학생들은 각자의 개성과 강점을 어떻게 정체성으로 발전시킬 수 있을지를 고민하며, 이름부터 말투, 취미, 가치관 등 다양한 요소를 '나스러움'의 재료로 풀어냈다. 어떤 학생은 자신만의 글쓰기 스타일을, 또 다른 학생은 일상 속 섬세한 관찰력을 브랜드로 삼아 이야기를 펼쳐나갔다.

이날의 수업은 '배달의 민족'이라는 구체적인 브랜드를 통해 '브랜드다움'이란 무엇인지 배우고, 동시에 '나다움'이란 무엇인지 깊이 고민해 보는 시간이자, 자신만의 브랜드를 세워가는 첫걸음을 내딛는 기회였다.

6월 18일, 세 번째 브랜드 수업의 주제는 '루이비통'이었다. 함께 읽은 도서는 『한 덩이 고기도 루이비통처럼 팔아라』(이동철). 수업은 "명품이란 무엇일까?"라는 질문으로 시작되었다. 학생들은 '신뢰를 주는 것', '갖고 싶은 마음이 드는 것', '비싼 것' 등 저마다의 생각을 나누며 '명품'이라는 단어가 내포한 다양한 의미를 탐색했다. 그리고 우리는 자연스럽게 루이비통이라는 브랜드가 고가의 제품을 파는 것이 아니라, '대체불가능한 가치'를 어떻게 만들어가는지에 대해 본격적으로 살펴보았다.

루이비통은 1821년 프랑스의 작은 마을에서 태어난 소년 루이비통의 이야기에서 출발한다. 가난한 집안에서 자란 그는 어린 나이에 집을 떠나 파리로 향했고, 귀족들의 짐을 전문적으로 꾸리는 '패커(Packer)'로서 두각을 나타내며 명성을 쌓았다. 그 결과, 프랑스 황후 외제니의 전담 패커가 되었고, 1854년 자신의 이름을 건 첫 매장을 열었다. 그가 만든 가방은 정교한 포장 기술과 뛰어난 수공예, 세련된 디자인이 결합된 결과물로, 기능성과 아름다움을 동시에 갖춘 하나의 예술 작품이었다.

루이비통 브랜드의 성공은 시대 흐름을 읽고 이에 맞는 전략을 제시한 데 있다. 철도 여행이 늘어난 산업혁명기의 변화에 맞춰 '여행가방'에 집중한 것이 대표적인 예다. 루이비통은 언제나 '보다 인간 중심적이고, 보다 기능적이며, 보다 심미적인' 제품을 통해 '오래된 미래'를 구현해 왔다. 하이엔드(High-end) 브랜드란 단지 값비싼 물건을 의미하지 않는다. '희소성', '스토리', '철학', '기술'이 유기적으로 어우러진 하나의 '존재'임을 이 수업을 통해 확인할 수 있었다.

수업의 마지막 활동은 '나'를 브랜드로 삼아보는 시간이었다. "나를 하이엔드 브랜드로 만든다면, 어떤 방향성과 가치를 가질 수 있을까?"라는 질문 앞에서 학생들은 자신만의 고유한 포인트를 고민하고 정리했다. 누군가는 '신뢰감 있는 태도'를, 또 누군가는 '섬세한 감정 표현'이나 '일관된 가치관'을 꼽았다. 이는 단순히 자기PR의 차원을 넘어, 내가 어떤 사람으로 성장해가고 싶은지에 대한 본질적인 질문이기도 했다. 하이엔드란 완성된 상태가 아니라, 끊임없이 다듬어지고 성장해가는 태도임을 깨닫는 시간이었다.

각 차시는 강연, 토론, 글쓰기가 유기적으로 결합되어 있으며, 단순한 지식 전달을 넘어 스스로 생각하고 표현하는 기회를 제공한다. 학생들의 활동 결과물인 독서보고서와 브랜드 탐구 보고서는 인문학적 성장의 발자취이며, 책쓰기 프로젝트는 자기표현의 완성으로 이어진다. 모든 과정을 마친 학생에게는 수료증과 함께 소정의 상품이 수여된다. '자유롭게 상상하고 질문하며, 자신의 생각을 표현하는 힘'—이것이 인문학당이 지향하는 바이다. 오늘날 사회가 요구하는 역량은 단지 정답을 아는 것이 아니라, 문제를 새롭게 정의하고 창의적인 해법을 제시할 수 있는 능력이다. 그런 힘은 책을 읽고, 함께 이야기하며, 스스로 질문을 던지는 과정 속에서 자연스럽게 자라난다. 이 특별한 경험은 학생들에게 세상을 바라보는 시야를 넓혀주고, 자신만의 언어로 세상과 소통하는 방법을 배우는 소중한 자산이 될 것이다. 지식을 넘어 삶의 방향을 함께 고민하는 인문학당의 걸음은 오늘도 도서관에서 조용히, 그러나 깊은 울림으로 이어지고 있다.

인터뷰

책의 온기를 마이크에 담아내는 유영진 평론가 | 구혜진

교보문고 e커머스영업팀 허이진 MD | 이대건

아동청소년문학 유영진 평론가 **인터뷰**

책의 온기를 마이크에 담아내는

— 구혜진

어린이·청소년책을 진심으로 사랑하는 사람들이 마이크 앞에 모였다. '사비털어 사심담아 만드는 주간 아동청소년 문학 이야기', 줄여서 <사사주아>. 이름만 들어도 정겨운 이 팟캐스트는, 책에 담긴 말들을 소리로 건네며 '듣는 평론'이라는 새로운 길을 열어가고 있다. 단순한 책 소개나 리뷰를 넘어, 어린이·청소년문학이 품고 있는 질문들과 그 너머의 세계를 함께 나누는 자리. <사사주아>는 그렇게 책과 사람, 그리고 생각을 이어주는 따뜻한 연결고리가 되어 왔다. 이 글은 <사사주아>를 만들어가는 유영진 평론가와 나눈 서면 인터뷰이다. 방송을 시작하게 된 계기부터, 잊지 못할 순간들, 그리고 책과 함께 살아가는 사람으로서의 마음까지. 책의 온기를 마이크에 담아내고 있는 이야기를 들어보았다.

팟빵 <사사주아>

팟캐스트를 시작하게 된 계기와, 처음 방송을 기획하실 때 마음속에 품은 생각이나 기대가 궁금합니다. 혹시 '이건 꼭 해보고 싶다!'라고 마음먹은 장면이 있다면 함께 나눠주세요.

  2022년 봄입니다. 신간은 쏟아져 나오는데 아동청소년문학 작품에 대한 리뷰와 담론을 담당할 지면은 점점 줄어들고 있다고, "뭐라도 해야 하지 않겠냐?"라고 송수연 평론가가 옆구리를 찔렀습니다. 이것저것 논의만 하며 어영부영하던 중 2023년 1월, 이번에도 송수연 평론가가 어린이청소년책 작가연대 발표 자리에서 "뭐라도 하기 위해" 팟캐스트를 준비하고 있다고 질러(?)버리는 바람에(사실 하나도 준비가 안 된 상태였는데. 흑) 급히 방송을 시작하게 되었습니다. 처음에는 서평 전문지 같은 종이 잡지나 웹진을 생각했는데 외부 자본도 필요하고 신경 써야 할 것도 많아 다른 거 신경 안 쓰고 책에 대해 이야기할 수 있는 가장 경제적이고 날렵한 매체를 찾다 보니 팟캐스트가 떠올랐어요(나중에 깨달았는데 "글보다 말이 편한" 송수연 평론가에게 매우 잘 맞는 매체였다는…).

    방송 기획을 하고 첫 녹음을 할 때까지만 해도 과연 이걸 누가 들을까? 했는데 첫 방송부터 지금까지 생각 밖으로 많은 분이 듣고 계신답니다. 탄핵 전까지는 에피소드당 1천에서 2천 회 사이, 인기 많은 에피소드의 경우 3천 회 가까운 청취 요청수가 나오기도 했거든요(계엄 사태 때 한참 쉬고 나서는 그만큼 나오지는 않아요. 그래도 청취자분들께 감사할 뿐입니다).

    처음 기획할 때는 사사주아가 단방향 방송이 아니라 사람들이 모여들어 책에 대해 이야기 나눌 수 있는 플랫폼이 되기를 바랐어요. 그래서 초기에는 온라인 카페도 만들고 손바닥 서평이라는 형식도 만들어 홍보했는데 실패로 돌아갔지요. 나중에 사사주아 따라읽기 같은 자발적인 모임이 만들어졌다고 들었는데 저희가 바란 점이 바로 그것이었어요. 여력이 안 되어서 그렇지 우리는 여전히 어떤 방식으로든 사사주아가 단순히 개인의 스피커를 넘어서 담론 형성의 장이 되기를 소망하고 있습니다.

    "이건 꼭 해보고 싶다!"라고 마음먹은 건요. 처음에는 녹음, 편집 등 기술적 문제 해결이었어요. 정말 아무것도 모르는 상태에서 시작했거든요. 맨땅에 헤딩하듯이 시행착오를 겪으며 단기간 내에 이를 해결했어요. 이 문제가 해결되었기에 "사비 털어"라는 방송명이 무색하게 저희가 쓰는 사비는 밥값 정도에 그치고 있답니다. 내용상으로는 책리뷰뿐만 아니라 작가님을 모시고 이런저런 이야기를 나누고 싶었어요. 감사하게도 이금이, 송미경, 조우리 작가님이 오셔서 좋은 이야기를 많이 해주셨어요. 그 외 출연비나 교통비는커녕 사비 털어 멀리서 녹음실까지 오신 객원 패널 평론가 오세란, 김지은, 강수환, 김젬마, 조은숙, 포도봉봉님, 그리고 내용뿐만 아니라 기술적 조언을 해준 '개국공신' 판타님께도 이 자리를 빌려 다시 한번 감사 말씀드립니다. 앞으로 작가와 평론가를 넘어 우리 아동청소년문학과 관련된 더 많은 분을 모시고 싶습니다.

지금까지 방송을 통해 다룬 어린이·청소년 도서 중에서, 가장 기억에 남는 책 한 권을 꼽는다면 어떤 책일까요? 그 책이 특별하게 다가온 이유도 함께 들려주세요.

 1회 에피소드 때 송수연 평론가가 띵작으로 소개한 안미란 작가의 『참 이상한 하루』입니다. 처음 방송 내용 기획할 때 신간 소개와 함께 의미 있는 작품이지만 제대로 조명을 받지 못한 작품이나 현재적 의미를 잃지 않은 작품을 소개하는 꼭지를 만들자고 했거든요. 이를 나만의 명작 꼭지라고 했다가 더 가볍게 가기 위해서 '띵작'이라 부르기로 했어요. 띵작으로 처음 소개한 책이 『참 이상한 하루』였어요. 당시 송수연 선생님의 평론집 『우리에게 우주가 필요한 이유』가 나온 지 얼마 안 되었을 때였는데요. 송수연 선생님이 그 책을 통해 목이 터져라 주장한 소수자 재현의 문제-소수자의 없음이 아니라 있음을 그려야 한다-를 동화 작품으로 가장 정확히 그려낸 책이 바로 『참 이상한 하루』였거든요. 작품의 재발견이라는 측면뿐만 아니라 최근 우리 아동청소년문학에서 가장 중요한 담론 중 하나인 재현의 윤리가 무엇인지를 보여준 작품이라는 점에서 기억에 남는 책입니다.

 하나 더 덧붙이자면 제가 3회 때 소개한 장주식 작가의 『소가 돌아온다』입니다. 이 작품은 2011년도에 『바랑골 왕코와 백석이』라는 제목으로 출간된 작품을 2019년에 재출간한 것인데요. 방송을 기획할 때는 가볍게 듣는 방송을 추구하기 위해 짧게 이야기하거나 한 사람의 말이 길어지면 가로채 가기로 했어요. 그런데 제가 이 작품 소개하는 동안 끼어들거나 빼앗아 가기는커녕 정말 숨소리도 내지 않았어요. 작품이 주는 무게가 그만큼 무거웠기 때문이었지요. 이 에피소드들 이후로 우리 방송이 가벼운 책 리뷰가 아니라 듣는 평론으

로 방향을 잡게 된 듯해요.

팟캐스트를 진행하면서 '아, 이건 정말 힙(Hip)하다!'라고 느낀 순간이나 에피소드가 있다면 소개해 주세요.

　솔샘을 제외하고 저나 송수연 선생님이나 '힙하다'라는 말이 어울리기 힘든 세대라서요. 이게 맞는지는 모르겠는데 사사주아 59회 때 조우리 작가님이 나와주셨을 때 어떻게 이렇게 청소년의 언어를 잘 재현할 수 있느냐는 솔샘의 질문에 대해 '존나'와 '개'의 위치와 리듬을 잘 잡아 쓰면 된다는 뉘앙스의 말씀을 하셨거든요. 그래서 제가 10대 언어로 방송을 해볼까요? 하고 매우 어색하게 조우리 작가님이 문장이 개좋은 까닭이 뭐냐?라 했고, 조우리 작가님이 매우 자연스럽게 '존나 감사합니다~'라고 받아주셨거든요. 그런데 그 방송을 들은 어떤 작가님이 송수연 선생님의 인스타에 이번 방송 "존나 개재미있었어요"라고 댓글을 달아주셨어요. 이건 방송을 들은 사람들만 이해할 수 있는 말이지요. 이런 댓글을 통해 청취공동체가 만들어지는 것 같아 정말 즐거웠어요.

함께 방송을 만들어가는 제작진 또는 출연한 게스트와 인상 깊은 협업이나 에피소드가 있다면 소개해 주세요. 방송을 함께 만들어가는 과정에서 느낀 팀워크나 감동적인 순간에 대해서도 들려주세요.

송미경 작가님이 나왔을 때였어요. 송미경 작가님이 말씀을 잘하시지만 '아무말 대잔치'에 여기저기 튀어 나가는 스타일이거든요. 송미경 작가님이 먼저 걱정하시기에 작가님한테 이번 녹음은 '안드로메다 특집'이라고 하면 되니 걱정 마시라고 했어요. 그런데 기대 밖(?)으로 안드로메다 특집이 되지 않고 눈물 특집이 되어 버렸어요. 송미경 작가님이 『돌 씹어 먹는 아이』와 관련된 도서관 행사를 하다 만난 어린이 이야기를 하다 눈물이 터졌거든요. 저는 이를 수습하기 위해 한숨 쉬시라고 최근에 연락이 온 제 27년 전 제자 이야기를 꺼냈는데…. 그만 그 이야기가 마음을 추스르기는커녕 송미경 선생님의 눈물 수도꼭지를 완전히 터뜨려버린 거예요. 어떤 사연인지 말씀드리기에는 지면이 부족하니 내용이 궁금하신 분은 사사주아 44회를 들어보세요.

하나 더. 이걸 팀워크라고 말해야 할지 모르겠는데 사사주아 방송은 대본이 없어요. 미리 각본을 써놓고 하라는 조언이 있었지만 그걸 하기에는 저희가 너무 게을러서요. 객원 패널이 오시면 3주 치 분량의 책 순서만 정해놓고 사전 협의 없이 바로 녹음을 해요. 다룰 책에 대해 미리 이야기하지도 않고요. 무슨 내용을 이야기할까 매우 궁금해하며 녹음실에 들어가는 거지요. 그럼에도 편집되는 내용이 거의 없어요. 60분 녹음하면 57~58분은 살려내죠. 이런 게 저희의 팀워크라 생각해요. 서로에 대한 믿음과 배려 그리고 다룰 책에 대한 밀도 높은 고민이 없으면 가능하지 않은 일이라 생각해요.

어린이·청소년 문학이 더 널리, 더 깊이 이야기되기 위해 사사주아 팟캐스트에서, 계속해 나가고 싶은 방향이나 앞으로 도전해 보고 싶은 시도가 있으신지 궁금해요.

현장에서 책 만드는 분들, 편집자님 등 다양한 분을 초대해서 이야기를 나누어 보고 싶어요. 현장의 생생한 목소리를 듣기 위해서는 또 다른 목소리도 필요하거든요. 앞서 사사주아가 저희의 스피커가 아니라 담론을 생성해내는 플랫폼이 되기를 소망했고, 그 꿈을 접지 않았다고 했잖아요. 그런 차원에서 오프라인 모임도 생각하고 있는데 시도하고 있지는 못해요. 각자 주어진 일을 해결하는 것만으로도 허덕이고 있거든요.

기술적 문제를 해결할 수만 있다면 공개 방송 형태로 녹음해 보고 싶기도 하고요. 2년 반 동안 누적된 결과물들을 그대로 방송 형태로 둘지, 문자 텍스트화할지, 그렇게 한다면 어떻게 해야 할지에 대한 고민도 필요하고요.

무엇보다 중요한 일은 각자 소진되지 않으면서 즐겁게 책을 읽으면서 사사주아를 이어가는 것인데, 그게 쉽지가 않아요. 초기에 후원금이나 광고를 붙이라는 조언이 있었지만 그렇게 하고 있지 않아요. 저희가 이렇게 자신을 털어 넣어서 방송을 이어가는 까닭이 있거든요. 세상은 교환의 논리로만 작동하는 게 아니에요. 교환의 논리 이면에, 증여, 절대적 증여의 논리가 작동하거든요. 한 학기 한 권 읽기, 코로나 사태 등으로 우리 아동청소년문학 시장이 커지면서 교환의 논리가 강조되는 것 같아요. 하지만 교환의 논리 이면에 증여, 절대적 증여의 논리가 작동하고 그게 더 크게 세상을 움직이거든요. 우리는 사사주아라는 방송 하나만큼은 증여의 상징으로 자리 잡아주기를 소망해요(교환의 논리를 부정하는 건 아니에요. 저나 송수연 선생님이나 개인적인 자격으로 하는 심사나 원고 등에 대해서는 정당한 비용을 받으며 일을 하고 있고, 앞으로도 그럴 거고요). 그런데 저희도 사람인지라 방송에 달리는 댓글, 사사주아에 대한 소감, 사사주아에 언급된 책에 대한 토론 등이 저희에게 큰 힘을 줍니다. 그냥 지나치지 마시고 저희에게 힘이 되는 이야기를 건네주세요.

마지막으로, 책을 통해 자라나는 어린이·청소년 독자들에게 따뜻한 한마디를 전해주시길 부탁드려요.

가장 어려운 질문이네요. 나이를 먹을수록, 어린이청소년 책에 대해 읽으면 읽을수록 문학 작품을, 책을 읽는다는 게 어떤 의미인지 잘 모르겠어요. 잘 모를 때는 저 어린 시절로 돌아가서 그때 읽은 책들이 제 삶에 어떤 영향을 끼쳤는지를 생각해 보지요. 돌이켜보니 어떤 책들은요. 당장 모든 게 이해되지 않았어요. 주제가 무엇인지도 모르겠고 뭐라 말할 수 없는 이상한 느낌만 남기기도 해요. 그런데 그 알 수 없는 이해되지 않은 나머지가 의식 밑으로 잠재되었다가 어떤 선택의 순간에 불쑥불쑥 튀어나와 제 삶을 바꾸어 놓은 것 같아요.

나비효과라는 말이 있잖아요. 북경 나비의 날갯짓이 뉴욕에 폭풍우를 일으킨다고요. 어렸을 때 읽은 어떤 책들은 자기 삶의 각도를 미세하게 틀어놓아요. 아주 미세한 각도지만 시간이 흐르다 보면 그 거리가 점점 멀어지며 자기 삶을 완전히 바꾸어 놓는 것이죠. 우리는 지금 읽는 책의 의미를, 이 책이 내 삶에 어떤 영향을 끼칠지 당장은 알 수 없어요. 시간이 흐른 뒤에야 발견할 수 있는 거지요. 그러니까 누가 "너 지금 이런 거 읽을 때가 아니다"라고 말해도 흔들리지 마세요.

재미도 없고 좀 어렵게 느껴지더라도 정말 좋은 책을 읽으세요. 이런 책을 손에 쥐고 있다는 것만으로도 근사한 사람이 된 느낌이 들거든요. 그런데 그 느낌이 나를 근사한 사람으로 만들어줘요.

반드시 종이에 인쇄된 책만이 삶을 바꾸는 건 아니에요. 우리가 만나는 사람들, 친구들, 진심을 다한 대화, 다양한 경험도 우리 삶의 각도를 바꾸어 놓아요. 좋은 책이 세상을 바꿀 수 있으면 정말 좋겠지만 적어도 세상을 견디는 힘은 줄 수 있을 거예요.

교보문고 e커머스영업팀 허이진 MD **인터뷰**

책 바다에 물 들어온다
자, 책갈피 노를 저어라

— 이대건(책마을해리 촌장)

살면서 처음 만나는 폭염과 폭우가 번갈아 닥쳐오는 낯선 여름이다. 이 불볕의 여름이 해를 거듭하며 더 거세진다는 시대를 살고 있다. 그렇다고 우리가 책을 손에서 놓고 읽지 않을소냐. 독서삼매경으로 이 걱정을 달래리라. 그래서 책의 세계의 근원을 찾았다. 청소년 독서공간을 매개하는 많은 사람들 가운데, 출판사와 독자를 잇는 존재에 대해 슬쩍 스며본 것이다. 독서생태계 한편 끝을 저자로 한편 끝을 독자로 놓았을 때, 그 사이 다양한 스펙트럼에 놓이는 매개자들이 궁금해서다. 출판기획자, 편집자, 디자이너, 제작자와 홍보 마케터에 이르는 긴긴 출판의 흐름의 끝, 책이 태어나고 나서 출판사 바깥에서 책을 매개하는 일은 어떻게 흐르고 흐를까 궁금하다. 우리는 교보 ebook(정확히는 e커머스영업팀) 유아 청소년 담당 허이진 MD를 만났다.

어쩌다, 책 사이에서 세계와 독자를 매개하는 일을

허이진 MD는 책의 세계로 비교적 빨리 길을 잡았다. 고교 담임 선생님의 진로프로젝트 덕분이다. 마침 지인이 출판사 편집자, 편집자와 만남으로 인해 "나도 책을 만드는 사람이 되리라" 생각을 다잡았다. 대학에서 자연 국어국문학을 전공하고 사회학을 복수전공했다. 신문사에서 연 편집자 교육을 마치고는 콘텐츠 홍보 마케팅 담당자로 일을 시작했다. 그렇게 만난 일이, '프라이드 엑스포'였다. '다양성(Diversity), 포용(Inclusion), 자긍심(Pride), 사랑(Love), 평등(Equality), 연대(Solidarity)'를 바탕에 두고 열리는 문화예술 전시회 가운데 하나다. 마침 그는 그 엑스포에서 다양성을 알리는 책을 소개하게 되었다. 누군가에게 누군가의 생각을 전하는 가장 적극적이고 구체적인 역할, 거기서 시작되었다. 나는 책을 매개로 '바로 그 사람' 누군가와 끊임없이 만나리라. 막연한 독자 한사람이 아니라 진짜 독자, 책 안에서 무엇인가를 찾아내려 눈빛 반짝이는 누군가.

"책이 갖는 역할, 책의 비중이 줄었지만, 누군가에게 필요한 책을 전해주는 일, 자기에게 필요한 책이 나타나면 읽을 준비가 되어있는 사람들의 존재와 연결하는 사람이 되고 싶었어요."

그는 교보문고에서 벌써 3년째 MD로 일하고 있다.

편집자에서 전자책, 종이책 청소년 MD로, 물만난듯이

MD란 어떤 역할을 할까? 출판유통에서 MD는 말그대로 책을 '상품'으로 매개하는 이다. 파는 사람, 팔기 위해 책을 알고 독자를 알고 책과 독자 사이 이어지는 셀 수 없이 다양한 네트워크에 촉수를 내어놓으면서다.

"물론 매출 관리가 우선이에요.(웃음) 상품마케팅 관리, 상품과 출판사 관리, 담당하는 고객에 직접적 마케팅, 도서정가제 범주 안에서 같은 책을 교보에서 특별한 이벤트 프로모션을 제공하고 있구나, 알리는 일을 해요." 독자의 관심에 더해 출판사 각각은 어떤 굿즈 상품, 특별한 콘텐츠 상품이 출판사에 어느 정도 재고로 있는지도 늘 그의 망 안에 있다. 그는 처음 전자책 유통으로 시작했다. 대여방식의 특성을 파악하고 출판사 유통사와 할인율 협의부터 전자책 전용뷰어의 가독성 인터페이스를 챙기는 일이었다. 종이책 세계로 역할을 건너오면서 물 만난 한 마리 책 물고기가 되었다.

"제가 담당하고 있는 청소년책 분야는, 비문학보다는 문학 분야 비중이 커요."

청소년책 요즘은요? 여러 대형출판사 문학상 수상자들을 중심으로 매출이 크게 일어나고 있다고 한다. 『죽이고 싶은 아이』 이꽃님 작가는 『여름을 한 잎

베어 물었더니』로 이어지는 상승세를, 이희영, 김혜성 작가들도 신간 소설, 에세이가 눈길을 끌고 있단다. 비문학은 2022 개정 교육과정에 영향을 받는 고1부터 진로 관련 도서가 도드라진다.

"아무래도 그 시기 친구들의 감정을 잘 읽고 비춰 보여주는 주제의 소설, 관계를 형성하는 감각을 담는 책이 꾸준한 흐름을 잡고 있어요."

이런 책에 대한 감각은 어떻게 챙겨낼까? 매개자의 관점에서 어떤 기준이 있으려나.

"많은 책과 대면으로 만나는 일이 먼저예요. 책을 알아야 하니까요. MD는 정기적으로 출판사와 신간 미팅을 해요."

신간과 마주하는 그 자리는 책 안팎의 이야기가 소용돌이치는 현장이다. 물론 여러 출판단체, 독서단체 들이 추천하는 책도 꾸준히 그의 책 거미줄에 잡혀 붙들려 온다. 실뭉치로 만들어, 천천히 읽는다, 읽고 읽는다.

일상 읽기, 그의 거미줄에 걸리는 수많은 관계를 그러모으며

일상의 읽기는 어떨까? 그는 도서관과 친했다. 편집자가 되기 위한 전공 선택도 선택이려니와 책 자체를 좋아했다. 그의 읽기에 큰몫을 차지하는 것, 독서모임이다. 세 개의 독서모임과 함께하고 있다.

"균형독서예요. 대개는 자기가 좋아하는 분야만 읽잖아요. 독서모임이 좋은 것은 모두의 취향을 나눠 읽을 수 있어요. 얼마 전에는 『세계 끝의 버섯』이라는 벽돌책을 깨보기도 했어요."

문학부터 인문사회, 논픽션, 가리지 않는다. 업무에서 읽어야하는 책과 읽고 싶은 책 사이에서 균형잡기도 익숙해 있다. 읽기 일상이 스민 MD의 살림살이는 어떨까? "저는 취미를 만드는 것이 취미예요."

앗, 취미를 만드는 취미라니? 세 개의 독서모임부터 뜨개모임, 다도모임, 운동모임, 요리모임, 출판계모임…. 그가 제안하고 이어온 모임들이 모임모임하다. 모임을 통해 나누고 싶기 때문이다. 좋은 것 나누자, 그 모임을 통해 서로의 삶이 통통통 살이 붙어 가는 것이다. 일도 삶도 어차피 모여있으니.

"뜨개질 모임에서는요, 올 크리스마스까지 양말을 짜보려고 해요. 다 뜨도 좋고 좀 덜 떠도 좋구요. 다 뜬 사람 양말을 신기도 하고 거기에 선물도 넣고 재미있잖아요."

그의 독서모임 가운데는 책방에서 진행하는 모임도 있다. 책방 주인장의 취향이 고스란 드러나는 신간들에 취해보는 시간이다. 책방 공간에서 열리는 그림책 원화전시며 사람들의 반응이며 그의 거미줄이 그냥 둘 리 없다. 모임을 둘러싼 사람들, 관계, 공간 사이사이에서 마주치는 것들이 그를 풍요롭게 한다. 사각사각 야금야금이다.

잊고 잃지 말아야할 것들을 챙기는 살뜰한 존재

"청소년 책은 대개 누군가가 골라주는 사람이 있기 마련이에요. 구매 패턴을 보면, 40대, 50대 비중이 커요. 부모님이 구매한다는 거죠."

청소년 당사자가 스스로 고르고 셈을 치르는 '청돈청산' 책들을 꼽아보면 좋겠단다. 재작년 교보ebook 17주년을 맞아 청소년 된 생일기념 축하메시지 이벤트에서 응원메시지를 보면서 읽는 당사자와 소통하는 즐거움을 알은 탓이다. 읽는 당사자와 어떻게 잘 만날까?

우리 삶의 기본 패턴이 '알고리즘' 체계로 흐르고 있다. 인공지능, 생성형과 그너머의

인공지능 시대는, 그 추천 패턴이 더 정교해질 것이다. 그러면 그럴수록 스스로 만지고 대면한 책의 다양한 면을 들어서 "이 책, 어때?" 하는 그의 사람 냄새 추천 역할이 의미심장해질 터다.

"그러느라고 교보문고 MD들은 한주동안 출판된 책들 가지고 선정 회의를 가져요. 다양한 분야를 담당하는 MD들이 모여 각자에게 돋보인 책들을 나눠 보고 이야기를 나누는 거죠."

우리가 인공지능에게 수많은 일들을 맡기고 차차 생각을 맡기는 때로 돌진해가고 있다. 그 '쉬이 맡김'에서 우리가 잃어버리는 것들이 얼마나 많을 텐가. 잊고 잃지 말아야 할 것들을 챙기는 살뜰한 존재의 발견이다.

그래, 다음은 우리 차례

"내게도 소중한 사서 샘이 한분 계세요. 언젠가 『더 기버 기억전달자』라는 책을 읽고서는 샘과 이야기를 한 적이 있어요. '이 책 이야기가 더 이어졌으면 좋겠어요' 샘이 그러시는 거예요. '그래, 그럼 네가 써봐, 네가.' 무언가 적극적으로 책 바깥으로 저를 이어주고 계셨던 거예요."

그 덕분인지 그는 책의 다음 이야기를 이어갈 사람들과 책을 매개하고 있다. 끊임없이. 책의 세계에서 활개를 치며 노는 사람들에게 또 한 세계를 선물하는 역할이다. 텍스트힙이라고 한다. 마치 다시 책의 시대가 온 것같다. 이때, 책바다에 물이 들어올 때 자, 함께 책갈피 노를 젓자. 이 흐름을 정말 '책의 전성기'로 열어줄 모든 사람들에게 그가 오늘도 제안한다. "이 책 어때요? 거미줄 책 모임 어때요?"

독자에서 작가로, 나의 이야기를 세상으로 | 정원진

내가 스스로 만들어가는 세계, 책쓰기 동아리 운영기

독자에서 작가로, 나의 이야기를 세상으로
— 정원진

  책쓰기 동아리의 처음을 생각해 보니 학교에서 학생이 아닌 교사로 지내는 게 차차 적응이 되어가던 2021년 여름이 떠오른다. 하나부터 열까지 모르는 것투성이였던 신규교사여서 그랬는지는 몰라도 의욕만 앞선 채 헤매기만 하던 나날의 연속이었다. 그럼에도 그 '신규의 무지' 덕분에 아이러니하게도 이런저런 도서관 프로그램들과 다양한 독서활동을 무작정 계획하고 겁 없이 시도해 볼 수 있었다. 책쓰기 수업도 그중 하나였다.

  전국적으로도 그렇지만, 특히 경북의 사서교사는 배치율 10퍼센트 정도로 그 수가 매우 적기 때문에 현재 학교마다 배치되어 있는 사서교사는 그 학교의 '개교 이래 첫 번째 사서교사'인 경우가 많다. 그래서 더더욱 어깨가 무겁다. 사서교사만이 느끼는 책임감과 사명감에서 나오는 무게 덕분이다. 5년 차에 접어든 지금도 학교도서관 운영과 독서교육을 책임지는, 전교에서 유일한 존재인 사서교사가 학교에서 어떤 교육적 역할을 할 수 있을지 고민에 고민을 거듭하는 중이다.

  학교도서관에서 아이들과 함께하면서 조금은 씁쓸한 사실 하나를 알 수 있었다. 생각보다 많은 아이가 시험 성적에 '극심한' 스트레스를 받고 있다는 것. '원래 그게 당연한 거'라고 치부하기에는 아이들이 느끼는 고통이 너무나도 커 보였다. 게다가 그중 대다수는 자신의 성적과 능력이 애매하거나 낮은 수준이라고 판단하며 부정적인 자아 정체성을 형성하고 있었는데, 부끄러웠던 건 내가 뭘 좋아하고 어떤 사람이 되고 싶은지, 내가 누구인지조차 갈피를 잡지 못한 아이들에게 진로를 아직도 정하지 못했다고, 시험공부를 더 열심히 하라고 부추기는 사람들이 바로 아이들 곁에 있는 어른들이라는 사실이었다. 초임 때, 기말고사를 앞두고 '세상이 저를 왜 이렇게 못살게 구는지 모르겠다'는, 한 남학생의 울음 섞인 목소리를 들었던 순간이 아직도 생생하다. 구미가 비평준화 지역이라는 점과 현재 내가 몸 담고 있는 학교가 관내에서 수준이 높은 편인 점을 감안하더라도 한 해 한 해 급격히 시들어가는 아이들을 보고도 그땐 다 그렇지, 하며 모른 척하는 건 아이들에게 너무 잔인하다는 생각이 들었다. 현재의 학교 교육은 적어도 내가 학교에 다니던 시절보다는 나아져 있을 줄 알았는데 그렇지 않았다. 아이들이 학교에서 느끼는 압박감과 상실감의 크기는 예나 지금이나 똑같이 컸다. 아이들을 하나둘씩 만나면 만날수록 얼굴 한 구석에 어둠이 묻어 있는 게 보인다. 사서교사인 내가 아이들을 위해 뭘 해줄 수 있을까. 그 해답은 책쓰기 수업에 있었다.

학생들이 자기 자신을 잘 이해할 수 있도록 도와주는 교육이 학교에서 반드시 이루어져야 한다고 생각한다. 글쓰기를 통해 학생들이 자신이 무엇을 좋아하고 싫어하는지, 지금까지 살아오면서 자신에게 어떤 일들과 사람들이 존재했는지, 나는 과거에 어떤 사람이었고, 현재는 어떤 사람이고, 미래에는 어떤 사람이 되고 싶은지 진지하게 자문자답해보며 '나'를 돌아보고 이해하는 시간을 보낼 수 있기를 바랐다. 그것을 시로, 에세이로, 소설로 표현하는 방법을 개별 지도하고, 학생들의 문해력과 작문 실력을 높이는 한편 자신만의 고유한 문체를 개발할 수 있도록 조력하는 것에 중점을 두었다. 마지막으로 자신의 삶과 생각이 응축된 하나의 이야기를 독립출판 방식을 통해 책의 형태로 세상 밖으로 나오게 함으로써 자존감과 성취감을 향상시키고 자아실현의 기회를 제공하고자 책쓰기 동아리를 매년 기획하고 있다.

전체적인 커리큘럼부터 소개해 볼까. 3월에는 책쓰기 동아리 부원을 모집하고 4~5월에는 글쓰기 교육을 진행한다. 학생들은 '좋은 날씨'를 구체적으로 작성하는 연습, 과자의 맛을 독특하게 표현하는 연습, 친구가 찍은 사진을 보고 소설을 쓰는 연습 등을 거쳐 글쓰기에 익숙해지는 훈련을 받는다. 이후 내가 어떤 책을 쓰고 싶은지 진지하게 생각해보는 시간을 가지고 '책의 설계도'라 불리는 출판 기획서를 튼튼하게 작성한다. 6월부터는 본격적으로 '창작의 고통'을 느끼는 기간이다. 원고를 작성하기 시작하는데, 이때 교사의 정기적인 피드백이 필요하다. 글쓰기 상담, 학생 합평회를 거쳐 글을 수정하고 글이 마무리될 때 즈음 작가의 말, 작가 소개를 작성하고 제목을 확정, 표지 및 내지 디자인 작업을 진행한다. 연말인 12월에는 책을 출판하여 지역 도서관 또는 독립서점에 입고하여 학생들과 교사가 함께 한 해 동안의 결실을 자축한다.

1년이라는 시간 안에 한 권의 책을 만드는 것은 결코 쉬운 일이 아님이 분명하다. 더군다나 고입을 앞둔 3학년의 경우 학업으로 인해 바쁜 시기를 보낸다. 이로 인해 3학년은 원서 작성으로 민감한 2학기가 시작되기 전에 최대한 글을 많이 모아둘 수 있도록 글쓰기 일정을 조율했다. 내신 성적 관리와 고등학교 진학에 대한 고민 등으로 학생들이 힘들어하기도 하였으나 오히려 글 쓰는 시간 덕분에 팍팍한 삶 속에서 힐링하는 기회를 얻었다며 글쓰기의 필요성과 효과를 몸소 느끼는 학생이 대다수였다.

글쓰기 훈련이 끝난 후 본격적인 출간 기획서를 작성할 때 학생들은 깊은 고민에 빠진다. 앞으로 수개월 동안 쓸 책의 내용을 구성하는 일에 부담을 느끼고는 하는데, 그럴 때마다 무엇이든 괜찮으니 '내가 지금 쓰고 싶은 것'에 집중하라고 조언한다. 작년에 책쓰기 동아리를 함께한 학생들은 어릴 때부터 좋아한 가수의 덕질일기를 쓰기도, 한 해 동안의 일상을 담은 포토에세이를 만들기도, 중2의 은밀한 고민 사전을 기획하기도 했다. 꼭 소설이나 시처럼 거창한 것이 아니어도 좋다. 내가 하고 싶은 이야기를 하는 것. 지금 아이들에게 이

보다 더 필요한 게 있을까.

학생들이 가장 힘들어한 것은 글을 '꾸준히' 써야 한다는 점과 '글감'을 찾는 일이었다. 특히 글을 쓸 소재가 떠오르지 않아 글쓰기가 어렵다고 상담을 요청한 학생들이 많았는데, 이 경우 하나의 주제를 정해서 마인드맵을 그려보는 방법을 추천했다. 예를 들어, '취향'이라는 큰 주제에 대해 생각하기로 해보

자. 내가 좋아하는 또는 싫어하는 색, 계절, 음식, 장소, 시간 등을 떠올리다 보면 무수한 글감이 탄생한다. 실제 한 학생은 '계절'을 주제로 마인드맵을 그리면서, '봄'-'입학식'-'내 생애 첫사랑'으로 사고를 이어나가 첫사랑의 간질간질한 감정을 표현하기도 했고, 다른 학생은 '겨울'-'크리스마스'-'내게 지옥 같았던 크리스마스'의 흐름으로 어릴 적 크리스마스에 겪은 가정 불화에 대한 글을 쓰기도 했다. 이처럼 교사는 학생들이 영감을 얻을 수 있는 소재를 스스로 찾아낼 수 있도록 돕고 다양한 사고가 가능한 글감을 선정하여 지속적으로 학생들에게 제공해 주는 것이 좋다. 또한 학생들은 종종 자신의 글이 볼품없다고 생각하며 자신감을 잃어버리는 모습을 종종 보이곤 하는데, 이때 교사는 학생들에게 각자만의 문체와 감성이 있다고 진심으로 칭찬해 주면서 이 세상에 단 하나뿐인 특별한 글이라는 것을 끊임없이 강조해 줄 필요가 있다. 따끔한 피드백은 조금 미뤄두어도 괜찮다. 이러한 교사의 칭찬은 학생들이 글을 계속해서 쓸 수 있게 만드는 원동력이 된다.

　글을 쓰는 방법에 대해서는 에세이팀, 소설팀, 시팀으로 나누어 장르별로 교육을 진행했다. 에세이는 목차 구성과 소재의 배치, 글의 통일성, 여타 에세이와의 차별성이 중요하고, 소설은 글쓰기 초기 단계부터 대주제 아래 발단, 전개, 위기, 절정, 결말에 이르는 소설의 구성을 비롯하여 등장인물의 세부 요소, 시간적, 공간적 배경 설정을 탄탄하게 다지는 작업이 필요한 것과 같이 글은 장르별로 모두 다른 특성을 가지고 있다. 이런 특성을 정확히 파악하여 학생들에게 적시에 피드백을 줄 수 있어야 했다. 피드백 시 가장 주의한 점은, 학생들의 고유한 생각과 문체가 유지될 수 있는 선에서 지도하고자 한 것이다. 더 맛깔 나는 문장을 쓰는 방법, 학생의 이야기에 추가적으로 필요한 구성 요소 등을 가르쳐주고, 수정할지 말지에 대한 판단은 늘 학생에게 맡겼다. 이야기를 만들어가는 주체도 글을 쓰는 주체도 '학생'이니 말이다. 맞춤법이나 띄어쓰기와 같은 형식적 측면의 피드백은 퇴고 후 한 번에 진행했다.

표지와 내지 디자인의 경우, '하루북' 앱을 통해 학생들이 스스로 자유롭게 할 수 있도록 하였는데, 이에 앞서 학생들에게 '책의 구성'에 대한 교육을 진행하는 것이 필요하다. 책의 외형과 책날개에는 어떤 요소가 들어가는지 알려주고, 간지의 삽입 여부와 제목 페이지, 목차 페이지, 소제목 페이지는 어떻게 구성할 것인지, 폰트와 글씨 크기, 장평과 행간은 어떻게 설정할 것인지 미리 생각해 보게 한다. 물론, 교사가 가장 보기 좋다고 생각되는 형식으로 통일하는 방법도 있지만, 이 경우 학생들과의 사전 협의가 반드시 필요하다. 책의 주인은 학생이기 때문이다. 2022학년도에는 인디자인 프로그램을 활용하여 독립출판을, 2023학년도에는 출판사와 계약을 맺어 정식출판을 진행해 보았는데, 다양한 방법을 활용해 본 결과 2021학년도와 작년처럼 '하루북' 어플을 사용하여 출판하는 방식이 가장 현실적, 교육적이라는 판단이 섰다. 독립출판과 정식출판은 책의 만듦새와 완성도가 높고 학생들이 직접 책을 판매할 수 있다는 점에서 특별함이 있지만 지도교사의 노력이 너무나도 많이 요구된다. 특히 정식출판의 경우 인쇄하는 데에만 200만원 이상의 예산이 필요하다. 이와 달리 하루북 어플을 활용한 출판의 경우 학생들이 스스로 원고를 쓰는 것뿐만 아니라 책의 외·내형 디자인까지 직접 할 수 있고 지도교사는 글쓰기 교육과 학생들의 원고를 피드백해주는 데 더욱 집중할 수 있다는 점에서 더욱 더 주체적인 창작자로서의 경험을 할 수 있다.

책이 나오면 학생들은 흥분을 감추지 못한다. 그간의 노력이 결실을 맺는 순간이기 때문이다. 평소 자주 가던 동네 도서관에 나의 책을 직접 전시하러 가는 일, 서점 매대 위 유명한 작가들의 책과 나의 책이 나란히 놓이는 일, 출간 기념회 때 나 몰래 온 가족 누군가가 내 책 옆에 작은 꽃다발을 올려 두고 가는 일, 출판 소식을 안 친구들과 선생님들이 나를 작가라고 불러주는 일에 부끄러워하는 일…. '자기 자신에 대한 이해'를 한 편의 '이야기'로 탄생시키는 책쓰기 수업이 아이들에게 선사하는 모든 일들은 귀하다. 책쓰기가 학생들에게 '나'에 대한 긍정적인 인식을 바탕으로 앞으로 한 발자국 나아갈 힘을 줄 수 있다고 믿어 의심치 않는다.

　출판에 필요한 모든 것을 작가가 해내야 하는 독립출판. 콘셉트 기획, 원고 작성, 퇴고, 추천사 의뢰, 인쇄, 홍보, 유통까지 창작자가 기성출판의 제약에서 벗어나 자유롭고도 주체적으로 출판하는 특별한 출판 방식. 독립출판에 요구되는 '주체성'은 나 자신과 주변을 돌아보고 살필 여유가 없는 우리 아이들에게 그 어느 때보다 필요하다는 생각이 든다. 나의 첫 책『선생님도 선생님이에요?』를 독립출판 방식으로 만든 이유도 이와 무관하지 않다. 다른 이의 책을 읽는 것에서 더 나아가 나의 책을 만드는 것으로, 수동적인 독자가 아닌 능동적인 작가로서 한 걸음을 내딛는 일. 그 누구의 방해도 그 어떤 제약도 신경 쓰지 않고 그저 내가 원하는 방향대로 글을 쓰고 사람들에게 가닿는 일. 이름 모를 어떤 이의 머리맡에 내 책이 놓이고 그들의 입에서 나의 이야기가 회자되는 일. 이 얼마나 힙한 일인가! 이것이야말로 진정한 '텍스트힙'이 아닐까.

　『선생님도 선생님이에요?』를 독립출판했던 것도 벌써 3년 반 전의 일이 되었다. 진심을 다해 쓴 그 시절의 이야기는 감사하게도 올해 7월 새로운 옷을 입고 다시 탄생할 준비를 하는 중이다. 나의 정체성에 대해 계속해서 의심하곤 했던 초임 시절, 우울하고 복잡한 마음을 털어놓을 곳이 글밖에 없어서 밤마다 쓰기 시작한 스물여섯의 이야기. 내가 스스로 글을 쓰고 책을 만들어보고 나니 아이들과 함께 책쓰기 수업을 해야만 하겠구나, 생각했다. 나의 삶을 돌아보고 책의 내용을 스스로 기획하고 모든 것을 주체적으로 생각하고 실천해내는 단단한 마음의 근육을 책쓰기 수업을 통해 아이들에게 길러주고 싶었는데, 두 번째 책을 준비 중이라는 고등학교 제자의 말을 들으니 내 바람은 반쯤 성공한 것 같다. 중학생 시절 나는 이 다음에 커서 책을 낼 거라고 상상도 하지 못했지만, 나의 제자들은 이미 고등학교에 가기도 전에 작가가 되었다. 어

쩌면 내 나이 무렵에는 또 다른 책을 펴내고 있을지도 모른다. 작가가 된 제자를 우리 학교도서관에 모시고 작가와의 만남을 진행한다. 나의 제자가 나의 또 다른 제자들과 만나고 웃음 짓는 근사한 광경을 그려본다. 상상은 자유니까. 내년에는 책을 쓴 아이들에게 작가 대 작가로 글쓰기에 대한 이야기를 나눠봐야겠다. 서로의 책에 잔뜩 멋을 부린 사인도 해주고 좋은 글귀 한마디씩도 적어주면서 말이다.

책공간

01 광주광역시학생문화회관 항로1216 | 구혜진
02 그림책방 씨앗 | 김담희
03 꿈샘어린이청소년도서관과 충북교육도서관 청소년공간 빛나래 | 심하나
04 동대전도서관 | 정경진
05 트윈세대 도서관 | 나현정

평생 읽는 사람으로 자라기 위한 첫 번째 조건은, 책이 곁에 있는 것이다.
마음이 동하면 언제고 손을 뻗어 책을 펼칠 수 있어야 한다. 학교도서관은 바로 그런 역할을 한다. 어린이청소년들이 하루 중 오래 머무는 공간인 학교 안에 있기 때문에, 독자 가까이에 책을 부려 놓는 일이 가능하다.
하지만 학교 밖 청소년이라면? 어린이청소년들이 학교를 졸업한 이후라면? 그렇다면 그들은 어떻게 책을 곁에 둘 수 있을까? 책을 읽고자 하는 모든 어린이청소년들이 책을 찾아가지 않고도 마주할 수 있으려면, 책이 있는 공간이 그들의 발길이 닿는 일상 속 동선 안에 있어야 한다. 뿐만 아니라 그 공간은 아름다워야 한다. 작가 데이브 에거스는 이렇게 말했다. "아이들은 자신들을 위한 공간을 만드는 데 쏟은 애정과 존중을 감지하고, 그로써 사랑받는다고 느낀다. 아름다운 것에 둘러싸여 있는 아이들은 아름다운 것을 만들고 싶은 마음을 갖게 될 것이다."
책이 있는 공간에서 어린이청소년은 읽고, 만나고, 관찰하고, 탐구하고, 창작하고, 경험한다. 책을 펼치는 순간뿐 아니라, 책 곁에 머무는 모든 시간에 그들은 자라난다. 그래서 우리는 생각한다. 학교도서관뿐 아니라 공공도서관, 동네서점, 북카페 등 어느 공간이든, 어린이청소년이 그중 하나를 나만의 아지트로 삼을 수 있다면 얼마나 좋을까.
이 꼭지는 그런 마음에서 시작되었다. 공공도서관 내 청소년 전용 공간은 물론, 그림책을 중심으로 마을과 세대를 잇는 동네서점까지 서로이음 기획단이 전국 곳곳 어린이청소년 독자들을 환대하는 공간들을 직접 찾아가 보았다. 책을 펼치는 일은 단지 한 권의 책에서 시작되지 않는다. 보다 자주 타인을 만나고, 공간을 경험하는 일에서 시작되기도 한다. 이 글들을 통해 어린이청소년 곁에서 책을 권하는 우리가 함께 만들 수 있는 공간의 가능성을 나누고자 한다.

01. 광주광역시교육청학생문화회관 청소년공간 항로1216

청소년의 꿈을 응원하는, 항로1216

— 구혜진

얼마 전, 광주광역시교육청학생교육문화회관이 청소년특화복합도서관으로 새롭게 문을 열었다. 그리고 그 안에 '항로1216'이라는 공간이 마련되었다. 청소년만을 위한 공간이라니, 어떤 모습일까? 궁금하고 설레는 마음을 안고 그곳을 찾았다.

도서관을 향해 가는 길. 길가에 늘어선 푸르른 나무들 사이로 산책로처럼 이어지는 풍경. 마치 작은 숲을 거니는 듯한 기분. 설레는 마음에 상쾌한 기운까지 더해져, 탐방의 시작부터 더할 나위 없이 기분 좋았다.

학생교육문화회관 건물 안으로 들어서니, 각 층마다 테마가 분명한 공간들이 자리하고 있다. 1층은 '열린 공간', 2층에는 '어린이책숲', 3층에는 '모두의 책뜰'. 이름부터 참 곱고 예쁘다. '항로1216'은 4층에 있었다. '1216'은 이곳을 이용할 수 있는 나이인 만 12세부터 16세까지의 청소년을 뜻하고, '항로'는 각자가 인생의 방향을 스스로 찾아가기를 바라는 의미를 담고 있다. 입구 앞에는 공간에서 펼쳐지는 다양한 프로그램을 소개하는 포스터들이 붙어 있었다.

청소년만 출입할 수 있는 공간이기 때문에, 아쉽게도 직접 들어갈 수는 없었다. 하지만 출입문으로 살짝 들여다본 내부는 아기자기하면서도 다정한 분위기로 가득했다. 마치 '얘들아, 어서 와서 너희의 꿈을 마음껏 펼쳐보렴' 하고 속삭이는 듯했다. 공간을 소개하는 팜플렛을 펼쳐보니, '탐색, 탐독, 실행, 환

류, 쉼' 다섯 가지 키워드로 구성된 공간이 차근차근 소개되어 있었다.

- 탐색영역: 미디어 콘텐츠와 음악을 통해 새로운 세계를 탐험하는 곳
- 탐독영역: 웹툰과 트렌디한 도서, 주제별 큐레이션 자료들을 만날 수 있는 지식의 바다
- 실행영역: 상상한 것을 직접 만들어보는 창작 연구소
- 환류영역: 소모임, 보드게임을 통해 친구들과 의견을 나누고 소통하는 공간
- 쉼영역: 북크닉존에서 햇살 아래 책을 읽고 사색을 즐기는 자연 속의 휴식처

이 모든 구성이 단순한 시설이 아니라, '네가 원하는 방식대로 자유롭게 꿈꿔봐'라는 따뜻한 메시지가 담겨 있는 듯했다.

24년 만에 새롭게 단장한 광주광역시교육청학생교육문화회관은 책과 사람, 그리고 미래가 유기적으로 연결된 입체적 공간이었다. 그리고 그 중심에 있는

'항로1216'은 청소년이라는 특별한 시기를 위한 가장 따뜻한 응원을 보내고 있었다. 이 공간에 머무는 아이들이 지식과 문화를 자유롭게 누리며, 각자의 속도로 다채로운 꿈을 그려가길 바라본다.

02. 그림책방 씨앗

우리 동네에도 그림책방이 필요해

— 김담희

　그림책방 씨앗은 전북특별자치도 익산 동산동(서동로8길 50-1)에 자리한 그림책 전문 서점이다. 마음까지 시원해지는 파란 간판 아래 유리문을 열고 들어서면, 작지만 옹골찬 공간이 펼쳐진다. 어린이 그림책 수업, 그림책 작가와의 만남, 독서모임이 열리는 널따란 나무 책상을 가운데에 두고 색색의 아름다운 책들로 가득한 전면 책장과 천장까지 닿는 나무 책장이 마주 보고 있다. 이 아름다운 공간을 만든 이는, 그림책을 누구보다 깊이 사랑하는 신윤경 책방지기다. 그림책 이야기를 꺼낼 때마다 그의 눈빛은 마치 책 속 삽화처럼 반짝인다.

　2019년 8월 문을 연 그림책방 씨앗은, 2025년 8월 여섯 번째 생일을 맞았다. 매해 책방 생일을 기념해, 그해 가장 많은 사랑을 받은 그림책 작가를 초대해 책방 손님들과 생일 파티를 열고, 매주 금요일 오전에는 모두가 낭독자가 되는 그림책 낭독회를 연다. 계절별로는 누구나 연주자가 되는 '실없는 콘서트'도 열린다. 이처럼 그림책방 씨앗의 하루하루는 다채로운 프로그램으로 가득하다. 여섯 살부터 예순 살까지 다양한 연령대 손님이 오가는 그림책방 씨앗은 그야말로 동네 아지트가 되어 그들과 책방의 역사를 함께 써 내려가고 있다. 근처 초등학교에 다니는 어린이들이 책방의 주 이용층이지만, 그들이 자라 중학생이 되면서 책방은 점차 이용층을 넓히기 위한 다양한 변화를 모색하고 있다. 가능성의 의미를 지닌 '씨앗'이라는 이름처럼, 그림책방 씨앗은 동네

여기저기에서 독자들을 자라나게 하고 있다.

　어린이청소년들이 하교 후 집에 가는 길에, 또는 학원 가는 길에, 때로는 친구를 기다리며 쉬어 가는 김에 그림책방 씨앗에 들러 책방지기가 추천하는 책을 읽고, 독서 모임에 참여하고, 악기를 연주하고, 그림책 작가를 만나 이야기를 듣고, 가끔은 그저 책으로 둘러싸인 공간에 머물며 쉬는 모습을 상상해 본다. 마음이 가득 찬 듯 든든하다. 정말이지 어린이청소년이 머물 수 있는 공간은 많으면 많을수록 좋다.

인근 전북 지역 어린이청소년 책공간
— 전주시립도서관 꽃심(전북특별자치도 전주시 완산구 백제대로 306)
— 책마루어린이도서관(전북특별자치도 전주시 덕진구 솔내2길 21)
— 남원시어린이청소년도서관(전북특별자치도 남원시 역재3길 12)
— 그림책방 품(전북특별자치도 완주군 비봉면 천호로 96)
— 작은새책방(전북특별자치도 정읍시 학산로 51-1)

03. 꿈샘어린이청소년도서관과 충북교육도서관 청소년공간 빛나래

오롯이 어린이 청소년만을 위한

— 심하나

    오늘날 청소년들은 갈 곳이 부족하고, 여가시간을 의미 있게 보낼 공간을 찾기 어려운 경우가 많다. 이러한 현실 속에서 청소년 문화공간은 단순한 '놀이터'가 아닌, 청소년들의 생각과 끼를 펼칠 수 있는 소중한 장소로 주목받고 있다. 내가 살고 있는 충청권에 새롭게 문을 연 두 곳의 청소년공간을 소개하고자 한다.

    첫 번째로 소개할 곳은 충남 아산시에 위치한 꿈샘어린이청소년 도서관이다. 꿈샘어린이청소년도서관은 아산문화공원(충남 아산시 시민로 500) 내, 지상 2층·연면적 1,815제곱미터 규모로 조성된 어린이·청소년 전용 도서관으로 2022년 문을 연 따끈따끈한 신상 도서관이다.

    융합형 문화플랫폼을 지향하는 이 도서관은 1층은 어린이 전용, 2층은 청소년 전용으로 운영중이다. 1층 초등 교과연계 도서들이 쭉 진열된 서가를 지나면 앉아서 누워서 책을 보는 아이들과 학부모들로 정신이 없는 공간이 나온다. 다소 어수선하기도 하지만 자유로운 분위기다.

    2층으로 올라가는 계단은 책을 편하게 읽을 수 있는 좌석형이다. 개방감이 좋아 많은 아이들이 이곳에 누워 책을 읽거나 담소를 나눈다.

    2층은 청소년을 위한 공간이다. 전통적 책 위주의 도서관에서 벗어나, 청소년의 직업적 관심을 반영한 영상제작 스튜디오와 4차 산업 교육 프로그램을

지원하는 미래형 복합공간답게 소규모 (온라인)회의실, 커뮤니티형 오픈 공간들로 구성되어 있다. 모든 방마다 청소년들이 가득 차 있어 굉장히 활발하고 에너지가 가득한 느낌을 받았다.

 도서관 구경을 마치고 밖을 나오면 드넓은 잔디밭이 나온다. 시원한 나무 그늘 밑에서 책을 읽거나 아빠와 공놀이하는 아이들도 보인다. 녹음이 짙은 자연친화적인 분위기가 도서관을 둘러싸고 있어 꼭 도서관이 목적이 아니어도 충분히 올 만한 곳이구나 싶다.

 두 번째로 소개할 곳은 충북 청주에 위치한 충청북도교육도서관(충청북도 청주시 서원구 충렬로 19) 청소년공간 빛나래다. 빛나래는 2년여 간 리모델링을 마치고 새롭게 문을 연 충북교육도서관에서도 가장 주목받고 있는 공간이다. '창의적이고 자유로운 문학창작공간'을 지향하는 이곳은 12세(초5)부터 17세

(고1)까지의 어린이 청소년들만이 입장 가능한 곳이다. 물론 미리 예약을 해야만 이용이 가능하다.

 빛나래는 최첨단 키오스크, AI 추천, 체험·창작 존이 결합된 혁신적인 청소년 공간으로 단순한 독서 공간을 넘어 디지털 미래 교육, 창작과 소통의 장, 그리고 전 세대가 함께하는 문화 플랫폼으로서의 역할이 기대되는 곳이다.

 미디어 창작 공간, 미디어 체험공간, 메이커 스페이스, 웹툰창작공간 등 다양한 공간에서도 가장 인상적이었던 공간은 생각 공간이다. 이곳에서는 야외 정원이 보이는 창밖을 바라보며 명상과 필사를 할 수 있다. 그렇게 학업에 지친 몸과 마음에 휴식을 줄 수 있어 많은 이들이 찾지 않을까 싶다.

 3년 전 서울 대학로 제3의 시간을 방문했을 때 우리 지역에도 이런 공간이 있으면 참 좋겠다라는 생각을 한 적이 있다. 대도시에 비해 문화 혜택을 받지 못하는 지역 아이들이 안타까웠으나 이제는 우리 동네에도 제법 그럴싸한, 멋진 어린이 청소년 전용 공간이 생겨 반갑고 기대가 된다.

04. 동대전도서관

아이들과 청소년을 위한 열린 공간
— 정경진

최근 제2의 시립도서관으로 개관한 동대전도서관(대전광역시 동구 우암로 277번길 70)은 어린이와 청소년을 위한 특화 공간을 중심으로 운영되는 도서관이다. 세대별 독자들의 눈높이에 맞춘 공간 구성과 다양한 프로그램이 특히 인상적이다.

접근성이 좋은 1층에는 어린이 자료실을 비롯해 어린이 공작실, 실감체험실이 마련되어 있다. 자라나는 어린이들이 도서관이라는 공간 안에서 자연스럽게 책과 친해지고, 다양한 체험을 통해 창의성과 호기심을 키울 수 있도록 배려한 구성이다. 2층은 청소년을 위한 공간으로, 청소년 자료실과 청소년 창작실이 조성되어 있다. 청소년 독자들이 흥미를 느낄 수 있는 다양한 주제의 도서가 구비되어 있으며, 직접 만들고 체험하는 창작 공간을 통해 창의적 사고와 융합적 역량을 키울 수 있는 환경이 마련되어 있다. 단순한 독서 공간을 넘어, 스스로 몰입하고 주도적으로 활동할 수 있는 '성장형 공간'이라 할 수 있다. 3층에는 종합자료실이 위치해 깊이 있는 자료 탐색과 조용한 독서가 가능하며, 성인 이용자들에게도 만족스러운 환경을 제공한다.

무엇보다 동대전도서관은 '하루 종일 머물고 싶은 도서관'이라는 표현이 어울릴 만큼, 문화와 휴식이 어우러진 복합문화 공간으로 주목받고 있다. 복합문화실, 전시실, 뮤직&무브, OTT ZONE, 북카페 등이 곳곳에 배치되어 있어, 단순히 책을 읽는 공간을 넘어 문화를 향유하고, 편안한 휴식 속에서 새로운 영감을 얻을 수 있는 열린 공간으로 기능한다. 이처럼 전 세대를 아우르는 세심한 공간 구성과 다양한 체험 프로그램이 함께하는 동대전도서관은, 책을 통해 배우고 즐기는 삶의 첫걸음을 내딛는 소중한 장소가 되고 있다. 이곳에서의 경험이 한 사람의 독서 인생을 열어주는 시작점이 되기를 기대해 본다.

05. 트윈세대 도서관: space T 프로젝트

"쉼, 탐험, 표현, 그리고 만남!"
트윈과 틴을 위한 상상력 자극 도서관

— 나현정

혹시 트윈세대라는 말을 들어본 적 있나요?

트윈(Tween)은 'Teen(10대)'와 'Between(사이)'의 합성어로, 12세에서 16세 사이, 어린이도 청소년도 아닌 어중간한 시기 친구들을 말한다. 이 시기의 우리는 더 이상 엄마, 아빠 손 잡고 도서관에 가지 않고, 카페나 노래방, 편의점 같은 어른 공간에 서툴게 발을 들인다. 하지만 시험기간이 아닐 때, 어디서 쉬고 놀고, 또 나를 표현할 수 있을까?

바로 그런 고민에서 시작된 실험적인 공간이 있다. 도서문화재단 씨앗이 기획하고 운영하고 있는 '트윈세대 도서관' 프로젝트이다. 단순히 책만 읽는 공간이 아니라, 쉼, 탐험, 표현, 만남이라는 네 가지 키워드를 중심으로, 트윈세대가 진짜 원하는 공간을 하나씩 만들어가고 있다. 특히 주목할 만한 것은 'space T' 프로젝트이다. 이 프로젝트는 공공도서관과 협업해, 전국 어디서든 트윈세대가 자유롭게 탐색하고 새로운 세계를 발견할 수 있는 열린 공간을 만드는 시도다. 누구나 접근할 수 있는 안전하고 창의적인 공간으로, 지금까지 전국 5곳의 공공도서관에 space T가 조성되었다. 2019년 전주의 '우주로1216'을 시작으로, 현재는 수원, 세종, 대구, 영등포까지 총 다섯 곳에서 운영 중이다. 각각의 장소를 개관순으로 소개한다.

space T: 우주로1216 | 전주시립도서관(2019.12 개관)

12~16세를 위한 본격적인 전용 공간! 우리가 '우주의 중심'이라는 말, 여기선 진짜예요. 트윈이 주인이 되는 첫 번째 도서관 실험이에요.

— 주소: 전주시 완산구 백제대로 306 전주시립도서관(중화산동) 3층
— 운영 시간: 화·수·목·금 09~22시, 토·일 09~18시(매주 월요일 및 공휴일 휴무)

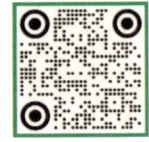

space T: 트윈웨이브 | 수원 슬기샘 어린이도서관(2021.7 개관)

트윈세대의 새로운 시도와 가능성이 파도처럼 일렁이는 곳. 자유롭게 드나들며 내 관심사를 따라 항해할 수 있어요.

— 주소: 경기도 수원시 장안구 송정로 9 슬기샘어린이도서관(송죽동) 3층
— 운영 시간: 화·수·목·금·토·일 09~18시(매주 월요일 및 공휴일 휴무)

space T: 이도(i do) | 세종시립도서관(2021.11 개관)

'I do!' 내가 하고 싶은 걸 시도해 볼 수 있는 공간. 나만의 세계를 스스로 확장해 가는 실험실 같은 도서관이에요.

— 주소: 세종특별자치시 세종로 1207 세종시립도서관(고운동 2103) 3층
— 운영 시간: 화·수·목·금 10~21시, 토·일 09~18시(매주 월요일 및 공휴일 휴무)

라이브러리 티티섬 | 성남공공도서관(2021.8 개관)

이곳에선 트윈세대만의 '섬'을 만날 수 있어요. 또래 친구들과 함께 어울리며 나만의 이야기를 만들어가는 작은 모험지!

— 주소: 경기도 성남시 중원구 광명로 120, 9~12층
— 운영 시간: 수·목·금·토요일 13~21시(공휴일 휴무)

제3의 시간 | 혜화도서관 실험실(2023.1 개관)

학교도, 집도 아닌 제3의 시간. 나의 리듬대로 쉬고, 보고, 표현할 수 있는 시간의 틈이 열리는 곳이죠.

— 주소: 서울시 종로구 동숭동 1-114 리브랩 3~5층
— 운영 시간: 목·금 오후 13~18시, 토·일 10~18시(월/화/수 및 공휴일 휴무)

space T: 그린대로 | 대구 2·28기념 학생도서관(2023.10 개관)

'나를 발견하고, 나의 세상을 그려가는' 공간. 내가 좋아하는 것들로 새로운 길을 만들어 볼 수 있어요.

— 주소: 대구 동구 아양로41길 56 (신암동, 대구2·28기념학생도서관) 3층
— 운영 시간: 월·화·수·목·금 09~18시, 토·일 09~17시(매월 둘째/넷째 월요일 및 공휴일 휴무)

space T: 사이로 | 영등포 선유도서관(2024.2 개관)

시간과 공간 사이, 틈새를 자유롭게 넘나드는 트윈의 세계. 놀이와 상상이 섞이는 창의적인 실험실 같아요!

— 주소: 서울시 영등포구 선유로 43가길 10-8 선유도서관 2·3층
— 운영 시간: 화·수·목·금 09~20시, 토·일 09~17시(매주 월요일 및 공휴일 휴무)

무엇을 할 수 있을까?

기존의 전통적인 도서관과는 다르다. 책만 읽는 공간이 아니라, 나답게 쉴 수도 있고, 새로운 걸 탐색할 수도 있고, 또래와 소통하고, 하고 싶었던 창작 활동도 마음껏 펼칠 수 있는 곳이다. 무엇보다 이 공간을 함께 만들어가는 운영진의 구성도 정말 다채롭다. 전공도, 성별도, 나이도 모두 제각각. 바로 그 다양성 덕분에 트윈세대의 폭넓은 관심사와 감정을 섬세하게 담아낸 콘텐츠들이 탄생할 수 있었다. 자유롭게 탐색하고, 마음껏 시도하며 새로운 세계를

만나고, 그 안에서 자신만의 고유한 개성도 발견할 수 있다. 또래 친구들과 자연스럽게 어울리며 진짜 '트윈세대만의 공간'을 온전히 경험할 수 있다.

트윈세대를 위한 도서관, 왜 필요할까?
어린이실은 너무 유치하고, 청소년실은 뭔가 무겁고 부담스럽다. 그렇다고 어른들 틈에 섞여 있으려니 뭔가 불편하다. 트윈세대는 생각이 깊어지고, 취향이 생기며, 세상에 대한 호기심이 무럭무럭 자라는 시기인 만큼, '그들만의 리듬'에 맞춰 머무를 수 있는 공간이 필요하다. 그래서 등장한 실험적인 공간, 트윈세대를 위한 도서관은 그런 '쉼표'이자 '출발점'이다.

누구나, 사회적·경제적 여건에 관계없이 동네마다, 일상 속에서 무료로, 부담 없이 스스로, 믿고 찾아갈 수 있는 트윈 전용 도서관. 트윈세대만을 위한 도서관 프로젝트는 오늘도 새로운 지역에서 그 실험을 이어가고 있다. 전국의 우리 학교, 우리 동네에도 이런 공간이 생기기를 기대한다.

어린이 청소년 독자의 목소리

(초등학교)

나의 도서관 루틴_김예인

(중학교)

도서관을 다르게 보는 법_김승연 | 나에게 도서관이란?_김지율 | 도토리숲에서 나만의 도토리 찾기_전시은

도서관, 나의 작은 세상_김지윤 | 우리 학교 VIP석_송윤혜

(고등학교)

숲도서관에서 시작된 나만의 아침_윤영채 | 나만 아는 도서관의 이 작은 공간_이정찬

나의 도서관 루틴_ 김예인(좌야초등학교)

수업이 끝났다. 교실 문이 열리자, 아이들은 바람처럼 흩어진다. 방과후교실로, 학원으로, 집으로~. 바쁘디 바쁜 아이들은 저마다 다른 곳을 향해 간다. 물론 나도 간다. 내 마음이 정해 둔 아주 특별한 곳으로.

계단을 타고 뛰다시피 껑충껑충 내려갈 때면, 발걸음에 자연스레 힘이 실린다. 그 순간 내 마음은 어느새 하늘 위로 날아오른다. 마치 이륙하는 비행기처럼. 아니, 그보다 더 빠르고 설렌다. 그리고 그렇게 날아간 끝에 내가 도착하는 곳은 바로… 학교도서관! 학교 안의 또 다른 세상.

문을 열면 조용한 공기 사이로 책 냄새가 스며든다. 높고 길쭉한 책장들이 나를 반긴다. 책장은 마치 듬직한 나무 같다. 가지마다 지혜와 상상의 열매가 주렁주렁 달려 있다. 그 사이사이로 작은 책상들과 커다란 책상들이 여행자의 쉼터처럼 나를 반겨주고 있다.

어떤 친구는 앉아서 조용히 책을 읽고, 또 어떤 친구는 공책을 꺼내 무언가를 열심히 쓰고 있다. 모두가 저마다의 책 속 세계로 여행을 떠나는 여행자 같다. 그리고 그 여행자들을 늘 따뜻하게 맞아주는 건, 숲속의 바람처럼 다정한 사서 선생님.

학교도서관 문을 열고 들어설 때면, 그 모습이 그야말로 밀림 같다. 책이라는 나뭇잎들이 무성하고, 그 사이로 길을 찾아 들어가는 모험이 시작된다. 새로운 재미있는 책을 발견할 때마다, 숨겨진 길을 발견한 탐험가처럼 가슴이 두근거린다. 어떤 날은 시끌벅적한 복도를 지나 학교도서관에 들어서는 순간, 갑자기 온 세상이 조용해지는 마법 같은 기분이 든다.

나는 책꽂이에서 책을 고른 후, 창가 테이블에 앉는다. 책장을 한 장 두 장 넘기다 보면, 그야말로 천국에 온 것만 같은 즐거운 이 기분. 가끔은 마음을 쿵쾅쿵쾅 뛰게 만드는 보물 같은 책을 만나기도 한다. 그럴 때면 내가 우주 끝까지 날아갈 수 있을 것만 같다. 상상 속 로켓을 타고 별 사이를 누비듯, 책 한

권이 나를 아주 멀리 데려가 주니까.

이렇게 학교도서관은 어느새 내 하루의 루틴이 되었다. 공식처럼 정해진 일정이 아니라, 마음이 저절로 향하는 길. 좋아서, 즐거워서, 나도 모르게 자꾸만 가게 되는 그런 곳. 언제 와도 나를 환영해 주는, 나만의 비밀 아지트.

그래서 오늘도 나는 학교도서관에 간다. 발걸음은 가볍게, 마음은 크게 부풀린 풍선처럼. 좋아서 매일 걷는 나의 루틴 속으로.

도서관을 다르게 보는 법 _ 김승연 (이리영등중학교)

도서관에서 책을 좋아하는 친구를 만나 로맨스 소설의 위치를 물어보며 친해진 기억이 있다. 친구들과 도서관에 들어와 내가 좋아하는 000번대 서가와 100번대 서가 사이 창문에 앉아 운동장을 보며 잡담을 나누던 기억은 아직도 기억 날 만큼 좋은 추억이다. 그리고 도서부가 되니 도서관을 바라보는 관점이 달라졌다. 읽을 책을 고르기보다 정리하는 일이 많아졌고, 한가해 보였던

도서관이 이용자로 가득 찬 활동적인 곳으로 보이기 시작했다. 도서관 이용자로서의 나는 많이 사라졌지만, 다른 이용자들에겐 예전 내가 보던 모습으로 보일 것을 생각하니 도서부로서 뿌듯함을 느끼며 도서관을 다니고 있다.

나에게 도서관이란? _ 김지율 (이리영등중학교)

"나에게 도서관이란" 어떻게, 어떠한 단어로 정의할 수 있을까?

도서부가 된 후 가장 많이 해본 생각 중 하나다. 1학년 때 도서관을 이용하며 사서 선생님과 도서관 분위기가 얼마나 중요한지 느꼈다. 우리 학교도서관은 두 가지 조건을 충족해서 나는 도서관과 친한 친구 사이로 지내왔고 당연하게도 2학년이 되어 도서부가 되었다. 지금은 도서관 이용자이자 운영자로서 도서관을 예쁘게 만들어 가는 과정에서 내 색깔과 다른 도서부들, 무엇보다 도서부 이용자들의 색깔이 함께 묻어나 '우리 모두의 도서관'에 점차 가까워질 때마다 큰 보람을 느낀다. 최근에는 1학년 친구와 서로 시집을 추천해

주고, 독서 프로그램에서 작가님과 소식이 닿아 메시지를 주고받기도 했다. 도서관은 나에게 커다란 선물을 아낌없이 나누어 준다. 도서관이 우리에게 나누어 주는 선물을 세상에 있는 모두가 받았으면 좋겠다. 지금, 나에게 도서관이란 언제든 나를 따뜻하게 반겨주고 나 그 자체를 좋아해 주는 '가족'이다.

도토리숲에서 나만의 도토리 찾기_ 전시은(이리영등중학교)

교실 책상에 가방을 두고 제일 먼저 도토리숲으로 향한다. 도서관 문을 열고 들어서면 서가에 꽂힌 수많은 책들이 나를 반긴다. 도서관에서는 많은 일이 일어난다. 그중 친구들과 함께하는 북클럽 활동은 내가 변화하고 성장하고 있음을 느끼게 해준다. 친구들과 읽을 책을 함께 정하며 이전에는 좋아했던 소설 위주로 읽었다면 이제는 더 다양한 장르의 책을 만나게 되었고, 책을 읽고 다채로운 경험을 하며 다른 모습의 나를 만들어 주었다.

도서관에서 많은 시간을 보내면서 도서관의 일부가 되고 싶어 도서부에 지원했다. 일찍 학교를 등교하고 내가 직접 도서관 문을 연다. 도서관에서 밤새 우리를 기다렸을 책들과 마주한다. 뒤이어 도토리숲 도서관에서 친구들, 후배들과 만나 이야기하며 아침을 시작한다. 중학생의 반복되는 일상이지만 도서관에서의 아침은 매일매일 즐겁다. 예전부터 해보고 싶었던 대출 반납과 신간 도서 정리 등 도서부만이 할 수 있는 활동을 해보아서 행복하고 뿌듯함을 느끼고 있다.

도서관에서의 처음 순간부터 도서부가 된 지금까지 많은 책과 다양한 경험을 마주했다. 북클럽, 책식당, 글말삶 주제토론 등 활동을 통해 느낀 점은 학교도서관은 많은 경험과 나의 생각을 확장할 수 있는 소중한 공간이라는 것이다. 도서관은 청소년들이 경험하고 성장하기 좋은 공간이다. 다른 청소년들에게도 도서관이 단순히 책을 읽는 곳만이 아닌, 책과 함께 서로 대화하며 자신의 생각을 넓힐 수 있는 열린 공간이길 바란다.

도서관, 나의 작은 세상 _ 김지윤(수곡중학교)

그곳에 들어서는 순간, 익숙한 책 냄새가 나를 반겼다. 세월이 스며든 듯 퀴퀴하면서도 마음을 편안하게 해 주는 향기였다. 가지런한 서가 사이로 어딘가 제자리를 벗어난 책들이 눈에 띄었지만, 그마저도 정겹게 느껴졌다. 만약 내 인생이 한 권의 책이라면, 도서관은 제2권이 시작된 장소일 것이다.

모든 것이 낯설던 중학교 시절, 도서관은 나에게 가장 익숙하고 따뜻한 공간이었다. 기쁠 때도, 슬플 때도 책은 늘 내 곁에 있었고, 도서관은 나의 안식처였다. 낯을 많이 가리는 나는 도서관에서 친구를 만나고, 사서 선생님에게 위로를 받으며 서서히 마음의 문을 열었다. 매일 아침, 쉬는 시간, 점심시간마다 나는 도서관에 머물렀다. 학교가 교과서를 통해 배우는 곳이라면, 도서관은 나에게 '제3의 선생님'과 같았다. 책 속 세상을 만나며 나는 나만의 이야기를 써 내려갔고, 도서관은 내 인생의 중요한 무대가 되었다. 특히 방학 중의 도서관은 마법처럼 느껴진다. 조용한 공간에 책장이 넘어가는 소리만 들리는 그 고요함 속에서, 나는 자연스레 책에 빠져든다.

도서부원으로서 신간이 들어올 때의 설렘과 낡은 책을 정리할 때의 아쉬움도 잘 안다. 하지만 책이 누군가의 기억 속에 살아 있다는 걸 알기에, 더 조심스럽고 애틋한 마음으로 다룬다. 도서부장이 된 지금, 도서관은 나만의 작은 공간이 아니라 많은 친구들의 쉼터임을 깨달았다. 그 사실에 미소 짓고, 앞으로도 나는 책과 도서관을 사랑할 것이다.

우리 학교 VIP석 _ 송윤혜(수곡중학교)

보통 학교도서관의 최애 공간이나 도서관에서의 경험이라 하면 나만 아는 조용하고 편안한 곳 또는 도서관에 혼자 있었던 경험을 떠올릴 것이다. 하지만 내가 도서관에서 경험한 것은 다르다. 때는 버스킹 날, 나는 밥을 빠르게 먹고 버스킹을 보러 가기 위해 도서관에 들렀다. 왜냐하면 나는 버스킹 날에

당번이었던 도서부원이었기 때문이다. 사서샘은 물론 버스킹 보러 가는 것을 허락해 주셨다. 그러나 나는 바로 뛰쳐나가지 못했다. 왜냐하면 내 눈에 밟히는 것이 있었기 때문이다. 그것은 바로 서가 옆 창문에 사람들이 모여 있던 것이었다. '여기에 왜 사람들이 있지?' 궁금한 마음에 다가갔는데 그 창문 너머로 버스킹 풍경이 잘 보였다. 노랫소리, 창문 주위엔 선선한 바람과 박수 소리가 자연스럽게 어우러졌다. 그렇다, 조용한 도서관이 버스킹 날에는 아는 사람만 아는 버스킹 VIP석이었다. 사람들이 민폐라 생각할 수 있지만 수곡중에서 버스킹이란 축제 다음으로 심장이 뛰는! 거의 모든 학생이 즐기는 활동이었기 때문에 도서관에 책 읽는 사람이 없었다. 그 후 나는 매 학기 찾아오는 버스킹마다 VIP석에서 버스킹을 보고 있다. 이 자리는 누가 찾았을까? 개꿀! 이게 바로 도서관에서의 최애 공간이자 최고의 경험 아닐까 생각해 본다.

숲도서관에서 시작된 나만의 아침_ 윤영채 (성암국제무역고등학교)

도서관에 처음 발을 디딘 날을 나는 아직도 또렷하게 기억한다. 입학설명회가 열리던 날, 본관으로 향하는 길목에서 도서관이 가장 먼저 눈에 들어왔다. 널찍한 유리창 너머로 보이는 초록빛 나무들, 아늑한 조명과 따뜻한 나무 책장이 어우러진 그 공간은 마치 '작은 숲속 오두막' 같았다. 그 순간, '이곳에서 책을 읽고 싶다'는 막연한 기대가 마음속에 피어올랐다.

생각보다 빠르게, 그 기대는 현실이 되었다. '아침독서'라는 뜻밖의 기회가 찾아온 것이다. 원래도 책 읽는 걸 좋아했고, 매일 자전거를 타고 일찍 등교하던 내게 이보다 더 좋은 소식은 없었다. 하루를 독서로 시작할 수 있다니, 앞으로의 시간이 더욱 기대되었다. 하지만 아침독서 첫날, 나는 그만 늦잠을 자 버리고 말았다. 허둥지둥 준비해 학교로 달려갔지만 결국 약속된 시간보다 3분이나 늦고 말았다. 첫날부터 지각이라니…. 속상한 마음을 다잡으며 도서관 문을 여는 순간, 사서 선생님의 따뜻한 미소와 포근하게 감도는 책 향기가 나

를 반겨주었다. "괜찮아, 잘 왔어." 사서 선생님은 내 지각을 너그러이 받아주셨다.

　도서관은 처음 만난 그날처럼, 여전히 따뜻했고 평화로웠다. 벽을 따라 빼곡히 놓인 책들, 은은하게 퍼지는 나무 향, 잔잔하게 흐르는 음악, 그리고 창가로 부드럽게 스며드는 햇살까지. 그 모든 것이 나를 조용히 감싸안았다. 나는 평소 읽고 싶었던 『가시고기』를 꺼내 들었다. 따뜻한 차 한 잔을 받아 들고 책장을 넘기는 순간, 이 시간과 이 장소, 이 분위기 속에서 모든 게 완벽하게 느껴졌다. 비록 첫날은 늦었지만, 아침독서를 신청하길 정말 잘했다는 생각이 들었다. 그날 이후 나는, 지각없이 매일 아침 도서관에서 30분씩 책을 읽고 있다. 자전거를 타고 새벽 공기를 가르며 달려올 때면, 도서관에서의 독서 시간이 너무나 기다려진다. 그 기대를 품고 페달을 더 힘차게 밟는다. 아침잠이 많았던 내게 아침독서는 좋은 동기부여가 되었다. 책장을 넘기며 하루를 알차게 시작하는 이 시간이, 이제는 일상에서 내가 가장 좋아하는 부분이 되었다.

숲속 오두막처럼 조용하고 따뜻한 우리 학교도서관. 그곳에서의 아침 독서는 단순한 독서를 넘어, 내 마음 한 켠을 포근하게 채워주는 작고 소중한 행복이 되었다.

나만 아는 도서관의 작은 공간, 책들_ 이정찬(오송고등학교)

방학 기간 학교도서관은 사람이 없어 꽤나 한산하다. 여름방학이라면 더욱. 이유는 여러가지가 있겠지만 가장 큰 이유는 그냥 '방학 기간 만큼은 학교 가기 싫어서'라고 나는 생각한다. 그럼에도 불구하고 방과후수업이나 방학 자율 학습을 신청해버린 학구열이 뛰어난 학생들도 있기에, 방학에도 학교를 나오는 학생은 존재하고, 그렇기에 학교도서관 또한 개방해야 한다. 도서관을 개방하면 그 도서관을 관리하는 사람도 마땅히 있어야 한다. 그리고 나는 우연히 사서 선생님께 부탁을 받아(공부도 할 겸) 방학 기간 동안 도서관을 돌보게 되었다.

도서관을 관리한다고는 하였지만 해야 할 일은 아주 가끔씩만 들어오는 사람들에게 책을 대출해주거나 반납받으면 되는지라, 대부분의 시간은 가만히 앉아 책을 읽거나 공부를 하며 보낸다. 그런데 이 넓은 도서관 안에 존재하는 사람이 나 한 명뿐이라니. 이러한 사실은 이따금 내게 무언가 신기하고도 몽환적인 기분을 안겨 준다. 그리고 그런 기분이 들 때면 나는 아무런 목적도 없이 도서관 이곳저곳을 마구잡이로 돌아다녀본다. 그러다 책장 부근을 거닐게

되면, 나는 또 가만히 서서 그 책장 속 책들의 제목을 하나하나 훑어보고. 그러다보면 꽤나 특이한 책과의 만남이 이루어지기도 한다.

총류 계열의 책이 모여 있는 책장. 그리고 그 책장 구석에 있는 어느 두꺼운 책 한 권, 『피렌체 서점 이야기』. 표지와 제목만 보면 역사 계열로 분류되어도 이상하지 않은 책이건만, 십진분류표를 보면 총류가 맞긴 하다. 혹시 한 번도 안 읽힌 책의 특징을 아는가? 한 번도 안 읽힌 책은 책에 달린 섬유질의 끈(정확히는 가름끈이라고 한다)이 책 중간에 살짝 접힌 채, 온전히 깨끗한 상태로 눌려져 있는데, 그 책 또한 마찬가지였다. 홍대병 말기를 앓고 있는 찌질이 힙스터인 내게 있어서, 남들에게 전혀 안 읽힌 듯한 이 기묘한 책은 내 호기심과 흥분도를 최대치로 높여 주기에 아주 적절했다. 바로 집으로 가져가 읽어 본 내 감상은 매우 단순했다. "재밌다!"

책의 내용과 거기에 등장하는 인물들의 이야기는 물론이거니와 인용되는 자료들마저도 흥미롭다. 게다가 그림 자료 또한 많이 삽입되어 있어서 눈의 피로도도 적당하다. 이렇게나 재밌는 책이 전혀 읽히지 않았다니. 도저히 믿을 수 없었기에 나는 도서관에서 이 책의 대출 기록을 살펴보았고, 그곳엔 내 이름만 적혀 있었다. 다른 기록은 없다. 오직 내가 대출한 기록만 있을 뿐이다. 너무 외진 장소에 있던 탓인 걸까? 생각해보면 총류 계열 책이 모여 있는 책장에는 컴퓨터공학 쪽에 관심있는 친구들을 빼면 —오송고에 한해선— 거의 아무도 안 간다.

아무튼 중요한 것은, 적어도 오송고에선 이 책을 나만 읽었다는 사실이다. 이렇게 좋은 책인데도. 그 사실이 조금 안타깝기도 하였지만, 그보다는 나만 알고 있다는 게 너무 기분 좋았다. 이후로도 나는 이따금 좋은 책을 읽고 나면 대출 기록을 보게 되었고, 나만 대출한 책이면 —조금 유치하지만— 기쁘다.

늘 도서관엔 사람들로 붐빈다. 그 와중에 나만 아는 이 작은 공간에서 역시 나만이 읽은 책들을 볼 때면 마치 나만 아는 우주에 들어선 느낌이다. 이 작은 희열을 느끼기 위해 나는 오늘도 도서관을 찾는다.

주제 서평

(초등학교)

이파라파냐무냐무_박은비 | 나는 3학년 2반 7번 애벌레_방민지
맞아 언니 상담소_신윤해 | 고양이 해결사 깜냥_이지은 | 푸른사자 와니니_주경

(중학교)

열다섯에 곰이라니_이슬기 | 아몬드_허민영

(고등학교)

회색인간_신정임

편견을 깨고, 진짜 우정을 찾아서

— 박은비

이파라파 냐무냐무 | 지은 글·그림 | 사계절 | 2020 | 64쪽 | 16,500원

『이파라파 냐무냐무』는 2020년 출간 이후 초등 저학년 어린이들에게 꾸준히 사랑받는 그림책이다. 이지은 작가 특유의 기발한 상상력과 따뜻한 시선이 어우러져, 단순한 재미를 넘어 관계와 소통에 대한 깊은 메시지를 전한다. 특히 수업이나 독서활동에서 아이들과 함께 읽고 이야기 나누기에 매우 적합한 작품이다. 그림책을 처음 접하는 아이들에게도 무리 없이 다가갈 수 있는 구조와 반복적인 말놀이의 리듬감은, 독서의 즐거움을 자연스럽게 심어주는 요소이기도 하다.

이야기는 어느 날 마시멜롱 마을에 정체불명의 털북숭이 존재가 나타나며 시작된다. "이파라파 냐무냐무~"라는 알 수 없는 말을 반복하는 낯선 존재를 보고, 마을 사람들은 두려움에 휩싸인다. "냐무냐무? 냠냠? 우리를 잡아먹으려는 걸까?" 하는 의심은 오해를 낳고, 결국 그는 위험한 존재로 몰린다. 하지만 이 말이 사실은 "이빨 아파 너무너무"라는 절박한 외침이었음을 알게 되면서, 마을 사람들은 그를 이해하고 다가서게 된다.

이 책은 겉모습이나 말투처럼 겉으로 드러나는 특징만 보고 상대를 판단하기 쉬운 아이들에게, 다름을 받아들이고 이해하는 태도의 중요성을 자연스럽게 전한다. 단순한 갈등 해결이 아니라, 소통의 필요성과 공감의 힘, 먼저 다가

가는 용기를 이야기 속에 녹여냈다는 점이 인상 깊다. 무엇보다 이야기가 강요 없이 진행된다는 점에서, 아이들 스스로 감정에 접근하게 만드는 힘이 있다.

수업 시간에 활용하기도 좋다. "내가 털숭숭이라면 어떤 기분이었을까?", "마시멜롱처럼 오해한 적이 있나?" 같은 질문을 통해 아이들의 경험을 이끌어 낼 수 있다. 말풍선 만들기, 장면 재구성 등 간단한 활동을 더하면 이야기의 메시지를 더 깊이 새길 수 있다. 역할극으로 상황을 재현하거나, 털북숭이 등 장인물에게 편지를 써보는 활동도 감정이입을 확장하는 데 효과적이다.

무엇보다 이 책이 전하는 핵심은 명확하다. "갈등은 오해에서 시작되고, 이해로 해결된다." 말하지 못한 아픔을 알아차리려는 노력이 얼마나 중요한지를 아이들은 이 이야기를 통해 배운다. 말보다 행동, 판단보다 대화가 중요하다는 메시지를 조용히 건넨다.

출간된 지 시간이 흘렀지만, 여전히 아이들이 즐겨 찾는 이유는 단순히 귀여운 그림 때문만은 아니다. 『이파라파 냐무냐무』는 친구와의 다툼, 낯선 환경, 오해받은 경험 등 아이들의 실제 감정과 맞닿아 있으며, 그 경험을 돌아보게 하는 힘을 지닌 책이다.

사서교사로서 이 책을 추천하고 싶은 이유는 분명하다. 이 한 권이 아이들에게 서로 다른 존재를 향한 존중과 공감의 가치를 자연스럽게 심어줄 수 있기 때문이다. 아이들은 책 속 이야기 너머를 바라보며, '다르게 보이는 친구'나 '잘 이해되지 않는 상황'을 마주할 때 어떻게 행동해야 할지 스스로 고민해볼 수 있다. 짧은 이야기지만, 그 안에 담긴 마음의 언어는 오래도록 아이들의 내면에 남을 것이다. 아이들과 함께 천천히, 깊이 있게 읽어보길 바란다.

#오해 #편견 #갈등해결

교실 속 생명 교육의 첫 문을 열어주는 무늬 애벌레 성장기

— 방민지

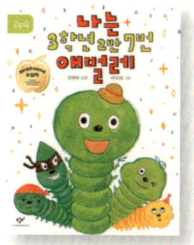

나는 3학년 2반 7번 애벌레 | 김원아 글 | 이주희 그림 | 창비 | 2016 | 104쪽 | 11,000원

"오늘 오후 교내 소독을 실시합니다"라는 쪽지가 왔다. 교실과 특별실 구석구석 빠짐없이 소독해야 한다는 보건 선생님의 당부가 덧붙었다. 독감과 코로나가 재유행 중이라 더욱 철저해야 한다고 강조하셨다. 그런데 과학실 앞에 "소독 절대 금지!!"라는 커다란 글씨가 눈에 띄었다. 알고 보니 3학년 아이들이 키우는 '배추흰나비 애벌레' 때문이었다. 그 순간, 사서교사의 본능이었을까? 독서로 인기도서이자 3학년 권장 도서인 『나는 3학년 2반 7번 애벌레』 이야기가 떠올랐다.

이 작품은 제20회 창비 '좋은 어린이책' 원고 공모 저학년 부문 대상 수상작으로, 배추흰나비의 한살이를 애벌레의 시선에서 그려낸 동화다. 교실 속 관찰 상자에서 태어난 '7번 애벌레'는 형님 애벌레들과는 다른 특별한 감성을 지닌 존재다. 단순히 배춧잎을 먹는 것이 아니라 잎으로 예쁜 무늬를 만들어 아이들의 눈길을 끌며 '무늬 애벌레'라는 새로운 이름을 얻는다.

어느 날, 한 학생이 농약을 씻지 않은 배춧잎을 관찰 상자에 넣으면서 평화로운 일상이 깨졌다. 먹을 수 있는 잎은 모두 먹었지만 농약 묻은 잎이 여전히 잔뜩 남아 아이들은 더 이상 새 잎을 주지 않았다. 점점 힘을 잃어가는 무늬 애벌레와 친구들은 간절히 도움을 요청했고, 결국 아이들의 응답을 이끌어냈다.

구조 요청에 지친 무늬 애벌레는 쓰러졌지만, 곧 번데기가 되어 깨어났고 며칠 뒤, 나비가 되어 푸른 하늘로 힘차게 날아올랐다. 작은 생명이 견뎌낸 변화의 순간은 깊은 감동을 준다.

"우리는 두 달 정도 살아. 나비가 되어서는 한 달 남짓 살지. 인간에 비하면 짧은 삶이고, 한참이나 작은 나비에 불과하지만 살아 있다는 것은 누구에게나 소중한 일이야."

이 문장은 나비의 입을 빌려 생명의 존엄과 삶의 소중함을 생각하게 한다. 무늬 애벌레의 여정은 단순한 성장 이야기를 넘어, 생명과 용기, 그리고 공존에 대한 깊은 성찰을 어린이 눈높이에 맞게 담아낸다. 이런 시선은 현직 초등학교 교사인 작가가 교직 경험을 바탕으로 아이들의 정서와 학교 현장을 깊이 이해하고 있기에 가능했다. 작가는 이야기 속 교실 풍경과 아이들의 반응, 그리고 관찰 상자의 애벌레들이 보여주는 작은 행동 하나하나에 생명력을 불어넣어, 이야기를 더욱 흥미롭고 사실감 있게 그려냈다.

『나는 3학년 2반 7번 애벌레』는 2~4학년 어린이에게 특히 추천할 만한 작품이다. 과학 시간에 배우는 '배추흰나비의 한살이'와 직접적으로 연결되며, 애벌레의 시선으로 풀어낸 이야기는 자연에 대한 호기심과 감수성을 동시에 자극한다. 독서 후에는 관찰 일기 쓰기, 7번 애벌레의 시점에서 일기 쓰기 등의 활동으로 생각과 감정을 창의적으로 표현해 보는 활동을 추천한다. 작은 생명이 온 힘을 다해 견뎌낸 끝에 푸른 하늘로 날아오르는 찬란한 순간의 감동이 이 책을 읽는 독자들의 마음에도 전해지기를 바란다.

#생명 #성장 #용기

내가 너의 이야기를 들어 줄게

— 신윤해

맞아 언니 상담소 | 김혜정 글 | 김민준 그림 | 비룡소 | 2016 | 198쪽 | 15,000원

네가 누구여도 괜찮아. 어떤 고민이어도 괜찮아. 너의 이야기에 귀 기울일게. 너의 말에 무조건 '맞아'라고 해줄게. (9쪽)

　이 책은 '맞아 언니 상담소'의 사용법을 알려주며 시작한다. 고민을 들어주고 내 말이 다 맞다고 말해주는 누군가가 있다면 어떨까? 미래는 언니 나래와 동생 휘래 중간에 끼인 둘째로 여러 서러움이 쌓인다. 부모님은 왜 내 편을 들어주지 않는지 속상해하던 어느 날 친구 은별이, 세나와 함께 '맞아 언니 상담소' 카페를 개설한다. 익명으로 고민을 남기면 세 명이 서로 돌아가며 답변을 남겨주고, 익명의 고민 상담자에게 응원과 지지를 보낸다. 맞아 언니에는 다양한 주제의 고민 글이 올라온다. 부모님의 공부 잔소리, 형제자매 간 다툼, 친구 관계 고민 등등 또래 친구의 고민에 귀 기울이고 답글을 쓰면서 아이들은 자신의 고민도 같이 술술 녹여내기 시작한다. 카페가 호응을 얻으면서 점차 가입자 수가 증가하고 세 명의 아이가 시간을 내어 모든 고민에 답변을 써주기가 벅차게 느껴질 즈음에 선우가 등장한다. 인기 있는 모범생 선우가 맞아 언니 상담소 운영자로 함께해보고 싶다는 말에 은별이와 세나는 든든한 지원군이 생겨 기쁘지만, 미래의 마음은 복잡하기만 하다. 미래는 대다수 아이들에게 호감을 사

고, 성실한 모범생 선우의 이면에 숨겨진 다른 모습이 있을 거라고 생각하면서도 어쩔 수 없이 운영자로 함께하기로 받아들인다.

그렇게 순조롭게만 운영될 줄 알았던 맞아 언니 상담소 카페였지만 예기치 못한 사건이 발생하고 만다. 사건의 비밀을 해결하는 과정에서 미래는 선우와 사이가 가까워지고 선우가 맞아 언니 상담소에 남긴 고민을 알게 된다.

"미래야, 예전에 네가 나한테 그랬잖아. 착한 척하지 말라고. 나 그 말이 무지 고마웠어."

아빠, 엄마, 외할머니, 동생 예진, 학교 선생님, 친척들 모두가 선우에게 착하다고만 했다. 선우처럼 의젓하고 착한 아이를 못 봤다고 했다. 그런데 선우는 착하다는 말을 들을 때마다 목이 메는 것 같았다. 뭔가가 콱 막혀 숨을 쉴 수가 없었다. 착하다고 칭찬하는 말은 "넌 착하지 않으면 안 돼"로 들렸다. (170쪽)

이 책을 읽고 나면 '익명'과 '맞아'라는 단어들이 서로 연결되어 세상에 전해 줄 수 있는 힘은 얼마나 강한가?라는 질문의 답에 확신이 든다. 비슷한 고민을 안고 살아가는 사람과의 연대와 지지는 이 또한 지나갈 수 있으리라는 커다란 힘을 준다. 어른의 눈으로 위에서 아래로 아이의 고민을 바라보면 일부의 표면만 보이곤 한다. 가려진 부분은 고민에 대한 공감을 어렵게 만든다.

'힘들게 일하는 것도 아니고, 가만히 앉아서 숙제하는 게 왜 어려워?', '동생이니까, 누나니까 이해해 줄 수 있는 거 아니야?' 이제부터는 이런 말보다 '맞아, 고민이 많았겠다. 지금은 괜찮아?', '나도 그런 일이 있었는데 이렇게 하다 보니 마음이 괜찮아졌어. 너도 그럴 수 있기를 응원할게'와 같은 말을 건네보는 것은 어떨까? 힘이 든 순간에 맞아 언니가 나타나 다시 나아갈 용기와 희망을 불어넣어 주기를! 또 누군가에게 맞아 언니와 같은 존재가 되어줄 수 있기를 바란다. 삶에서 고민이 많은 초등학생이라면 이 책을 꼭 읽어보기를 추천한다. #익명 #또래 상담 #우정

고양이가 주인공이라면

— 이지은

고양이 해결사 깜냥 | 홍민정 글 | 김재희 그림 | 창비 | 2020 | 80쪽 | 12,000원
(1권 기준으로 작성한 서지 정보입니다.)

'고양이'에게는 우리가 모르는 신비한 능력이라도 있는 걸까? '고양이'가 가진 매력의 비밀은 도대체 무엇이길래 동화책의 주인공으로 '고양이'가 등장하기만 하면, 아이들의 사랑을 독차지하는 것일까? 이처럼 고양이의 인기를 증명해 보이듯 고양이가 주인공인 동화책이 정말 많다. 『닥터 별냥』, 『야옹이 수영교실』, 『외계 고양이 클로드』, 『시간 고양이』, 『백 번 산 고양이 백꼬 선생』, 『도서관 고양이』… 모두 나열하려면 끝이 없을 정도로 수많은 책이 출판되고 있다.

그중 『고양이 해결사 깜냥』은 2020년 1권이 출간된 이후로, 지금까지 '독서로((https://read365.edunet.net))' 인기도서 상위권을 꾸준히 지키고 있을 만큼 어린이들의 사랑을 독차지하고 있다. 2020년은 사서교사로 처음 임용된 해이기도 해서, 이 책을 수서했던 기억이 특히 또렷하다. 코로나19로 인해 도서관은 물론 모든 독서활동이 위축되었음에도 불구하고, 아이들이 다음 권을 손꼽아 기다릴 정도로 좋아한 책이다. 현재 7권까지 이어진 깜냥의 꾸준한 인기비결은 무엇일까? 그건 바로 주인공 깜냥의 당돌하지만 미워할 수 없는 사랑스러움 덕분이 아닐까. 더군다나 귀여운 깜냥이 그려진 표지는 책을 읽지 않고는 지나치기 힘들 만큼 매력적이다. 책 표지만 보아도 누구든 마음을 빼앗기고 마는 깜냥의 매력. 동글동글 까만 얼굴에 무심하면서 귀여운 표정을 짓고 있는 깜냥의 그림이 깜냥의 인기를 한층 더해준다.

경비실로 다가와 하룻밤 재워달라고 부탁하며 라면까지 요구하는 당돌한 고양이 '깜냥'의 첫 등장. 언뜻 보면 무례할 수도 있지만, 깜냥의 행동에는 사람을 향한 따뜻함과 애정이 담겨 있어 결코 밉지 않다. 아무도 도움을 청하지 않았음에도 스스로 조수가 되겠다며 다가오는 깜냥을 어찌 미워할 수 있을까. 고양이 특유의 성격처럼 살갑거나 친절하진 않지만, 깜냥은 도움이 필요한 사람을 그냥 지나치지 않는다.

『고양이 해결사 깜냥』의 이야기는 단순한 재미를 넘어서 돌봄의 부재, 동물보호, 나눔 등 우리 삶과 밀접한 문제들을 따뜻하게 담고 있다. 아파트 경비실에서 시작된 깜냥의 모험은 피자가게, 태권도장, 눈썰매장, 편의점, 캠핑장으로 이어진다. 깜냥은 다양한 공간 속에서 벌어지는 사건을 통해 해결사 활약을 선보인다. 다정하게 그리고 무심하게 도움이 필요한 모든 생명체를 돕는다. 주인공의 이름인 '깜냥'은 '스스로 일을 헤아릴 수 있는 능력'을 뜻한다. 이름처럼 스스로 문제를 인식하고 해결하는 해결사 깜냥의 모습이 이름과 참 잘 어울린다.

초등학교 3, 4학년은 그림책에서 긴 글로 넘어가는 과도기이며, 독서력을 성장시켜야 하는 중요한 시기다. 그러나 이 시기에는 학습량이 급격히 늘어나 독서에 흥미를 잃기 쉬운 것도 사실이다. 긴 글에 대한 부담으로 독서에서 멀어지는 어린이들에게 『고양이 해결사 깜냥』과 같은 동화가 많아진다면, 독서력을 키우는 훌륭한 '중간다리'가 될 수 있을 것이라 기대한다.

'깜냥'은 홍민정 작가님만의 사랑스러움과 다정함, 그리고 사람과 동물을 향한 깊은 애정이 이야기 곳곳에 묻어나는 책이다. 작가의 말에서도 느껴지듯이 "세상에는 좋은 사람이 참 많더라고, 어려운 사람을 돕고, 슬픈 사람을 위로할 줄 아는, 마음이 따뜻한 사람 말이야. 나는 너희들이 꼭 그런 사람이 되면 좋겠어"라는 문장이 책장을 덮는 순간 마음 깊이 남는다.

#익명 #또래 상담 #우정

진짜 용기는 두려움 속에서 한 걸음 내딛는 것
― 주경

푸른 사자 와니니 | 이현 글 | 오윤화 그림 | 창비 | 2015 | 216쪽 | 12,000원

주인공 와니니는 처음부터 용감한 사자가 아니었다. 오히려 남들과 달라 무리에서 쫓겨나고, 약하다고 여긴 어린 암사자였다. 하지만 와니니의 진짜 용기는 바로 여기서 시작된다. 무리에서 인정받지 못하고 홀로 남겨진 와니니는 초원의 거친 세상에서 두려움과 외로움에 맞선다. 누구라도 움츠러들었을 그 순간, 와니니는 포기하지 않고 자신만의 장점인 밝은 귀와 예리한 관찰력을 믿으며 살아남으려 노력한다. 이현 작가는 와니니의 이런 모습을 통해 진정한 용기가 무엇인지 조용히 보여준다. 용기는 두려움이 없는 것이 아니라, 두려움을 느끼면서도 한 걸음씩 나아가는 것임을 말한다.

서로 다름을 이해하고 받아들이는 과정은 쉽지 않다. 각자 다른 성격과 생각을 가진 친구들과 함께한다는 것, 때로는 의견이 달라 부딪히기도 하고 상처받기도 하는 그 과정들이 우리가 교실에서, 또래 관계에서 겪는 일들과 참 닮아 있다. 하지만 와니니는 이런 어려움을 피하지 않는다. 자신이 약하다는 사실을 숨기지 않고, 오히려 친구들과 힘을 합쳐 어려움을 이겨낸다.

누구에게나 어려운 날이 찾아오게 마련이다. 하지만 와니니는 절망하지 않는다. 사자가 풀숲에 몸을 숨기고 때를 기다리듯, 와니니도 오늘을 열심히 살아가며 자신만의 속도로 성장해간다. 그리고 친구들에게 희망을 전한다. "분명

기쁨이 기다리고 있을 거야." 슬픔을 딛고 희망을 향해 나아가는 와니니의 모습에서 진정한 용기가 무엇인가를 발견하게 된다.

 이 책은 특히 초등학교 고학년부터 중학교 1학년까지의 아이들에게 깊은 울림을 준다. 친구 관계에서 오는 고민, 자신의 정체성에 대한 혼란, 때로는 세상이 너무 힘겹게 느껴지는 그 민감한 시기에 와니니의 이야기는 따뜻한 위로가 된다. 완벽하지 않아도, 남들보다 작고 약해도, 그것이 용기를 내지 못할 이유는 아니라는 것을 보여준다.

 자라나는 과정에서 겪게 되는 크고 작은 갈등들, 서로 다른 생각을 가진 사람들과 소통 과정들이 때로는 피하고 싶을 만큼 어려울 수 있다. 하지만 와니니의 여정을 통해 이런 경험들이 결국 우리를 더 단단하고 성숙하게 만드는 소중한 과정임을 깨닫는다.

 『푸른 사자 와니니』는 단순한 성장 소설이 아니다. 이는 진정한 용기와 우정, 그리고 서로 다름의 아름다움에 대한 깊이 있는 이야기다. 우리도 각자의 두려움을 안고 살아가지만, 그 두려움 속에서도 한 걸음씩 내딛을 때 진짜 용기를 발견할 수 있다는 희망을 품게 해주는 책이다. 와니니의 이야기는 우리 모두가 각자의 자리에서 용감해질 수 있다는 용기와 위로를 전한다.

 #용기 #성장 #우정

사춘기를 극복하는 가장 완벽한 방법

— 이슬기

열다섯에 곰이라니 | 추정경 글 | 다산책방 | 2022 | 256쪽 | 13,000원

　학교 수업도 빠지지 않고 학원도 열심히 다니고 있는 태웅이 받은 수학 점수는 56점. 공부를 했다고 말하기도, 하지 않았다고 말하기도 애매한 점수가 안 그래도 마음에 걸리고 속상한데 누나가 자꾸 심기를 건드린다. 늘 웃어넘겼는데 오늘은 이상하게 누나의 말이 가슴에 와서 팍 꽂힌다. 결국 삼겹살을 앞에 두고 밥을 안 먹겠다고 선언하며 방으로 들어간다. 그저 다음에 더 열심히 하자고 얘기해주면 충분할 텐데. 속상한 와중에도 배가 고픈 자신이 어이없지만 내일 점심 급식 메뉴인 치즈돈가스를 떠올리며 잠이 든다. 하지만 다음 날 태웅의 침대에서 일어난 건 곰의 형상을 한 태웅. 치즈돈가스가 문제가 아니라 당장 가족들에게 곰이 태웅 자신임을 증명해 내야 한다. 태웅은 왜 곰으로 변한 걸까? 하필 왜 곰일까? 태웅은 자신의 모습으로 돌아올 수 있을까?

　『열다섯에 곰이라니』는 곰으로 변한 태웅의 이야기로 시작되어 비둘기로 변한 세희, 혼자 벽을 쌓고 지내다 동물화가 된 지훈, 작은 키가 콤플렉스였던 기린 서우 등 어느 날 갑자기 동물로 변한 친구들의 이야기가 펼쳐진다. 동물로 변하는 시기도, 동물의 종류도 각기 다르고 현상이 일어나는 이유도 명확하지 않지만 한 가지 확실한 것은 사춘기를 지나고 있는 10대에게만 동물화가 발현된다는 것이다. 이처럼 이 책은 '질풍노도(疾風怒濤: 몹시 빠르게 부는 바람과 무섭게 소용돌이치는 큰 물결)의 시기'라고도 불리는 복잡미묘한 사춘기를 '동물화'라는 기발한 상상력을 더해 부드럽게 풀어냈다. 첫사랑, 썸, 교실 속 갈등, 가족 문제 등 청소년이 많은 관심을 보이는 에피소드와 사춘기를 겪고 있는 등장인물의 감정선을 따라가다 보면 나도 모르는 새 이야기에 빠지게 된다. 그래서일까?『열다섯에 곰이라니』는 꾸준하게 청소년 베스트셀러에 이름을 올리고 있다.

 아이들에게 사랑받는 책은 사랑받게 된 계기나 이유가 모두 다르지만 확실한 공통점을 갖고 있다. 바로 아이들이 진심으로 공감할 수 있는 이야기라는 점이다. 성장통을 겪고 있는 청소년에게 보내는 공감과 응원은 실제의 크기보다 훨씬 큰 힘을 발휘할 때가 있는데 이 책도 그렇다. '동물화'라는 소재가 주로 이야기를 끌어가고 있지만, 성장과 깨달음, 가족의 사랑을 통해 변화하는 등장인물의 서사가 청소년 독자의 마음을 움직이는 것이다. 그리고 어쩌면 파도처럼 요동치는 청소년기의 감정을 진지한 전개가 아닌, '동물화'라는 유쾌한 소재로 풀어냈기에 더 와닿는지도 모르겠다.

 이 책은 사춘기를 지나고 있을 모든 청소년에게, 그리고 그 옆에서 함께 파도를 견디고 있을 부모님에게 추천한다. 등장인물들의 고민과 다양한 에피소드를 따라 책을 읽다 보면 누구에게나 찾아올 수 있는 시간을 지나고 있음을, 우리의 고민과 혼란스러움은 당연할 수 있음을 알게 될 것이다.

#사춘기 #성장 #변화 #가족

학교

감정의 미로를 헤매는 모두에게

— 허민영

아몬드 | 손원평 글 | 다즐링 | 2023 | 314쪽 | 16,800원

　사랑을 찾기 위한 여정을 담은 프로그램 〈나는 솔로〉를 즐겨 본다. 이 프로그램은 치밀한 각본이나 섬세한 연출 없이, 출연자의 표정과 갈등을 있는 그대로 담아낸다. 그래서인지 마라로니 뻥튀기처럼 중독적으로 손이 간다. 특히 최종 선택을 앞두고 "저 왜 울어요? 모르겠어요"라며 눈물을 흘리는 출연자의 모습은 유독 마음에 남았다. 나 역시 내 감정을 제대로 이해하지 못해 답답했던 기억이 떠올랐기 때문이다. 손원평의 소설 『아몬드』는 바로 이런 감정의 미로를 들여다보는 이야기다.

　소설은 감정을 느끼는 기관인 편도체가 작게 태어나 감정을 인식하고 표현하는 데 어려움을 겪는 소년 윤재를 중심으로 펼쳐진다. 윤재는 엄마와 할머니의 세심한 보살핌 속에서 평온한 일상을 살아간다. 그의 열한 번째 크리스마스도 여느 날과 다르지 않았다. 하지만 그날 끔찍한 사건이 벌어졌고 그는 그러한 장면을 목격하고도 눈 하나 깜빡이지 않는다. 윤재의 무표정은 사람들의 오해를 불러일으키고, 그렇게 세상과의 거리는 점점 멀어진다. 만약 윤재에게 다가온 사람들이 없었다면, 그의 이야기는 거기서 끝났을지도 모른다.

　감정을 느끼고 표현하는 능력은 타인과 연결되기 위한 중요한 열쇠다. 하지만 감정이 느껴지지 않거나 감정이 느껴져도 그것이 무엇인지, 어떻게 말해야 할지 모른다면 세상과의 연결은 쉽지 않다. BBC와의 인터뷰˚에서 엘리스 박사는 윤재와 같은 감정표현 불능증을 극복하려면 주변 사람들에게 자신의 감정을 묻는 것이 도움이 된다고 말한다. 적확한 감정이 아니더라도 관련된 이야기를 자주 끌어냄이 중요하다는 것이다.

『아몬드』속 윤재 역시 주변 사람들 덕분에 감정을 인식하고 표현하는 법을 배워나간다. 엄마와 할머니는 그를 따뜻하게 바라보고 단단하게 지켜주며, 사회 속에서 살아가는 방식을 알려준다. 처음에는 낯설고 불편하게 느껴졌던 또래 곤이와의 관계 역시 윤재 내면에 서서히 균열을 일으킨다. 감정을 억누르지 않고 있는 그대로 드러내는 곤이의 모습은 윤재에게 감정이란 무엇인지 고민하게 한다.

『아몬드』는 감정을 이해하고 표현하는 데 어려움을 느끼는 청소년에게 특히 추천하고 싶다. 타인과의 관계에서 어색함을 느끼는 이들, 그리고 자기 마음을 어떻게 설명해야 할지 몰라 답답했던 이들에게 이 책은 따뜻한 위로가 되어줄 것이다. 윤재가 서툴게 세상과 연결되어 가는 모습을 따라가다 보면, '그때 왜 눈물이 나왔는지'와 같이 우리의 마음을 조금 더 솔직하게 마주할 수 있을 것이다.

#관계 #감정 #성장

˚ BBC 뉴스. 2025.3.2. 감정표현불능증: '내 감정에 이름 붙이기 힘든 이유'. 니콜라 브라이언 https://www.bbc.com/korean/articles/c2419pl036o (검색일: 2025.5.11).

재미있는 독서 세계로 들어가는 만능 Key! 회색 인간
— 신정임

회색인간 | 김동식 글 | 요다 | 2017 | 356쪽 | 13,000원

　초졸 주물 공장 노동자 출신의 베스트셀러 작가. 이 짧은 문장만으로도 작가에 대한 호기심을 자극한다. 단시간에 10여 권이 넘는 책을 낸 작가의 필력도 감탄스럽고 작가 만남을 해본 사서 교사들의 한결같은 호평도 작품과 작가에 관한 관심을 적극 유발하게 되는 요인이다. 김동식 작가의 첫 책『회색 인간』은 한 편당 10~31페이지 분량의 단편 24편이 수록되어 있는 단편 모음집이다. 각 단편의 주제와 등장인물이 처한 사건이 모두 흥미롭다. 책이라는 형태의 매체 자료 읽기에 익숙하지 않은 독자도 쉽게 몰입하여, 재미를 느끼면서 완독할 수 있게 텍스트가 구성되어 있다. 어쩌면 이렇게 기발한 상상으로 딜레마적인 상황을 만들어 냈는지 감탄이 절로 나온다.『회색 인간』을 읽으면서 독자는 감상 위주의 단순 읽기 형태에 머물지 않고 비판적으로 사유하며 질문해 보는 깊게 읽기를 경험해 볼 수 있다.
　단편「회색 인간」은 지저세계에 붙잡혀와서 끝없는 노역과 배고픔에 각박한 회색빛 삶을 영위하던 인간들이 노래하고, 그림 그리며, 삶을 기록하는 예술 체험을 통해 변해가는 과정을 그리고 있다. 지저세계에서 극한의 삶을 살던 사람들이 예술 활동 향유를 통해 나눔과 희망의 문화를 만들어가며 정상적인 삶의 혈색을 되찾아 가는 결말을 보면 부드럽지만, 강한 문화의 힘을 느끼게 된다.

이 책의 단편 작품 중에 2편의 글을 소개해 보겠다.

　단편 「낮인간 밤인간」은 신의 비밀인 성스러운 항아리를 파낸 벌로 인류의 절반은 낮에 사람이 되었다가 밤에 좀비가 되며, 나머지 절반은 밤에 사람이 되었다가 낮에 좀비가 되는 상황이 벌어진다. 좀비가 된 사람을 살해하거나 괴롭히는 범죄도 일어나며 낮인간과 밤인간이 서로 미워하며 치열하게 싸운다. 3년이 지나 신의 저주가 풀려 좀비가 되지 않게 되었어도 여전히 밤인간, 낮인간으로 존재하며 서로 반목하고 싸우는 것이 계속된다. 이 글은 과거의 나쁜 경험에 의한 선입견을 기반으로 한 소통과 대화 없는 관계의 호전성과 폭력성을 경고하며, 기질이나 성향의 다름을 열등하다고 판단하거나 증오의 대상으로 삼을 수 없음을 알려준다.

　『회색 인간』은 독서 행위만 생각해도 낯빛이 회색으로 변하던 사람의 혈색을 환한 살색으로 돌아오게 할 수 있는 마법 같은 힘을 가지고 있다. 평범한 독자라도 이 한 권을 첫걸음으로 하여 10여 권이 넘는 김동식 작가 작품을 완독하는 성취감을 가져볼 수 있을 것이다. 손에 든 핸드폰 속 영상 자료에만 익숙해서 독서를 어렵게 생각하는 학생들에게 적극적으로 읽기를 권해 본다. 스포츠나 게임 수다하듯이 친구들과 김동식 작가 작품으로 책 수다를 해보는 신선한 경험도 할 수 있을 것이다. 많은 독자가 김동식 작가의 『회색 인간』을 접하게 된 '운', 독서 행위를 어렵지 않게 여기는 '태도', 자신에게 필요한 책을 쉼 없이 읽는 '꾸준함'을 통해 성장과 행복의 세계로 성큼 다가서기를 바란다.

　#딜레마 #인간 #가치

| 초1 | 초2 | 초3 | **초4** | 초5 | 초6 | 중1 | 중2 | 중3 | 고1 | 고2 | 고3 | 성인 |

편견을 깨고 진심을 마주한 순간, 마음에도 별이 뜬다
— 방민지

사자마트 | 김유 글 | 이명호 그림 | 한솔수북 | 2023 | 40쪽 | 15,000원

벚꽃잎이 날리는 3월, 저학년 아이들과 함께 그림책 수업 시간에 늘 읽는 책이 있다. 바로 김유 작가의 『마음버스』다. 꽃처럼 아름다운 봄날, 동네를 누비는 마을버스를 타는 우리 이웃들의 따뜻한 사연을 전하며, 읽는이의 마음도 따뜻하게 만들어주는 그림책이다. 이 책의 표지를 보면, 주인공들이 한 정류장 앞에 서 있다. 그 정류장의 이름은 바로 '사자마트'. 처음 이 표지를 본 순간부터 아이들과 나는 궁금했다. 사자마트는 어떤 곳일까?

김유 작가와 소복이 그림작가 함께 만든 『사자마트』는 전작 『마음버스』의 따뜻한 결을 이어주는 이야기로, 마음버스를 타고 조용히 지나쳤던 '사자마트'가 이번에는 이야기의 중심 무대로 돌아와 아름다운 그림과 따뜻한 이야기로 우리의 마음을 두드린다.

이 책의 주인공은 덥수룩한 머리와 굵은 목소리를 가진 '사자씨'. 외모 때문에 종종 무섭다는 오해를 사 마트를 찾는 손님은 없지만, 사자씨는 묵묵히 마트를 운영하며 길고양이들의 밥을 챙기고, 하루하루 자신의 일상을 꾸려간다. 말이 많지 않고 조용하지만, 그녀의 행동에서는 다정함과 배려가 느껴진다.

이야기의 전환점은 마을에 갑작스럽게 정전이 일어난 날 발생한다. 어둠 속에서 두 자매가 손을 잡고 사자마트를 찾아오고, 사자씨는 그들을 따뜻하게 맞이하며 촛불로 어둠을 밝혀준다. 그 순간, 아이가 말한다. "마음에도 별이 떴어요." 이 장면을 통해 작가는 사자씨의 따뜻한 진심이 아이의 마음에 닿았음을 상징적으로 보여준다. 이후 주민들도 하나둘 사자마트를 찾으며 사자씨의 배려와 다정함을 경험하게 되고, 외모에 대한 편견이 서서히 사라진다. 책의 마지막엔 정전이 복구되어 불이 켜진다. 그 순간, 사자씨가 매일 밥을 챙겨 주던 길고양이가 마트를 지나간다. 아무도 정전의 원인을 모르는 가운데, 독자는 고양이가 사람들을 마트로 이끈 존재일지도 모른다는 상상을 하게 된다. 사자씨가 베푼 작은 친절이 연결고리가 되고, 결국 커다란 울림으로 되돌아오는 구조가 감동적으로 그려진다.

이 책은 겉모습만 보고 상대를 판단하는 세상 속에서, 진짜 중요한 건 '진심'과 '마음'이라는 따뜻한 메시지를 전한다. 위압적인 겉모습의 사자씨는 사실 누구보다 따뜻하고 섬세한 마음을 지니고 있다. 이웃들도 점점 그 진심을 알게 되면서 서로를 외모가 아니라 있는 그대로 받아들이는 관계로 발전해 나간다. 이 과정을 통해 우리도 누군가를 겉모습이 아니라 마음으로 바라보는 연습을 하게 된다.

어쩌면 우리 마을, 우리 학교 어딘가에도 조용하지만 다정한 마음을 나누는 '사자씨'가 있을지도 모른다. 그들의 따뜻한 이야기를 들으려면 겉모습이 아니라 마음의 문을 두드려 봐야 하지 않을까? 사자씨와 이웃들이 전하는 마음 따스한 아름다운 순간들이 이 책을 만난 독자들의 마음에도 잔잔한 별빛처럼 스며들기를 바란다. #편견 #존중 #다양성 #배려

교육과정(독서활동) 연계
1. [2바01-03] 가족이나 주변 사람을 배려하며 관계를 맺는다.
2. [4사04-06] 우리 사회에 다양한 문화가 확산되면서 생기는 문제(편견, 차별 등) 및 해결 방안을 탐구하고, 다른 문화를 존중하는 태도를 기른다.

함께 볼 만한 콘텐츠
- [책] 『이파라파 나무나무』 이지은 글·그림. 사계절. 2020. 64쪽.
- [책] 『마음버스』 김유 글. 소복이 그림. 천개의바람. 2022. 40쪽.
- [책] 『초록눈 호랑이』 여균동 글·그림. 책마을해리. 2024. 64쪽.
- [영상] 한국감정연구소. 〈나와 다른 모습도 존중해요〉(2:59). 2020.9.4.

토의 질문
1. 사자씨는 왜 아무도 오지 않는 마트를 계속 운영했을까요?
2. 내가 생각하는 '좋은 이웃'은 어떤 모습인가요?
3. 사자씨는 왜 더 적극적으로 친절하게 다가가지 않았을까요?

| 초1 | 초2 | 초3 | 초4 | 초5 | 초6 | 중1 | 중2 | 중3 | 고1 | 고2 | 고3 | 성인 |

낯선 세계 앞의 용기

— 방민지

수영을 할 수 있게 되면 | 잭 웡 글·그림 | 신형건 옮김 | 보물창고 | 2024 | 48쪽 | 16,800원

시처럼 흘러가는 문장과 수채화처럼 번지는 아름다운 그림이 눈과 손을 사로잡았다. 문득 '수영을 배우는 이야기일까?' 궁금해져, 수경을 쓰고 물속에 잠긴 듯 서 있는 한 소녀의 얼굴과 마주하며 조심스레 책장을 넘겨보았다. 작품에서 '수영'은 단지 헤엄치는 기술이 아니다. 주인공에게 수영은 두려움을 마주하고, 세상과 나 사이에 놓인 장벽을 조금씩 허물어가는 일련의 과정이다. 낯선 공간에 발을 들이는 일이 얼마나 큰 용기가 필요한 일인지, 작가는 섬세한 표정 묘사와 시처럼 흐르는 짧은 문장들로 한 페이지, 한 페이지 그려낸다.

작가 잭 웡(Jack Wong)은 아시아계 캐나다 이민자다. 작가는 어린 시절 수영을 배우며 겪은 두려움과 이민자로서의 소외감을 바탕으로 이 책을 쓰고 그렸다. 그는 인터뷰에서 '수영을 배우는 과정이 이민자로서 겪는 문화적 장벽과 심리적 거리감과 닮아 있다'라고 말한 바 있다. 즉, 이 작품은 겉으로는 단순히 수영을 배워나가는 아이의 과정을 담은 이야기처럼 보이지만, 그 안에서 작가는 이민사회에서 겪은 정체성의 혼란와 소속되지 못한 채 느낀 낯설고 외로운 감정을 수영을 배우는 과정에 빗대어 은유적으로 그려낸다.

"수영을 할 수 있게 되면, 우리는 전혀 다른 세계를 만날 수 있어."

이 문장은 마치 조용한 응원처럼 마음속에 긴 여운을 남긴다. 물속이라는 공간은 무섭고 낯설지만, 그 너머에는 반짝이는 세상과 나를 환영하는 목소리, 그리고 내가 닿고 싶은 꿈과 가능성이 기다리고 있다. 아이는 물속으로 한 걸음, 또 한 걸음 들어가며 점차 내면에 자리 잡은 용기와 마주한다.

아이의 눈높이에서 이민자의 경험을 말하는 내용은 다양성과 포용이 중요한 요즘 시대에 꼭 필요한 메시지를 전한다. 이야기는 꼭 이민자의 시선에만 머무르지는 않는다. 아이들은 삶의 과정에서 모두 어느 순간 '낯선 세계' 앞에 서게 된다. 새 학년, 새 친구, 새 교실, 혹은 그저 지나쳐가는 일상 속 삶의 여러 순간에서 깊고 얕은 물을 마주한다.

『수영을 할 수 있게 되면』은 그럴 때, 서툰 나를 미워하지 않고, 기다려주며, 조금씩 나아가도 괜찮다는 따뜻한 이야기를 들려준다. 특히 조용한 감정의 결이 느껴지는 아름다운 수채화풍의 그림들은 말보다 깊은 울림으로 다가온다. 두려움을 안고 천천히 앞으로 나아가는 아이들에게, 또 그 옆에서 묵묵히 곁을 지키며 기다려주는 어른들에게 이 책을 추천하고 싶다.

#용기 #평등 #성장

교육과정(독서활동) 연계
1. [4도01-01] 자신의 감정을 소중히 여기며 존중하는 태도를 바탕으로 내가 누구인가를 탐구한다.

함께 볼 만한 콘텐츠
- [책] 『나는 강물처럼 말해요』 조던 스콧 글. 시드니 스미스 그림. 김지은 옮김. 책읽는곰. 2021. 52쪽.
- [책] 『두려움을 이기는 용기사다리』 이제트 귈도안 글. 베튤 게체지 그림. 베튬 튼클리츠 옮김. 제제의숲. 2022. 32쪽.
- [영화] 〈인사이드 아웃〉(1:34:00). 피트 닥터. 로널드 던칸. 2015.

토의 질문
1. 주인공이 마주하는 물속의 세계는 무엇을 의미할까요? 물속에서의 경험이 주인공에게 어떤 변화를 일으켰을까요?
2. 제목에서 '할 수 있게 되면'이라는 말 뒤에는 어떤 가능성이 숨어 있을까요?
3. 낯선 환경에서의 '두려움'은 나쁜 감정일까요? 아니면 우리에게 필요한 감정일까요?

| 초1 | 초2 | 초3 | **초4** | 초5 | 초6 | 중1 | 중2 | 중3 | 고1 | 고2 | 고3 | 성인 |

호호호호 웃음 파티에 초대합니다!
— 이성연

호호호호박 | 한연진 글·그림 | 사계절 | 2024 | 48쪽 | 16,800원

호박 하면 제일 먼저 떠오르는 건 늙은 호박으로 만드는 맛있는 노란 호박죽이다. 그동안 맛있게 먹었던 늙은 호박이 활짝 웃으며 호호호호 웃음 파티로 우리를 초대한다.

『호호호호박』은 한연진 작가의 옥수수로 지은 말놀이 그림책『옥두두두두』에 이어, 호박이라는 친근한 소재를 통해 말놀이와 상상력, 그리고 웃음의 힘을 유쾌하게 풀어낸 작품이다. '호박'이라는 단어에서 파생되는 다양한 웃음소리, 의성어, 의태어를 활용해 아이들이 언어의 재미를 자연스럽게 경험할 수 있도록 구성되어 있다.

책을 펼치면 따뜻한 바람이 호오 불어오며 책이 시작된다. 그 따뜻한 바람은 호박순의 끝을 호로록 구부리며 잎들을 호방방방 자라게 한다. 햇빛과 바람으로 성장한 호박은 노란빛 꽃을 "박"하며 터트리며 호박꽃이 피는 장면으로 이어진다. 널따란 호박잎을 커튼으로 표현하며 그 커튼을 들추면 무대에 책의 주인공들이 등장하며 웃음 파티가 시작된다.

호박의 종류가 이렇게 다양할 수 있느냐는 호기심으로 책을 한 장씩 넘기다 보면 우리 주변에서 볼 수 있는 모든 호박이 등장한다. 애호박, 땅콩호박, 주키니호박, 늙은 호박, 단호박, 풋호박이 각각의 이름에 맞는 의성어, 의태어로 표현되며 큰 웃음을 준다. 호박 커튼을 호록 내리면 웃음소리가 차차 잦아들고 시골 할머니 댁이나 흔히 식당에서 보았던 늙은 호박처럼 웃음보따리가 차곡차곡 쌓인다. 그 웃음보따리를 가르고, 웃음을 호로록 끓인 왕할머니의 호박죽을 나눠 먹으면서 웃음꽃이 피는 장면에서 이야기가 마무리되며 할머니와 강아지 등 따뜻한 가족적인 분위기가 더욱 풍성해짐을 느낄 수 있다. 다음에는 뭘 해 먹을지 독자 역시 기대가 된다.

이 책은 다양한 종류의 호박들이 독특한 이름과 웃음소리로 등장하며, 각각의 호박이 가진 개성과 유쾌함을 타이포그래피와 그림으로 역동적으로 표현하고 있다. 특히 단호박처럼 반전을 가진 매력적인 캐릭터와 모든 것을 아낌없이 내어주는 할머니의 인심이 더욱 따뜻하게 다가온다. 호박잎을 커튼으로 표현하며 웃음 파티의 무대가 된 점이 등장하는 호박들의 매력을 잘 보여주는 표현이라 생각한다. 책 속의 미니북 『호호호박의 비밀』은 또 다른 볼거리와 반전을 보여준다. 애호박의 젊음 비결과 반전 매력 단호박의 비밀을 알려주는 유쾌함이 있다.

이 책의 가장 큰 매력은 '호호호'라는 반복적인 의성어가 주는 리듬감이다. 자연스럽게 따라 읽으며 언어의 재미를 느낄 수 있고, 읽기에 대한 흥미를 높일 수 있다. 또 다양한 호박의 모습을 통해 자연과 먹거리, 가족의 소중함까지 자연스럽게 연결 짓는 점이 인상적인 책, 가족과 함께 읽으며 우리 식탁 위 음식들이 어떻게 자라는지 대화해 볼 수 있는 매개체가 될 수 있다. 호호호호 웃음 파티에 참여하고 싶다면 주저하지 말고 책장을 넘겨보기를 바란다.

#말놀이 #상상력 #자연 #창의력 #타이포그래피

교육과정(독서활동) 연계
1. [2국02-01] 글자, 단어, 문장, 짧은 글을 정확하게 소리 내어 읽는다.
2. [2국02-02] 의미가 잘 드러나도록 문장과 짧은 글을 알맞게 띄어 읽는다.
3. [2국05-01] 말놀이, 낭송 등을 통해 말의 재미와 즐거움을 느낀다.
4. [4과03-01] 여러 가지 식물을 관찰하여 특징에 따라 식물을 분류할 수 있다.

함께 볼 만한 콘텐츠
- [책] 『옥두두두두』 한연진 글·그림. 향출판사. 2022. 40쪽.
- [책] 『최승호 시인의 말놀이 동시집 1~5』 최승호 글. 윤정주 그림. 비룡소. 2020.
- [책] 『홀짝홀짝 호로록』 손소영 글·그림. 창비. 2024. 52쪽.

토의 질문
1. 책 속 등장하는 호박 중 가장 매력적인 호박은 무엇인가요?
2. 호박의 다양한 이름과 특징을 보며, 여러분은 자신의 특별한 점이 무엇이라고 생각하나요?
3. 단어를 하나 골라 『호호호박』처럼 말놀이 한 문장을 만들어 볼까요?

| 초1 | 초2 | **초3** | 초4 | 초5 | 초6 | 중1 | 중2 | 중3 | 고1 | 고2 | 고3 | 성인 |

내가 음식으로 변한다면?
— 이성연

해든 분식 | 동지아 글 | 윤정주 그림 | 문학동네 | 2024 | 88쪽 | 11,000원

누구에게나 '최애' 음식이 있다. 내가 갑자기 그 음식으로 변한다면? 그런 순간이 오면 나는 어떻게 할까? 웃어야 할지 울어야 할지 고민된다면 누구에게나 사랑받는 『해든 분식』으로 오면 된다.

이 책은 문학동네 초승달 문학상 대상 수상작으로, 열 살 때 좋아하던 동화책을 간직할 만큼 동화를 사랑하는 동지아 작가와 '꽁꽁꽁 시리즈'로 어린이들의 많은 사랑을 받는 윤정주 작가의 그림이 어우러져 책의 재미를 더하고 있다.

『해든 분식』은 평범한 해밀초등학교 2학년 강정인의 특별한 하루를 그린 판타지 성장 동화이다. 학교 앞 해든 분식집 딸, 별명은 '닭강정', 오렌지색 땡땡이 우산 소유자, 키는 보통, 약간 곱슬머리, 빨간 안경테, 김반찬이라는 별명을 가진 친구가 있음, 이 모든 것은 정인이를 나타내는 말이다. 한마디로 흔히 만날 수 있는 평범한 학생이다. 하지만 해든 분식에서의 정인이는 가장 특별한 주인공이다. 왜냐하면 엄마의 사랑과 친구들의 우정이 가득한 공간이기 때문이다.

비 내리는 장마철 오렌지색 땡땡이 우산을 잃어버리며 이야기가 시작된다. 친구 김반찬이 가져갔다고 오해한 정인이는 "우산을 펴면 세상에서 제일 싫어하는 것으로 변한다!"라는 저주를 걸어버린다(12쪽). 그런데 정작 자신이 진짜 닭강정으로 변해버리고 만다.

아홉 살 아이에게 이보다 황당한 순간이 있을까? 하지만 정인이의 반응은 "웃어야 할지 울어야 할지 망설였다. 그러다 좀 웃겨서 일단 웃기로 했다"(39쪽)라고 자신의 유쾌함을 보여준다. 이런 반응은 책을 읽는 독자의 예상을 뛰어넘는 반전이다. 이 한 문장에서 작가가 전하고자 하는 메시지가 고스란히 드러난다.

정인이는 닭강정이 되어 엄마의 분식집에서 일어나는 일들을 보게 된다. 엄마의 후한 인심과 손님들의 대화를 통해 가족의 사랑, 친구들의 우정을 깨닫는다. 좋아하던 음식이 생일파티 이후 가장 싫어하는 음식이 되었지만, 그 닭강정이 바로 엄마의 넘치는 사랑이었음을 알게 된다. "해가 빛줄기를 길게 드리운다. 바닥에 떨어진 빗물을 말린다"(77쪽)라는 표현에서 정인이의 속상했던 마음이 보송보송 마르며 엄마가 우산의 저주를 "펑"하고 풀어주는 장면에서 이야기는 끝이 난다.

이 책에서 비와 햇살, 우산은 저주의 오렌지색 땡땡이에서 맑은 하늘 같은 하늘색으로 바뀌며 가족, 친구와의 사랑의 매개체로 표현되고 있다. 이런 표현을 찾아보면 더욱 흥미로울 것이다.

절망적인 상황에서도 움츠러들지 않고 유머로 승화시키는 아이다운 건강한 사고방식을 가진 정인이를 통해 이 책을 읽는 어린이들에게 다른 관점에서 바라보는 힘을 기를 수 있게 할 책이다. 쉬운 문장과 판타지 같은 내용이 처음부터 끝까지 재미있게 이어지므로 읽기 독립을 시작한 아이들에게 추천한다.

#가족 #우정 #사랑 #상상

교육과정(독서활동) 연계
1. [2국02-04] 인물의 마음이나 생각을 짐작하고 이를 자신과 비교하며 글을 읽는다.
2. [2국02-05] 읽기에 흥미를 가지고 즐겨 읽는 태도를 지닌다.
3. [2슬01-03] 가족이나 주변 사람에게 관심을 갖고 함께 살아가는 모습을 탐구한다.
4. [2슬04-02] 상상한 것을 다양한 매체와 재료로 구현한다.

함께 볼 만한 콘텐츠
- [책] 『봉달이의 졸업 시험』 안미란 글. 송선옥 그림. 문학동네. 2024. 120쪽.
- [책] 『너구리 라면 가게』 최설희 글. 김덕영 그림. 다산어린이. 2025. 112쪽.
- [책] 『꽝 없는 뽑기 기계』 곽유진 글. 차상미 그림. 비룡소. 2020. 72쪽.

토의 질문
1. 닭강정이 된 상황에서 내가 정인이라면 어떻게 했을까요?
2. 만약 내가 무언가로 변할 수 있다면 무엇이 되고 싶은가요?
3. 정인이처럼 친구를 의심했다가 오해였다면 어떻게 사과해야 할까요?

| 초1 | 초2 | 초3 | 초4 | 초5 | 초6 | 중1 | 중2 | 중3 | 고1 | 고2 | 고3 | 성인 |

감정이 눈에 보인다면?
— 이예지

감정 호텔 | 리디아 브란코비치 글·그림 | 장미란 옮김 | 책읽는곰 | 2024 | 30쪽 | 15,000원

어린이의 솔직함에 놀랄 때가 종종 있다. 며칠 전, 옆 친구와 부딪혀서 기분이 나빴던 어린이는 차분한 목소리로 이렇게 말하는 것이 아닌가. "네가 옆에서 갑자기 밀치면 내가 놀랄 수 있으니 조심해 줘." 언뜻 보기에 사소한 차이 같아도, 잔뜩 찡그린 얼굴로 밀지 말라며 화를 내는 어린이와는 확연히 다르다. 오해는 작은 것에서 쌓이기 마련이기에 상대방에게 자신의 감정을 솔직하고 예의 있게 전달하는 것은 중요하다.

감정을 전달하는 대화법의 대표적인 예로는 '나 전달법(I-message)'이 있다. 자신의 감정, 생각을 '나'로 시작하는 문장으로 표현하는 의사소통 방법이다. 상대방의 행동을 비난하지 않고 자신의 감정을 솔직하게 전달하여, 상대방이 이를 이해하고 수용할 수 있도록 돕는다. 특히, 초등학교 저학년은 상대방의 상황이나 감정을 미처 헤아리지 못하고 실수하는 경우가 많기에, 이 시기 아이들에게는 감정을 이해하고 표현하는 연습이 더욱 중요하다. 이러한 훈련에 도움이 되는 이야기가 한 편 있다. 감정에게 방을 내어주고 보살피는 감정 호텔 지배인의 이야기를 들어보자.

내가 느끼는 감정이 눈에 보이는 생명체라면 어떨까? '감정 호텔'은 다양한 감정 손님들이 머물다 가는 곳이다. 호텔 지배인은 감정들을 맞이하고 보살핀다. 슬픔은 목소리가 작아서 조용히 기다려줘야 하고, 분노는 엄청나게 시끄러워 큰 방을 내어주어야 한다. 이외에도 조용해지면 찾아오는 평화, 잊어버리기 쉬울 때쯤 곁에 와 앉는 감사, 사랑과 함께 찾아오는 기쁨 등 다양한 감정들이 등장한다. 감정 호텔은 아무리 까다로운 손님이라도 돌려보내지 않는다. 어떤 감정이 찾아오든 언젠가는 떠날 것을 알기에 머무르는 동안 정성껏 보살핀다.

어린이는 어떤 경험에서 어떤 감정을 느낄까? 감정은 온갖 크기와 모습으로 찾아온다. 본인만의 감정 호텔을 떠올려보고 어떤 감정들이 묵고 있는지 찬찬히 들여다본 후, 이야기를 나누면 서로의 다름을 깨달을 수 있을 것이다. 같은 상황일지라도 느끼는 감정의 종류와 크기는 저마다 다르다. 작품의 내용을 일상에 적용해 보면, 독자는 감정을 구분하고 타인을 배려하는 말하기 방법을 익혀갈 수 있다. 감정은 여러 모습으로 찾아오기에 헷갈릴 수 있다. 체크인 후에 호텔 방을 내어주는 것처럼 감정을 잘 살펴 이름표를 붙이고 보살펴보자.

감정은 눈에 보이지 않는다. 그래서 구분하기 어렵다. 삶의 경험이 어른보다 상대적으로 적은 어린이들은 더욱 그렇다. 그렇기에 감정에 이름을 붙이는 연습은 중요하다. 본 작품은 호텔 지배인의 시점에서 형체가 없는 감정을 살아있는 생명체로 묘사한다. 감정을 느끼는 것이 아니라 보이는 것으로 설정하여 초등학교 저학년도 감정을 쉽게 인지할 수 있도록 돕는다. 아는 게 많아져 솔직하지 못한 어른보다 투명한 마음을 가진 어린이가 감정 공부를 하기에 가장 좋은 시기일지도 모른다.

#감정 #자기이해 #감정인지 #수용

교육과정(독서활동) 연계
1. [2바01-02] 나를 이해하고 존중하며 생활한다.
2. [2바01-03] 가족이나 주변 사람을 배려하며 관계를 맺는다.
3. [2국01-02] 바르고 고운 말로 서로의 감정을 나누며 듣고 말한다.
4. [4도01-01] 자신의 감정을 소중히 여기며 존중하는 태도를 바탕으로 내가 누구인가를 탐구한다.

함께 볼 만한 콘텐츠
- [책] 『감정 서커스』 리디아 브라코비치 글·그림. 장미란 옮김. 책읽는곰. 2023. 44쪽.
- [책] 『공감 씨는 힘이 세!』 김성은 글. 강은옥 그림. 책읽는곰. 2017. 44쪽.
- [영화] 〈인사이드 아웃〉 (1:42:00). 피트 닥터. 2015.

토의 질문
1. 나의 감정 호텔에 어떤 감정이 찾아오면 좋겠나요?
2. 나의 감정 호텔에 어떤 감정이 찾아올 때 싫은가요?
3. 앞서 말한 감정과 함께 있을 때의 내 모습은 어떤가요?

| 초1 | 초2 | **초3** | 초4 | 초5 | 초6 | 중1 | 중2 | 중3 | 고1 | 고2 | 고3 | 성인 |

불안을 돌보는 방법
— 이예지

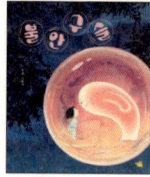

불안구슬 | 한솔 글·그림 | 노란돼지 | 2024 | 40쪽 | 16,800원

 재난은 예고 없이 찾아온다. 걱정도 마찬가지다. 작은 걱정들이 모여 불안이 커지면 우리는 어떻게 행동하는가? 꼬리를 물고 이어지는 걱정거리를 따라 불안한 마음에 휩싸이기도 하고, 걱정을 떨쳐버리려고 불안한 마음을 애써 부정하기도 한다. 불시에 찾아오는 부정적인 감정을 건강하게 해소하지 못하면 본인과 주변 사람들을 괴롭게 만든다. 요새 서점에는 대화하는 방법을 알려주는 지침서가 많다. 당황스럽거나 곤란한 일이 생겼을 때 스스로 혹은 주변 사람에게 어떤 말을 해주면 좋을지 알려주는 책이 연령대별로, 상황별로 다양하게 나와 있다. 그야말로 건강한 소통이 중요한 시대이다. 단호한 말로 나를 지키고, 다정한 말로 주변을 돌보기 위해서는 자신의 감정 인지가 선행되어야 한다. 나에 대해 잘 알아야 명확한 의사 표현을 할 수 있기 때문이다. 여러 감정 중에서도 '불안'을 어떻게 다루면 좋을지 알려주는 그림책을 소개한다.

 주인공 아리의 걱정은 집을 나서는 순간부터 시작된다. 모락모락 피어나는 연기처럼 걱정은 끊임없이 아리를 따라다닌다. 그러던 어느 날, 문방구 주인 할머니가 내미는 걱정엽서를 통해 걱정을 먹어치우는 와구와구 씨를 만난다. 와구와구 씨는 불안구슬을 돌보는 방법을 알려준다. 바로 "마음이 따뜻해"지는 일이다. 마음이 따뜻했던 순간들을 떠올리자, 여러 가지 색으로 가득 찼던 불안구슬이 금세 투명해진다.

 "네 마음속 불안을 잘 돌보면 불안구슬은 투명해져.

 그게 불안구슬을 돌보는 방법이야.

네 마음을 돌보는 너만의 방법들을 찾아보렴."

　불안구슬을 돌보는 방법을 알게 된 아리는 이전과 달라졌다. 건널목을 무서워하던 아리는 이제 친구에게 손을 잡고 건너자고 먼저 이야기한다. 자기의 불안한 감정을 인지하고 주변에 있는 친구와 대화를 통해 감정 조절에 성공한다. 그래서 이 책은 초등 저학년에게 특히 권하고 싶은 작품이다. 2022 개정 교육과정 성취기준에 따르면 초등학교 1~2학년은 '우리는 누구로 살아갈까'를 배운다. 내가 어떤 사람인지 이해하고, 더 나아가 주변 사람에게 관심을 가지고 배려하며 관계 맺는 방법을 학습한다. 본 작품은 어린이 독자가 불안한 주인공의 마음과 상황을 짐작하고 자신과 비교해 볼 수 있게 한다.

　걱정되거나 불안한 상황 속에서, 내 마음속 불안구슬은 어떤 모습이었을까? 의연하게 투명했을까, 색깔이 뒤섞여 어두워졌을까. 불안구슬을 돌볼 수 있도록 '마음이 따뜻했던 순간'도 떠올려보자. 더 나아가, 나만의 '마음이 따뜻해지는 방법' 목록을 만들어 보자. 본 작품을 읽고 곱씹는 과정에서 독자는 부정적인 감정을 마주했을 때 당황하지 않고, 행동을 통해 감정을 다루는 방법을 찾을 수 있을 것이다. #감정 #자기이해 #불안 #걱정

교육과정(독서활동) 연계
1. [2바01-02] 나를 이해하고 존중하며 생활한다.
2. [2바01-03] 가족이나 주변 사람을 배려하며 관계를 맺는다.
3. [4도01-01] 자신의 감정을 소중히 여기며 존중하는 태도를 바탕으로 내가 누구인가를 탐구한다.
4. [4도02-03] 공감의 태도가 필요한 이유를 이해하고 도덕적 상상력을 바탕으로 대상과 상황에 따라 감정을 나누는 방법을 탐구하여 실천한다.

함께 볼 만한 콘텐츠
- [책] 『그 녀석, 걱정』 안단테 글. 소복이 그림. 우주나무. 2018. 37쪽.
- [책] 『고민 식당』 이주희 글. 소복이 그림. 한림. 2019. 32쪽.
- [책] 『마음을 담은 병』 데버라 마르세로 지음. 김세실 옮김. 나는별. 2023. 40쪽.

토의 질문
1. 걱정되거나 불안했던 순간을 떠올려 봅시다. 나의 불안구슬은 어떤가요?
2. 불안구슬을 돌볼 수 있도록 '마음이 따뜻했던 순간'을 나누어 봅시다.
3. 토의한 내용을 바탕으로, 나만의 '마음이 따뜻해지는 방법'을 써 봅시다.

| 초1 | 초2 | 초3 | 초4 | 초5 | 초6 | 중1 | 중2 | 중3 | 고1 | 고2 | 고3 | 성인 |

공감과 소통이 필요한 당신에게
— 이주영

생쥐 소소 선생 | 송미경 글 | 핸짱 그림 | 주니어RHK | 2025 | 112쪽 | 16,000원

『생쥐 소소 선생』은 슬럼프에 빠진 생쥐 소소 선생이 여러 가지 상황 속에서 주변 인물과 소통하며 자존감을 회복해 나가는 동화이다. 한때 베스트셀러 작가였던 소소 선생은 3년째 새로운 작품이 써지지 않아 지쳐있는 상태이다. 독자의 혹평 이후 타인과 소통하는 데 두려움이 생기고 점점 예민해졌다. 친하게 지냈던 고양이 경비원과도 작은 사건으로 서먹한 사이가 되었다. 도시 한복판에 사는 소소 선생의 일상은 어느 순간 쓸쓸하고 팍팍해졌다.

소소 선생은 '졸졸초등학교'로부터 여러 번 편지를 받는다. 봉투를 열지 않던 소소 선생은 마침내 편지를 확인한다. 편지 내용을 확인하고 고민에 빠진 소소 선생에게 봉봉 씨는 새로운 공간에서 아이디어를 얻어 오라고 권유하며 용기를 북돋아 준다. 덕분에 소소 선생은 결심하고 졸졸초등학교로 향한다. 혼자서는 도저히 나설 수 없던 일도 나를 지지해주는 사람이 있을 때 몸과 마음이 움직이게 된다. 겁이 많고 도전하기를 두려워하던 소소 선생이 다시 움직일 수 있었던 건 봉봉 씨와 졸졸초등학교의 담임 선생님 덕분이었다.

졸졸초등학교에서 소소 선생은 아이들과 함께 시간을 보낸다. 소소 선생은 곁에 다가오는 아이들뿐만 아니라 혼자 있는 무진이에게도 관심을 보인다. 그녀는 어릴 적 본인 경험을 떠올리며 무진이에게 다가가는 방법을 아이들에게 알려준다. 소소 선생 덕분에 무진이는 친구들과 어울려 행복한 시간을 보낸다. 도시에서는 경계심이 많고 냉랭했던 소소 선생은 온데간데없고 다정하고 따뜻한 참견을 하는 멋진 어른만 그 자리에 서 있다. 긴장을 풀지 못하고 살았던 소소 선생의 마음을 풀어준 것은 과연 무엇일까?

졸졸초등학교에서 귀한 시간을 보낸 소소 선생은 도시로 돌아와 고양이 경비원과도 대화를 통해 서먹함을 풀어낸다. 오해와 단정으로 관계를 망치지 않고 마음을 열고 용기 내서 다가갔기에 엉켜 있던 실타래가 풀리듯 관계를 회복할 수 있었다. 삭막한 도시에 시원한 바람이 불어오는 순간이다.

작은 사건들로 인하여 서서히 마음의 문을 닫게 된 소소 선생의 모습은 낯설지 않다. 누구나 한 번쯤은 겪어 보았을 감정이기에 '생쥐 소소 선생'에게 공감이 간다. 소소 선생의 마음 변화를 따라가며 타인에게 받은 나의 상처도 들여다보게 된다. 소소 선생이 예전 모습을 찾는 순간, 주인공과 동일시하듯 나의 상처도 아문다. 서로 기대어 살아가는 사회 속에서 사람에게 받은 상처를 사람을 통해 회복하는 것이 우리의 삶이 아닐까? 관계의 어려움으로 지친 사람들이 이 책을 통해 잠시나마 치유되기를 소망한다.

#소통 #치유 #공감

교육과정(독서활동) 연계
1. [2슬01-03] 가족이나 주변 사람에게 관심을 갖고 함께 살아가는 모습을 탐구한다.
2. [2국01-03] 상대의 말을 집중하여 듣고 말차례를 지키며 대화한다.

함께 볼 만한 콘텐츠
- [책] 『인사를 나눠 드립니다』 이한재 글·그림. 킨더랜드. 2021. 32쪽.
- [책] 『용기 모자』 리사 데이크스트라 글. 마르크 얀선 그림. 책과콩나무. 2024. 32쪽.
- [책] 『진짜 진짜 멋진 친구』 이지 글·그림. 페이퍼독. 2023. 44쪽.

토의 질문
1. 소소 선생은 왜 도시에서 힘들어했을까? 어떻게 하면 마음이 편해질 수 있을까?
2. 무진이가 친구들과 어울릴 수 있게 소소 선생이 한 행동은 무엇이 있을까요?
3. 친구와 사이가 멀어졌을 때 어떻게 하면 다시 친해질 수 있을까요?

| 초1 | 초2 | 초3 | 초4 | 초5 | 초6 | 중1 | 중2 | 중3 | 고1 | 고2 | 고3 | 성인 |

어제보다 한 발짝씩 성장하는 아이
— 이주영

그래도, 용기 | 강정연 글 | 간장 그림 | 주니어RHK | 2024 | 92쪽 | 15,000원

『그래도, 용기』는 기존의 다른 동시집들과 달리 동시와 이야기를 함께 즐길 수 있도록 구성된 '동시 동화'라는 새로운 장르의 책이다. 아이들이 현실에서 한 번쯤은 겪어봤을 법한 상황이나 감정을 표현한 동시이기 때문에 저학년 학생들이 공감하며 읽을 수 있을 것이다. 게다가 작품 속의 일기, 만화, 그림 등의 여러 가지 장치가 있어서 아직 친숙하게 글을 읽지 못하는 아이들도 부담 없이 즐길 수 있는 책이다.

'용기'란 무엇이라고 생각하는가? 아이들에게는 수만 가지의 '용기'가 필요한 순간들이 찾아온다. 친구에게 사과하기, 큰소리로 발표하기, 함께 놀자고 말하기, 고마움을 표현하기 등. 이처럼 꿀꺽 삼킬 수도 있는 말들을 씩씩하게 건네기 위해선 용기가 필요하다. 시간이 걸렸지만 하민이도 본인 대신 혼이 난 주원에게 자신의 잘못을 고백하고 사과한다. 이 책에는 '그런데 사실은'이라는 동시 제목이 총 세 번 나온다. 앞부분에 나온 1편과 뒷부분에 나오는 2~3편의 시를 비교하며 읽어보길 권유한다. 작은 순간들이 모여 하민이의 내면이 얼마나 단단해졌는지 알아차릴 수 있다.

하민이의 성장기 못지않게 주목하고 싶은 점이 있다. 하민이를 독립적인 아이로 성장할 수 있게 만들어준 부모의 태도가 인상 깊었다. 하민이는 일곱 살이 되면 혼자 잔다고 약속했지만 그 약속은 아홉 살이 될 때까지 연기되었다. 부모는 하민이를 보며 어떤 생각을 하였을까? 수만 가지 감정이 교차했을지라도 부모는 침착했다. 아이의 감정과 자신의 감정을 분리하고 하민이의 '두려움'을 수용하였다. 아이의 감정을 가볍게 넘기지 않았다. 부모의 인내를 통해 아이는 자랐다. 그리고 마침내 하민이는 혼자 자겠다는 약속을 지켜냈다.

매일 조금씩 성장하고 있는 아이들. 그리고 그 곁을 사랑으로 보듬어 주고 있는 부모님과 선생님.『그래도, 용기』는 이 모두를 따뜻한 시선으로 바라보게 만드는 책이다.

동시를 통해 여러 가지 부정감정(두려움, 불안, 속상함 등)을 만날 수 있어서 반가웠다. 아이들과 함께 책을 읽으며 다양한 감정표현을 알아보고 감정은 좋고 나쁨이 없이 모두 소중하다고 말해줄 수 있을 것이다.

주인공의 처음을 응원하면서 나의 처음을 생각하게 되고 어른이 된 나를 대견스럽게 생각하게 되는 이 책이 많은 사람에게 읽히길 바란다. 어른들이 공감하고 위로받는 '100세 그림책'이 있듯이, 언젠가는 '100세 동시 동화'도 우리 곁에 자리하길 바란다.

#처음 #용기 #성장

교육과정(독서활동) 연계
1. [2국01-02] 바르고 고운 말로 서로의 감정을 나누며 듣고 말한다.
2. [2국02-04] 인물의 마음이나 생각을 짐작하고 이를 자신과 비교하며 글을 읽는다.
3. [2즐01-03] 가족이나 주변 사람과 소통하며 어울린다.

함께 볼 만한 콘텐츠
- [책]『쿵쿵이와 나』프란체스카 산나 글·그림. 미디어창비. 2019. 40쪽.
- [책]『학교 첫날인데…』김진미 글·그림. 봄볕. 2023. 48쪽.
- [책]『아홉 살 마음 사전』박성우 글. 김효은 그림. 창비. 2017. 168쪽.

토의 질문
1. 나에게 가장 용기가 필요했던 순간은 언제였나요?
2. 내가 용기를 내야 할 때 어떤 말을 듣고 싶나요?
3. 용기가 필요한 순간에는 어떤 기분이 드는지 그리고 용기를 내면 어떤 기분이 드는지 이야기해 볼까요?

| 초1 | **초2** | 초3 | 초4 | 초5 | 초6 | 중1 | 중2 | 중3 | 고1 | 고2 | 고3 | 성인 |

'지금'이 모여 만든 '행복'

— 이주영

난독의 계절 | 고정순 글·그림 | 길벗어린이 | 2024 | 112쪽 | 20,000원

『난독의 계절』은 고정순 작가의 어린 시절 경험을 담은 자전적 이야기이다. 종일 열심히 기어가도 좀처럼 멀리 가지 못하는, 송충이를 닮은 고구마. 당장 눈에 보이는 변화가 있지 않아도 주인공은 꾸준히 한글을 해독하기 위해 노력한다. 속도는 느리지만 좌절하거나 포기하지 않고 건강하게 한 걸음씩 성장해 가는 한 아이. 꼬마 고구마의 이야기를 통해, 느린 학습자의 세계를 경험할 수 있다.

주인공에게는 어려움을 직접 묻지 않는 어른들 대신, 부족한 점을 채워주는 두 명의 '어린 조력자'가 곁에 있었다. 갑자기 생겨난, 받아쓰기 시험보다 더 싫은 윤경 언니가 '나'의 비밀을 아는 첫 번째 조력자이다. 아무리 글 읽는 법을 알려줘도 좀처럼 늘지 않는 국어 실력이었지만 언니는 포기하지 않았다. 이 모습을 본 주인공은 언니의 인내심을 '부처님 같은 인내심'이라고 표현했다. 상숙이는 '나'의 비밀을 아는 두 번째 조력자이자 또래 조력자이다. 글을 읽고 쓰는 방법을 알려준 유일한 친구였다. 상숙이의 노력에도 주인공이 글을 한 자도 읽지 못했지만, 상숙이는 단 한 번도 화를 내지 않았다. 받아쓰기에서 빵점을 맞고, 밥 먹듯 나머지 공부를 반복해도 엄마도, 아빠도, 언니도, 친구도 모두가 주인공을 말없이 기다려주었다.

느린 '나'를 기다려주는 조력자들과 함께 현재의 자신을 사랑하는 꼬마 고구마는 딱 좋은 '지금'이 모여 한 발짝씩 성장했다. 한글 해독이 되지 않아 답답하고 속상한 심정을 담고 있으나 그 현실을 어둡게 표현하지는 않았다. 이 점이 특히 인상 깊었다.

글 읽기에 어려움을 겪었지만 꼬마 고구마도 강점이 많은 아이였다. 자신의 강점을 잘 아는 꼬마 고구마는 더는 자신의 약점으로 인하여 슬퍼하지 않았다. 밥도 잘 먹고 신체활동도 열심히 했으며 친구들을 재미있게 해주고 벌레도 대신 잡아주었다. 자신의 시간을 보내던 초겨울 어느 날, 주인공은 마침내 눈에 보이는 상호를 읽을 수 있게 되었다. 가장 먼저 읽은 상호는 '행복 분식'이었다.

"엄마 저거 행복 맞지?"(105쪽)

알을 깨고 나온 주인공의 머리를 쓰다듬으며 '애썼다. 장하다'라고 말하고 싶은 순간이었다. 이 기적 같은 순간은 묵묵히 곁을 지켜준 사람들과 자신을 포기하지 않은 꼬마 고구마가 함께 만든 결실이었다. 난독의 계절을 겪고 있는 어린이들이 그 계절을 지나 '행복'이란 단어를 찾은 주인공처럼 각자의 단어를 찾기를 바란다.

#기다림 #인내 #조력자

교육과정(독서활동) 연계
1. [2바03-01] 하루의 가치를 느끼며 지금을 소중히 여긴다.
2. [2슬01-02] 나를 탐색하여 나에 대해 설명한다.
3. [2국02-05] 읽기에 흥미를 가지고 즐겨 읽는 태도를 지닌다.

함께 볼 만한 콘텐츠
- [책] 『나는요』 김희경 글·그림. 여유당. 2019. 32쪽.
- [책] 『나는 강물처럼 말해요』 조던 스콧 글. 시드니 스미스 그림. 책읽는곰. 2021. 52쪽.
- [책] 『기다려요』 김영진 글·그림. 길벗어린이. 2024. 40쪽.

토의 질문
1. 나를 동물에 비유하면 나는 어떤 동물인가요?
2. 내가 기억하고 있는 단어 중 마음이 따뜻해지는 멋진 단어는 무엇인가요?
3. 우리 주변에도 꼬마 고구마처럼 느리지만 노력하고 있는 친구가 있을까요? 어떻게 도와줄 수 있을까요?

| 초1 | 초2 | 초3 | 초4 | 초5 | 초6 | 중1 | 중2 | 중3 | 고1 | 고2 | 고3 | 성인 |

아이에게는 용기, 어른에게는 위로가 되어주는
— 주경

우리는 괴롭힘을 이겨낼 거야! | 코니 라 그로테리아 글 | 마리나 사에스 그림 | 상수리 | 2023 | 52쪽 | 15,000원

"우리는 괴롭힘을 이겨낼 거야!"

이 짧고 단단한 문장은, 아이들뿐만 아니라 어른들의 마음에도 깊이 스며든다. 『우리는 괴롭힘을 이겨낼 거야!』는 단지 아이들만을 위한 그림책이 아니다. 직장 상사와 갈등, 친구와 오해, 사회 속 단절과 외로움으로 지친 어른들 역시 '괴롭힘'이라는 말의 무게를 안고 살아간다. 그리고 그런 어른들이 부모가 되었을 때, 또래 친구들 사이에서 괴롭힘을 당하는 자녀의 문제는 자녀뿐 아니라 부모 자신의 오래된 상처까지 건드린다. 이 책은 아이의 마음을 지켜주는 동시에, 어른에게도 다시 한 번 '마음을 지키는 법'을 알려주는 따뜻한 안내서다.

책 속에는 다양한 괴롭힘 상황이 담겨 있다. 놀림, 무시, 따돌림, 위협. 어른들의 세계에서는 그것이 비난, 뒷담화, 조롱, 은근한 배제로 나타나기도 한다. 작가는 이 문제를 정면으로 마주하면서도 가르치려 들지 않는다. 대신 피해자, 가해자, 목격자 각각의 입장에서 어떤 감정을 느끼고 어떤 선택을 할 수 있는지를 아이의 언어로 풀어낸다. "두려움은 나쁜 감정이 아니에요. 하지만 그 감정이 우리를 조용하게 만들고, 작아지게 만들게 해선 안 돼요." 이 한 문장은 괴롭힘을 겪어본 사람이라면 누구나 공감할 수 있다.

이 책은 '정서적 네트워크'라는 개념도 강조한다. 도움이 필요할 때 기대고 의지할 수 있는 사람들, 나를 안전하게 감싸줄 관계의 울타리를 어떻게 만들어갈 수 있는지를 조용히 보여준다. 그 울타리는 단단하지 않아도 괜찮고, 크지 않아도 좋다. 다만 거기엔 나를 있는 그대로 바라봐 주는 누군가의 온기가 필요하다. 괴롭힘을 이겨낸다는 것은 때로는 맞서 싸우는 용기만이 아니라, 내가 안전하다고 느끼는 공간 안에서 조용히 숨을 고를 수 있는 순간들을 만드는 일이기도 하다.

괴롭힘이란 단어를 처음 배우는 아이에게도, 오랜 시간 그 감정을 마음속에 품고 살아온 어른에게도 모두 의미 있는 책이다. 자녀와 함께 읽으며 "어렸을 때 나도 이런 일이 있었단다" 하고 솔직한 이야기를 꺼내거나, "혹시 너도 힘든 일이 있었니?" 하고 자연스럽게 대화를 열 수 있게 해준다. 그렇게 서로의 마음을 천천히 꺼내고 마주하다 보면, 상처는 조금씩 말랑해지고, 그 자리에 단단한 연대가 자라난다.

이 책은 괴롭힘을 없애는 마법 같은 해결책을 알려주진 않지만, 그것을 견뎌내는 단단한 마음과 다시 걸어 나올 용기를 함께 키워주는 책이다. 삶 속에서 사람 때문에 힘들었던 모든 이에게, 그리고 다시는 그 아픔이 아이에게 이어지지 않기를 바라는 부모에게 진심으로 추천하고 싶은 그림책이다.

#학교폭력 #괴롭힘 #용기 #갈등 #공감 #따돌림 #왕따

교육과정(독서활동) 연계
1. [2바01-03] 가족이나 주변 사람을 배려하며 관계를 맺는다.
2. [2슬01-03] 가족이나 주변 사람에게 관심을 갖고 함께 살아가는 모습을 탐구한다.
3. [2즐01-03] 가족이나 주변 사람과 소통하며 어울린다.

함께 볼 만한 콘텐츠
- [책] 『자두의 왕따 일기장』 서지원 글. 채우리. 2016. 104쪽.
- [영상] EBS키즈 공식 유튜브. 「TV로 보는 원작동화-양파의 왕따일기(이하 영상 제목 생략)」(59:09). 2023.3.5.
- [영화] 〈우리들〉(94분). 윤가은. 2016.

토의 질문
1. 괴롭힘을 당했을 때, 마음속에서 가장 먼저 드는 감정은 무엇일까요?
2. 서로의 마음을 지키기 위해서 우리 반이 지킬 수 있는 약속을 만들어 볼까요?
3. 무섭고 두려워서 용기가 나질 않거나, 오히려 용기를 내어서 상황이 더 악화가 되면 어떻게 해야 할까요?

| 초1 | 초2 | 초3 | 초4 | 초5 | 초6 | 중1 | 중2 | 중3 | 고1 | 고2 | 고3 | 성인 |

그림책이 전하는 다정한 이별의 인사
— 주경

작은 죽음이 찾아왔어요 | 키티 그라우더 글·그림 | 논장 | 2025 | 32쪽 | 15,000원

죽음은 대부분의 사람들에게 두렵고, 피하고 싶은 단어다. 나 역시 그랬다. 하지만 문득, '지금 내가 죽어도 가족 말고는 곧 대체되는 존재일 뿐이구나'라는 생각이 스쳤다. 그렇게 죽음을 생각하게 된 어느 날, 이 책을 만났다.

『작은 죽음이 찾아왔어요』는 죽음을 따뜻하고 섬세하게 그려낸 그림책이다. 어린이를 위한 책처럼 보이지만, 오히려 어른인 내가 이 책에 위로받았다. 죽음은 여기서 "작고 상냥한 존재"로 등장한다. 그 누구도 반기지 않지만, 죽음은 여전히 조심스럽고 다정하게 다가간다. 이 책은 그런 죽음의 마음과 외로움, 그리고 죽음을 맞이하는 존재의 감정을 고요히 그려낸다. 펄럭이는 검은 옷자락 아래, 말없이 내민 작은 손 하나에 실려 있는 다정함과 침묵의 무게가 오래도록 마음을 울린다.

죽음은 늘 혼자였다. 누구도 죽음에게 말을 걸지 않았고, 죽음은 그저 사람들의 눈물과 두려움을 바라보며 한숨 쉬었다. 그러던 어느 날, 한 아이 엘스와 이즈가 죽음을 반가운 얼굴로 맞이한다. "드디어 왔군요!"라고 외치는 아이의 환한 웃음은, 죽음에게 처음으로 따뜻함과 기쁨을 느끼게 해준다. 아픔 없이 살아본 적이 없던 아이에게 죽음은 고통의 끝이고, 편안한 시작이었다. 두 존재는 서로의 외로움을 이해하며 진정한 친구가 된다. 책은 죽음과 삶의 이중성을 부드럽게 보여준다. 죽음이 끝이 아닌 새로운 시작이 될 수 있음을, 그리고 때로는 아픔 없는 안식이 될 수 있음을 조용히 전한다. 작고 외로운 죽음이 누군가의 환대를 처음 받는 장면은, 우리가 죽음을 어떻게 대면하느냐에 따라 삶 또한 얼마나 달라질 수 있는지를 깨닫게 한다.

이 책은 죽음을 감정적으로 비극화하지 않는다. 오히려 따뜻한 그림과 담백한 문장들로, 죽음이 외면받는 존재가 아닌 "곁에 함께 있어 주는 존재"임을 보여준다. 엘스와이즈가 천사가 되어 죽음의 곁에 머무르기로 결심한 마지막 장면은, 죽음마저도 외롭지 않게 만들 수 있다는 희망을 전한다.

나는 이 책을 읽으며 삶을 더 깊이 들여다보게 되었다. 우리는 누구나 언젠가 죽음을 맞이한다. 그러니 지금 이 순간을 더 소중히, 더 즐겁고 따뜻하게 살아야 한다. 삶을 살아가는 우리에게 가장 필요한 건, 어쩌면 죽음을 이해하려는 마음인지도 모른다.

『작은 죽음이 찾아왔어요』는 죽음을 피할 수 없는 현실이자 삶의 일부로 받아들이게 해주는, 조용하지만 깊은 울림을 주는 책이다. 죽음이란 무엇인지, 그 앞에서 나는 어떤 마음으로 살아가고 싶은지를 스스로에게 묻게 만든다. 죽음을 이야기하지만, 그 안에 삶이 가득 담긴 이 책을, 아이들은 물론 어른에게도 조심스레 건네고 싶다.

#죽음 #이별

교육과정(독서활동) 연계
1. [2즐04-04] 기억에 남는 경험을 떠올리며 의미를 부여한다.
2. [2국03-04] 겪은 일을 표현하는 글을 자유롭게 쓰고, 쓴 글을 함께 읽고 생각이나 느낌을 나눈다.

함께 볼 만한 콘텐츠
- [책] 『무릎딱지』 샤를로트 문드리크 글. 한울림어린이. 2010. 32쪽.
- [책] 『오소리의 이별 선물』 수잔 발리 글. 보물창고. 2009. 20쪽.
- [책] 『여든, 꽃』 김선순 그림. 이윤남 그림꾸밈. 이대건 글꾸밈. 책마을해리. 2023. 40쪽.
- [영화] 〈극장판 플란다스의 개〉(98분). 쿠로다 요시오. 1997.

토의 질문
1. 작품에서 죽음을 '아이'로 표현한 의미는 무엇일까요?
2. 왜 죽음을 '작은' 죽음이라고 표현하였을까요?
3. 만약 당신이 엘스와이즈라면 죽음을 어떻게 맞이했을까요?

| 초1 | 초2 | 초3 | 초4 | 초5 | 초6 | 중1 | 중2 | 중3 | 고1 | 고2 | 고3 | 성인 |

경제, 유통, 사회를 팝니다! 마트 탐구 생활
— 방민지

마트에 간 햄스터 | 신현경 글 | 김소희 그림 | 킨더랜드 | 2023 | 44쪽 | 15,000원

아이들은 마트에 가는 걸 참 좋아한다. 주말을 앞두고 계획을 물어보면 "마트에 가서 옷도 사고 푸드코트에서 밥도 먹을 거예요!"라며 들뜬 모습을 자주 볼 수 있다. 그만큼 대형마트는 아이들에게 익숙하고도 설레는 장소다.

그런 익숙하고 즐거운 공간을 새로운 시각으로 바라보게 해 주는 책이 바로 『마트에 간 햄스터』다. 어린이 눈높이에 꼭 맞춘 따뜻하고 재치 있는 작품들로 사랑받아 온 신현경 작가가 이번에는 마트를 배경으로, 경제와 유통, 사회 이야기를 쉽고 재미있게 풀어냈다. 귀여운 반려 햄스터 '달고나'와 생김새는 같지만, 성격은 정반대인 쌍둥이 자매 송이와 은이의 파자마 파티 준비 과정에서 벌어지는 이야기로 시작된다.

자매는 파자마 파티 초대장을 만들고, 먹고 싶은 케이크를 고르던 중, 달고나가 물고 온 전단지를 보고 딸기초코케이크와 파자마가 세일 중이라는 사실을 알게 된다. 자매와 햄스터는 함께 집 근처 '제일큰마트'로 향하고, 마트 곳곳을 누비며 파티에 필요한 물건을 고른다. 이 과정에서 자연스럽게 마트의 구조, 물건의 유통 과정, 마트에서 일하는 사람들의 역할 등을 하나씩 배워나간다. 작가는 물건 하나가 마트 진열대에 오르기까지 수많은 사람의 손과 여러 과정을 거친다는 사실을 아이들이 이해할 수 있도록 이야기 속에 자연스럽게 녹여내어 쉽고 재미있게 전달한다.

이야기가 무르익을 무렵, 햄스터 달고나가 갑자기 사라지는 사건이 벌어진다. 자매는 깜짝 놀라 마트 안을 이리저리 뛰어다니며 달고나를 찾는다. 이 에피소드는 이야기의 흐름에 긴장감을 불어넣으며, 독자들의 몰입과 흥미를 증

폭시킨다. 특히, 마트 탐색 과정에서 더는 햄스터 같은 반려동물을 판매하지 않는다는 장면을 통해, 생명 존중과 책임감이라는 중요한 메시지도 전달한다. 생명은 단순히 돈을 주고 사고파는 대상이 아닌, 사랑과 책임으로 돌봐야 할 소중한 존재임을 자연스럽게 그려낸다.

『마트에 간 햄스터』는 아이들이 올바른 소비자의 태도, 직업의 가치, 유통 시스템, 생명의 소중함까지 배울 수 있게 해주는 따뜻하고 유익한 그림책이다. 이 책은 익숙한 일상의 공간을 배움의 장으로 바꾸며, 소비와 생명, 직업에 대한 바람직한 가치관을 기르는 기회를 제공한다.

책을 다 읽은 뒤에는 토의 질문으로 함께 이야기를 나누거나, '마트에서 지켜야 할 소비자 약속'을 만들어 보는 활동을 추천한다. 내가 지킬 수 있는 '소비자 약속'을 만든 다음에 마트를 찾는다면, 이전과는 전혀 다른 시선으로 그 공간을 바라보게 될 것이다.

#소비 #생산 #경제

교육과정(독서활동) 연계
1. [2슬02-01] 우리가 살고 있는 마을과 사람들이 생활하는 모습을 살펴본다.
2. [4사07-01] 자원의 희소성으로 인해 경제활동에서 선택의 문제가 발생함을 이해하고, 경제활동에서 합리적 선택의 방법을 탐색한다.
3. [4사07-02] 생산과 소비 활동을 파악하고, 인적·물적 교류의 사례를 통해 각 지역 및 사람들이 상호의존 관계를 맺고 있음을 탐색한다.

함께 볼 만한 콘텐츠
- [책] 『50% 반값 세일의 비밀』 박신식 글. 김미영 그림. 예림당. 2025. 168쪽.
- [책] 『배송완료: 택배가 우리 집에 오기까지』 율리아 뒤르 글·그림. 윤혜정 옮김. 우리학교. 2024. 40쪽.
- [기사] 「가격은 퍼즐과 비슷해요」 어린이 경제신문 1186호, 2022.12.21.

토의 질문
1. 인터넷 배송으로 쉽게 물건을 구입할 수 있는데, 굳이 마트에 가야 할까요?
2. 마트에서 일하는 사람들의 월급은 모두 비슷해야 할까요?
3. 마트에서 일하는 많은 분 중, 누가 가장 중요한 일을 한다고 생각하나요?

| 초1 | 초2 | **초3** | 초4 | 초5 | 초6 | 중1 | 중2 | 중3 | 고1 | 고2 | 고3 | 성인 |

학교생활, 이럴 땐 이렇게!
— 이성연

내 친구 도감 | 김원아 글 | 주쓰 그림 | 창비 | 2025 | 160쪽 | 18,000원

학교에서 매일 만나는 아이들은 각각 다른 색깔을 띠고 있다. 처음 학교에 입학하는 자녀를 둔 부모님이라면 아이가 학교생활에 잘 적응할 수 있을지, 어떤 색깔을 보여줄지 걱정한다. 교실에서 친구들과 생활하기에 어려움이 있는 친구들에게도 『내 친구 도감』은 그런 고민과 걱정을 덜어줄 책이다. 학교에서 일어나는 많은 일을 이럴 땐 이렇게! 하며 알려주기 때문이다.

『내 친구 도감』은 일상에서 만나는 다양한 친구들의 모습을 도감 형식으로 소개하는 책이다. 일반적으로 도감이라고 하면 동물이나 식물을 그림이나 사진으로 모아 실물 대신 볼 수 있는 책을 떠올리게 되는데, 이 책은 친구를 도감 형식으로 표현하여 아이들에게 새로운 시각을 제공하고 있다. 현재 초등교사인 김원아 작가가 현장에서 관찰한 아이들의 사실적인 모습이 주쓰 작가의 귀여운 그림과 만나 읽는 내내 미소 짓게 한다.

이 책은 우리 반 친구들의 모습을 자세히 보여주고 있다. 하나부터 열까지 모두 다른 개성, 행동, 감정을 가진 친구들로 함께 재미있게 놀다가도 금세 다투기도 한다. 책 속에는 수업 시간에 일어나는 일, 쉬는 시간, 점심시간, 화장실에 갈 때, 보건실에 갈 때, 청소, 하교까지 학교에서 일어날 수 있는 모든 일을 자세하게 알려준다.

발표할 때 손부터 드는 친구, 잘 도와주는 친구, 한 권을 반복해서 읽는 친구, 글씨체가 특이한 친구, 완벽하게 해내고 싶은 친구, 붙임딱지로 장난치는 친구, 학교 화장실이 불편한 친구 등 우리 반에 다 있는 모습이다. 각각의 특징과 장점을 발견해 주는 글과 그림은 아이들이 자신과 친구를 객관적으로 바라보고, 긍정적으로 이해하는 데 도움을 준다. 또한 친구 사이에서 겪을 수 있는 갈등과 오해, 그리고 화해의 과정까지 솔직하게 담아내어, 아이들이 실제 생활에서 겪는 다양한 감정과 상황을 공감할 수 있게 한다.

〈선생님이 알려 줄게_이럴 땐 이렇게〉 부분은 모든 고민의 해결책이다. 각각의 상황을 따뜻한 그림과 내용으로 알려주어 많은 아이의 고민을 해결해 준다. 특히 같은 책을 동시에 잡았을 때 하루에 한 번 이상은 '가위바위보'로 해결하곤 하는데, 책에 똑같이 표현되어 있었다. 또 요즘 1학년들은 화변기가 무엇인지 잘 몰라서 화장실에서 만난 선생님께 어떻게 사용하는지 보여달라고 했다고 한다. 이런 사소한 부분까지 빠뜨리지 않는 센스만점의 책이다. 〈우리 반에 있다□ 없다□〉를 확인하는 활동은 친구에게 관심을 갖고, 서로를 이해하고 존중하는 건강한 관계를 맺는 데 큰 힘이 되어줄 것이다.

초등학교 입학을 앞둔 유치원생부터 초등 저학년까지 폭넓게 읽을 수 있으며, 새 학기에 적응하기 힘든 친구들에게도 친구 관계에 긍정적인 인식을 심어줄 수 있는 책으로 추천한다.

#우정 #친구 #관계 #학교생활

교육과정(독서활동) 연계
1. [2슬01-01] 학교 안팎의 모습과 생활을 탐색하며 안전한 학교 생활을 한다.
2. [2슬01-03] 가족이나 주변 사람에게 관심을 갖고 함께 살아가는 모습을 탐구한다.
3. [2즐01-01] 즐겁게 놀이하며, 건강하고 안전하게 생활한다.
4. [2즐01-03] 가족이나 주변 사람과 소통하며 어울린다.

함께 볼 만한 콘텐츠
- [책] 『꼼지락 1학년, 좋은 친구가 될 거야!』 김원아 글. 간장 그림. 사계절. 2025. 100쪽.
- [책] 『괜찮아, 우리 모두 처음이야』 이주희 글·그림. 개암나무. 2020. 52쪽.
- [책] 『위기 탈출 도감』 스즈키 노리타케 글·그림. 이아소. 2024. 48쪽.

토의 질문
1. 우리 반에는 어떤 친구들이 있나요?
2. 새로운 친구를 사귀려면 어떻게 해야 할까요?
3. 책을 읽고 새롭게 알게 된 학교생활 노하우가 있나요?

| 초1 | 초2 | 초3 | 초4 | 초5 | 초6 | 중1 | 중2 | 중3 | 고1 | 고2 | 고3 | 성인 |

'지금-여기-우리 삶' 멋진 우리의 단어
— 이성연

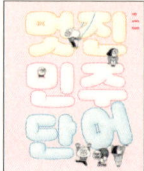

멋진 민주 단어 | 서현, 소복이, 한성민 글·그림 | 사계절 | 2024 | 80쪽 | 17,500원

초등학교 통합교과는 '지금-여기-우리 삶'을 위한 배움을 추구한다. 이는 구체적인 상황 속에서 바른 삶을 실천하도록 돕는 실천 중심 교과로 이 교육과정에 부합하는 책이 바로 『멋진 민주 단어』이다.

민주주의와 인권이라는 큰 주제를 아이들 눈높이에 맞춰 따뜻하게 풀어낸 그림책이다. 동글동글 귀여운 그림으로 아이들에게 사랑을 전하는 서현, 소복이, 한성민 작가의 협업으로 완성되었다. 매 장면 모든 요소를 세 작가가 함께 고민하며 같은 단어를 모으고 뜻풀이를 완성하는 방식으로 시도한 첫 그림책으로, 책의 바탕이 되는 하늘색, 노란색, 분홍색이 마치 세 명의 작가를 표현하고 있는 느낌을 준다.

『멋진 민주 단어』는 단순히 민주주의를 설명하는 것이 아니라, 아이들이 일상생활에서 접할 수 있는 '민주적인 단어'를 통해 민주주의의 가치와 의미를 자연스럽게 알 수 있도록 구성된 교육적 가치가 높은 그림책이다.

놀이터에서 자연스럽게 만난 아이들이 서로 자기소개를 하며 이야기를 시작한다. 이 책의 가장 큰 특징은 추상적인 민주주의의 개념을 구체적인 단어로 풀어낸다는 점이다. 민주주의의 핵심 가치를 아이들 눈높이에 맞게 설명하면서, 이러한 개념들이 우리 생활 속에서 어떻게 실현되는지 그림으로 쉽게 보여준다. '나답다', '다르다', '자유롭다', '다양하다', '연대하다', '꽃피우다' 일상적인 단어를 통해 나라는 개인에서 사회로 시선과 영역이 확장되며, 민주주의와 인권이 특별한 누군가의 이야기가 아니라 우리의 삶에 깊이 스며든 가치임을 자연스럽게 알려준다.

놀이터에서 만나 신나게 놀며 '놀다'라는 단어로 책은 끝이 난다. "놀래? 놀까? 놀자! 응!" 하고 대답하면 바로 두근두근 아이들만의 세계가 열린다. 실제로 아이들이 함께 어울리는 모습을 보면 어떤 편견도 없이 함께 잘 노는 모습을 볼 수 있다. 함께 놀며 경험하는 단순한 놀이를 통해 지금-여기-우리 삶에 필요한 함께 더불어 살기 위한 가치를 자연스레 체득하게 된다. 놀이처럼 자연스럽게 민주적인 가치를 이해할 수 있는 것이 이 책의 가장 큰 장점이다.

오늘날 우리 사회가 직면하고 있는 민주시민교육의 필요성과 인권 감수성 향상이라는 시대 요구에도 맞춤한 책으로 학급이나 가정에서 민주적 가치와 인권 감수성을 키우는 데 매우 유용하다. 책에 등장하는 단어를 중심으로 자기 경험을 나누거나, 친구들과 함께 우리 반 사전을 만들어 보는 다양한 활동으로 확장할 수도 있다. 더 나은 세상을 만들어가는 데 필요한 첫걸음을 내딛게 도와줄 책으로 학부모나 교사, 초등 전 학년에게 추천한다. 지금-여기-우리 삶을 완성할 멋진 우리의 사전이 바로 이 책이기 때문이다.

#민주주의 #나다움 #다양성 #인권

교육과정(독서활동) 연계
1. [2바01-02] 나를 이해하고 존중하며 생활한다.
2. [2바02-03] 차이나 다양성을 서로 존중하면서 생활한다.
3. [2바04-02] 다양한 생각이나 의견에 대해 개방적인 태도를 형성한다.
4. [4도01-04] 다른 사람의 관점을 수용할 수 있는지를 도덕적으로 검토하고 도덕규범을 내면화하여 도덕적으로 행동할 수 있는 자세를 기른다.

함께 볼 만한 콘텐츠
- [책] 『나에겐 비밀이 있어』 이동연 글·그림. 올리. 2022. 64쪽.
- [책] 『당신을 측정해 드립니다』 권정민 글. 시계절. 2024. 76쪽.
- [책] 『아홉 살 함께 사전』 박성우 글. 김효은 그림. 창비. 2018. 168쪽.

토의 질문
1. 나의 모습 중 가장 좋아하는 모습은 어떤 것이 있나요?
2. 만약 친구와 의견이 다를 경우, 우리는 어떻게 해결할 수 있을까요?
3. 책에 나온 '멋진 민주 단어' 중에서 가장 마음에 드는 단어는 무엇인가요?

| 초1 | **초2** | 초3 | 초4 | 초5 | 초6 | 중1 | 중2 | 중3 | 고1 | 고2 | 고3 | 성인 |

고기의 일생
― 이예지

나는 소고기입니다 | 김주연 글 | 경혜원 그림 | 씨드북 | 2023 | 34쪽 | 16,000원

넌 커서 뭐가 되고 싶니? 자라오며 누구나 한 번쯤 들어봤을 질문이다. 어린이는 학교에서 친구들과 선생님께 배우며 꿈을 키운다. 어른은 어린이에게 그런 환경을 제공해 줄 의무가 있다. 그렇다면 옆집 강아지의 삶은 어떨까. 매일 주인과 산책을 하고 보살핌을 받는다. 다음 생엔 부잣집 강아지로 태어나야지, 라는 농담이 있을 정도로 안락한 생을 사는 반려동물이 제법 많다. 반면, 송아지는 어떠한가. 소를 생각하면 시골의 흙내와 함께 열심히 밭을 가꾸는 모습이 떠오른다. 작품 속 송아지는 코뚜레에 고삐를 끼지 않는다. 사람처럼 공부도 하지 않고, 강아지처럼 산책도 하지 않는다. 일하지 않는 소는 어떤 삶을 살까.

김 씨 아저씨네 송아지, 002910610058은 건강한 사내아이로 태어난다. 좁은 공간에서 평생을 지내고, 귀를 뚫어 번호표를 달고 뿔이 자라지 못하게 연고를 바른다. 그저 잘 먹고 건강하게 덩치를 키우기 위해 먹고, 쉬고를 반복한다. 그렇게 열심히 자라 어른이 되면 무엇이 될까?

"긴 기다림 끝, 마침내……. 고기가 되었어요."

700킬로그램이었던 몸이 277킬로그램의 1^{++}등급 소고기가 되었다. 평생을 고기가 되기 위해 살아온 것이다. 본 작품은 소의 시점에서 고기가 되어 식탁에 오르기까지의 과정을 담담히 그려낸다. 송아지의 목소리는 어린이의 그것과 닮았다. 어른이 되기 위해 고된 과정을 거치면서도 미래에 대한 희망을 품고 있다. 작품 속 주인공이 불쌍하게만 그려지거나, 도축 과정이 잔인하게 묘사되지 않아 초등학교 저학년 어린이 독자와 읽기에 적합하다. 잔혹한 장면을 담고 있지 않기에, 오히려 인간 중심적 사고의 무자비함이 더욱 강조된다. 해맑은 송아지의 일생이 식탁에서 끝맺을 때 독자는 자연스레 최근의 육식 경험을 떠올리게 된다.

"선생님, 저 이제 고기 안 먹을래요!" 공장식 축산업의 민낯에 충격을 받아 잠시 입맛을 잃는 어린이 독자도 있을 것이다. 극단적인 방법은 오랜 기간 실천하기에 어려움이 있다. 점차 육식을 줄여나가거나, 방목 환경에서 자란 가축을 소비하는 것만으로도 큰 변화를 만들 수 있다. 몇 년 전부터 초등학교 식단표에 '그린 급식'이 등장하기 시작했다. 한 달에 두 번, 어린이와 교직원은 고기 없는 식사를 한다. '기후 급식'이라고도 불리는 이 식단은 육류 소비를 낮추고, 육류 생산 및 가공 과정에서 발생하는 온실가스 배출량을 줄이기 위해 학교 현장에 도입됐다. 세상은 아는 만큼 보인다. 농장 동물의 사육 환경에 대해 인식하고 실생활에서 꾸준히 관심을 가지는 것이 중요하다. 그리고 독자는 김씨 아저씨네 귀여운 송아지를 쉽게 잊지 못할 것이다.

#생명 #동물권 #육식 #생태윤리 #환경 #동물보호 #생명존중

교육과정(독서활동) 연계
1. [2바01-04] 생태환경에서 더불어 살기 위해 노력한다.
2. [2슬01-04] 사람과 자연, 동식물이 어우러져 사는 생태를 탐구한다.
3. [4도04-01] 생명경시 사례를 조사하고 문제해결 방법을 탐구함으로써 생명의 소중함을 이해한다.
4. [4도04-02] 인간과 자연이 함께 살아야 할 이유에 대해 이해하고 공생을 위한 구체적인 실천 계획을 세우며 생태 감수성을 기른다.

함께 볼 만한 콘텐츠
- [책] 『4번 달걀의 비밀』 하이진 글, 그림. 북극곰. 2023. 40쪽.
- [책] 『돼지 이야기』 유리 지음. 김장성 글. 이야기꽃. 2013. 38쪽.
- [책] 『고기 말고 그럼 뭘 먹으라고?』 정윤선 글. 홍지혜 그림. 우리학교. 2023. 83쪽.
- [책] 『열두 달 지구하자』 정다빈·권성희 글. 구희 그림. 주니어RHK. 2023. 171쪽.
- [영상] 크랩. 「복지의 사각지대에 놓인 농장동물의 실태」(03:45). 2017.10.23.

토의 질문
1. 농장 동물의 사육 환경에 대해 새롭게 알게 된 점을 이야기해 봅시다.
2. 농장 동물들의 행복한 삶을 위해 우리가 할 수 있는 일은 무엇이 있을까요?
3. 육식을 줄이는 방법에는 어떤 것이 있을까요?

| 초1 | 초2 | **초3** | **초4** | **초5** | **초6** | 중1 | 중2 | 중3 | 고1 | 고2 | 고3 | 성인 |

디지털 환경에서 인권을 지키는 방법
— 이주영

피노키오에게도 미디어 리터러시가 필요해 | 하리라 글 | 홍기한 그림 | 꿈꾸는섬 | 2024 | 144쪽 | 14,500원

『피노키오에게도 미디어 리터러시가 필요해』는 아이들에게 친숙한 동화를 패러디해 미디어 리터러시의 개념을 쉽고 재미있게 알려주는 책이다. 스마트폰은 초등학생에게도 필수인 시대가 되었다. 아이들은 자신도 모르는 사이 딥페이크, 가짜 뉴스, SNS 사생활 노출, 사이버 폭력, 디지털 격차 등과 같은 다양한 디지털 위험에 노출될 수 있다. 그렇다면 이러한 디지털 환경에서 아이들이 꼭 알아야 할 인권과 올바른 인터넷 사용 방법은 무엇일까?

클릭 한 번으로 완성되는 불법 합성물. 그 표적이 된 10대 청소년들. 가해자들은 아동, 청소년들이 쉽게 접하는 SNS에서 활동하고 있다. 아이들이 무심코 올린 개인정보를 범죄에 악용하는 사례가 증가하고 있다. 이 책에서는 '백설 공주 사진의 진실을 밝혀라!' 에피소드를 통해 타인의 사진을 유포하는 행위의 심각성, 딥페이크 문제, 그루밍 범죄 등을 소개하고 있다.

온라인에 백설 공주의 합성 사진들이 올라왔다. 컴퓨터로 조작한 사진들로 밝혀졌지만 이 게시물은 순식간에 조회수 10만을 기록하였고 이에 백설 공주는 충격을 받아 쓰러져 깨어나지 못하였다. 이 사건의 범인인 늑대는 자신의 신분을 위장하여 백설 공주 팬이었던 피노키오에게 접근했다. 피노키오에게서 받은 백설 공주의 사진으로 합성 이미지를 만든 늑대는 다시 그 사진을 피노키오에게 보내 협박하고 모든 혐의를 떠넘기려 한다. 두려움을 느낀 피노키오는 주변 어른에게 도움을 요청하지 못하고 숨어 있기만 했다. 이야기 속에서는 딥페이크 범죄자인 늑대를 잡을 수 있었지만 현실에서는 어떠한가?

디지털 범죄가 증가하는 디지털 환경에서 아이들이 안전하게 활동하려면 철저한 사전 교육이 필요하다. 이 책은 '디지털 아동 권리 협약'을 바탕으로 구성되어 디지털 시민성 교육 자료로도 매우 유용하다. '아는 만큼 보인다'라는 말처럼 아이들이 이 책을 통해 미디어 리터러시를 배우고 스스로 판단하는 힘과 타인을 배려하는 마음을 가질 수 있길 바란다.

또한, '고양이 탐정! 실종 사건을 해결해줘!' 에피소드를 통해 사이버 폭력에 대해 배워볼 수 있다. 스마트폰을 사용하는 초등학생이 늘면서 온라인 공간에서 벌어지는 사이버 폭력이 늘고 있다. 전체 초등학생 중 약 70퍼센트가 사이버 폭력을 당한 경험이 있다고 한다. 이 책을 통해 아이들이 현실뿐만 아니라 온라인상에서도 상대방을 존중하며 예의를 지키는 태도를 배웠으면 한다.

이 책은 함께 읽으며 이야기 나누는 활동에 특히 적합하다. 친구들과 생각을 나누다 보면, 자신의 말과 행동을 되돌아보고 실생활에서 디지털 시민으로 실천할 수 있는 계기를 마련할 수 있다. '온책읽기'를 할 때 낭독극, 비경쟁독서토론, 핫시팅 등 다양한 독후활동을 해보길 권한다.

#디지털시민성 #미디어리터러시 #인권교육

교육과정(독서활동) 연계
1. [4도03-02] 디지털 사회에서 발생하는 다양한 문제를 살펴보고, 해결 방안을 탐구하고 정보통신 윤리에 대한 민감성을 기른다.
2. [4도01-04] 다른 사람의 관점을 수용할 수 있는지를 도덕적으로 검토하고 도덕규범을 내면화하여 도덕적으로 행동할 수 있는 자세를 기른다.

함께 볼 만한 콘텐츠
- [책] 『딥페이크의 얼굴』 이소은·최순욱 글. 스리체어스. 2023. 152쪽.
- [책] 『초등 디지털 미디어 리터러시』 김지훈 글. 홍지혜 그림. 파란자전거. 2023. 168쪽.
- [영상] PD수첩 「딥페이크-당신의 아이를 노린다(이하 영상 제목 생략)」(46:36). 2024.10.16.

토의 질문
1. 가짜 뉴스나 소문이 퍼지면 어떤 문제가 생길까요?
2. SNS상에서 모르는 사람과 대화할 때 주의해야 할 점은 무엇이 있을까요?
3. 디지털 성범죄 피해를 보았을 때 대처 방법은 무엇이 있을까요?

| 초1 | 초2 | 초3 | 초4 | 초5 | 초6 | 중1 | 중2 | 중3 | 고1 | 고2 | 고3 | 성인 |

삶을 아름답게 바라보는 시선
— 이주영

사람이 사는 미술관 | 박민경 글 | 서예원 그림 | 그래도봄 | 2025 | 118쪽 | 14,000원

아이들에게 단순히 미술사나 명화를 알려주기보다 그림에 담긴 흥미로운 이야기와 삶의 가치까지 함께 전달하고 싶다면, 『사람이 사는 미술관』을 추천한다. 국가인권위원회 조사관인 박민경 작가는 명화 속에 담긴 장애, 외모, 국가, 노인, 노동, 폭력, 교육 등 13가지 인권 주제를 골라내어 글을 썼다. '인권'을 주제로 다양한 미술 작품을 톺아볼 수 있으며 아이들 수준에 맞추어 쉽고 재밌게 쓰여 있어 저학년 학생도 부담 없이 읽을 수 있다.

"선생님, 저 다이어트를 해야 해요." 식생활관에서 급식을 맛있게 먹고 있던 한 아이가, 갑자기 이렇게 말했다. "날씬해지고 싶어요. 그런데 밥이 너무 맛있어요." 급식을 골고루 먹으면서도 체중을 걱정하는 2학년 아이를 바라보고 있으니, 「사람이 사는 미술관」에서 소개된 피에트로 롱기의 '실신'이라는 작품이 떠올랐다. 코르셋을 너무 꽉 조이는 바람에 카드놀이를 하다 기절한 귀족 여성의 꽉 조인 옷과 코르셋을 풀어주고 있는 장면을 그린 그림이다.

지금 우리가 살고 있는 사회는 전족을 하고 코르셋으로 여성의 몸을 조이던 시대와 얼마나 많이 달라졌을까?(21쪽)

현대 사회에서 보이지 않는 전족, 코르셋은 무엇일까? 그중 하나는 '미디어 노출'일 것이다. 잦은 미디어 노출로 인해 아이들은 무의식적으로 화면 속 인물과 자신을 '비교'하게 된다. 건강한 비교를 하지 못하는 경우, 우울감, 소아청소년 섭식장애 등의 현상이 발생할 수 있다. 그렇다면 보이지 않는 전족과 코르셋의 영향 속에서 어떻게 자유로울 수 있을까?

"쟤는 저렇게 뚱뚱한데 왜 다이어트를 안 하는 거야? 보기 싫어."
"저렇게 못생긴 연예인은 왜 텔레비전에 나오는 거야?"(21쪽)

'비교' 자체는 자연스러운 일이다. 중요한 건 아이들이 정형화, 획일화된 미의 기준에 갇히지 않고, 자기 자신을 긍정하는 시선을 갖도록 돕는 것이다. '마름'이 아름다움의 기준이 되어 자기 몸을 함부로 다루는 아이들이 없길 바라는 마음으로 아이들에게 이 책을 권한다.

나아가 이 책에서는 세대 간 갈등 및 혐오, 노동자 휴식권, 기후위기 등 다양한 범주의 인권 이야기를 소개한다. 작가는 인권 지식을 전달하는 동시에 독자에게 질문을 던져 스스로 답을 찾도록 이끈다. 어린이들이 작가의 질문을 깊이 고민하며 자신만의 생각을 키워 가길 바란다. 또한, 책에서 배운 인권 감수성이 일상 속 실천으로 이어져 타인에 대한 공감과 존중을 아는 어린이로 성장할 수 있기를 기대한다.

#외모 #인권 #명화

교육과정(독서활동) 연계
1. [4국01-01] 중요한 내용과 주제를 파악하며 듣고 그 내용을 요약한다.
2. [4도02-03] 공감의 태도가 필요한 이유를 이해하고 도덕적 상상력을 바탕으로 대상과 상황에 따라 감정을 나누는 방법을 탐구하여 실천한다.
3. [4미02-05] 미술과 타 교과를 관련지어 주제를 표현하는데 흥미를 가질 수 있다.

함께 볼 만한 콘텐츠
- [책] 『나는 크고 아름다워요』 배슈티 해리슨 글. 책읽는곰. 2024. 68쪽.
- [책] 『질문하는 인권 사전』 장덕현 글. 간장 그림. 풀빛. 2022. 108쪽.
- [영상] 듣똑라. "키-120=몸무게' 초등학생 몸을 동경하는 사람들(이하 영상 제목 생략)」(14:39). 2023.3.23.

토의 질문
1. 그림 속 사람들의 모습과 표정을 보았을 때 어떤 생각이나 기분이 드나요?
2. 내가 생각하는 '미의 기준'은 무엇인가요? 그 기준으로 타인의 외모를 평가하는 것은 옳은 행동일까요?
3. 우리가 미디어에서 보는 모습과 실제 나 자신을 비교할 때 어떤 기분이 드나요? 부정적인 기분을 다스릴 방법은 무엇이 있을까요?

| 초1 | **초2** | 초3 | 초4 | 초5 | 초6 | 중1 | 중2 | 중3 | 고1 | 고2 | 고3 | 성인 |

인생의 규칙이 알려주는 삶의 지혜
― 주경

인생의 규칙 | 다카하마 마사노부 글 | 하야시 유미 그림 | 올드스테어즈 | 2024 | 112쪽 | 14,000원

　다카하마 마사노부의 『인생의 규칙: 50가지 규칙』은 어린이들이 학교에서 배우는 지식이나 시험점수 같은 능력보다 더 소중한 '삶의 지혜'를 기를 수 있도록 도와주는 책이다. 어른이 된 지금에서야 이 책에서 말하는 규칙들이 얼마나 중요한지 깨달았기 때문에, 우리 아이들이 이 귀중한 교훈을 어린 나이부터 미리 알았으면 하는 마음으로 이 책을 선택했다. 친절한 행동, 포기하지 않는 끈기, 다른 사람의 마음을 헤아리는 공감 능력 등 삶에서 꼭 필요한 이 능력들은 나이가 들수록 익히기 어려워지기에 더욱 그렇다. 특히 이 책의 규칙 중 "좋은 말보다 좋은 행동을 한다"(규칙 1)를 보면서 LA 다저스의 슈퍼스타 오타니 쇼헤이가 떠올랐다. 신인 시절부터 쓰레기를 줍는 습관을 실천해온 그는, 이 작은 행동이 큰 성공으로 이어진 대표적 사례로 깊은 인상을 준다.

　이 책이 어린이들에게 특별한 의미를 갖는 이유는 학교나 학원에서 가르쳐주지 않는 진짜 삶의 가치를 쉽게 실천하는 방법으로 소개하기 때문이다. "겉모습보다는 알맹이로 승부하는 사람이 된다"(규칙 6)는 규칙은 탈무드에 나오는 랍비의 이야기처럼 진정한 가치는 물질적 재산이 아닌 마음과 지식에 있음을 일깨워준다. 화려하게 명품으로 자신을 꾸미는 것보다, 내면을 가꾸는 일이 훨씬 중요하다는 것을 어린이들이 자연스럽게 느끼도록 해 준다. 탈무드에 나오는 랍비는 해적에게 모든 재산을 잃고도 지식을 바탕으로 학교를 세우며 결국 더 많은 부를 얻게 되었는데, 이는 진짜 힘은 외형이 아니라 내면의 힘임을 잘 보여준다.

　또한 "틀려도 좋으니 자기 나름의 대답을 한다"(규칙 17)는 규칙을 보며 유튜브 채널 〈공부왕 찐천재〉 홍진경 씨가 했던 말을 떠올렸다. 그녀는 자신의 딸에게 책을 많이 읽어야 한다고 강조하며, 책을 읽으면 더 나은 선택을 할 수 있게 되고 인생의 중요한 순간마다 올바른 결정을 내릴 수 있다고 했다. 인생에는 정답이 없고, 결국 나만의 길을 찾는 것이 중요하다는 이 메시지는 어린이들이 다양한 경험과 독서를 통해 자기만의 사고를 갖고, 선택을 두려워하지 않도록 이끌어주는 아주 소중한 조언이다.

『인생의 규칙』은 결국 인간답게 살아가는 법을 배우는 것이 지식이나 기술만큼 중요하다는 점을 분명히 보여준다. 학교에서는 점수로 평가되지 않는 능력들이지만, 사회에서는 더욱 가치 있는 능력들이다. 이 책을 통해 어린이들이 자기 자신을 사랑하고 타인과 더불어 살아가는 방법을 익혀 건강하고 행복한 어른으로 자라나기를 기대한다.

#인성교육 #어린이성장 #자기주도성 #삶의지혜 #내면가치

교육과정(독서활동) 연계
1. [2바03-01] 하루의 가치를 느끼며 지금을 소중히 여긴다.
2. [2바03-04] 공동체 속에서 지속가능성을 위한 삶의 방식을 찾아 실천한다.
3. [2바04-04] 지금까지의 생활 습관과 학습 습관을 되돌아본다.

함께 볼 만한 콘텐츠
- [책] 『너무 지혜로워서 속이 뻥 뚫리는 저학년 탈무드』 김정완·서유진 글. 키움. 2022. 136쪽.
- [책] 『who?special 오타니 쇼헤이』 스토리랩 글. 다산어린이. 2025. 192쪽.
- [영상] 공부왕찐천재 공식 유튜브 「회식술김에 속마음 고백하는 홍진경」(4:52-5:44). 2021.12.27.

토의 질문
1. 학교에서 배우지 않는 중요한 능력에는 무엇이 있다고 생각하나요?
2. 책에 나오는 규칙 중에서 자신에게 가장 필요한 규칙은 무엇인가요?
3. 삶의 지혜가 중요한 이유는 무엇이라고 생각하나요?
4. 실수나 실패를 한 적이 있다면, 그때 어떤 걸 배우게 되었나요?
5. 자신이 생각한 인생의 규칙이 있다면 무엇인지 함께 나눠볼까요?

후속 활동
1. '내가 지킬 수 있는 규칙' 만들기
   - 책에서 가장 마음에 들었던 규칙 1가지를 고르고, 그 규칙을 내 말로 다시 써보거나 실천할 수 있는 방법을 그림이나 글로 표현하기(예: 좋은 말보다 좋은 행동을 한다. → 앞으로는 친구가 넘어지면 먼저 도와줄 거예요.)
2. 규칙 상황극 만들기
   - 책 속 규칙 중 1~2개를 골라서 지키는 모습과 지키지 않는 모습을 각각 연극으로 표현하기(말보다 왜 행동이 중요한지 몸으로 체험)

| 초1 | 초2 | 초3 | 초4 | 초5 | 초6 | 중1 | 중2 | 중3 | 고1 | 고2 | 고3 | 성인 |

예술과 역사를 함께 올려다보다!
— 방민지

시스티나 성당 천장화 | 박수현 글·그림 | 국민서관 | 2023 | 32쪽 | 15,000원

    종교의 유무나 특정 신앙이 나의 믿음과의 일치 여부를 떠나 프란치스코 교황의 삶은 많은 사람에게 감동과 깊은 울림을 남겼다. 2025년 4월, 그의 선종 소식에 많은 사람이 바티칸을 찾았다. 광장을 에워싼 사람들의 고요한 침묵과 애도의 발걸음에는 그의 삶에 대한 경외와 존경이 담겨 있었다. 그리고 그들의 발길이 머문 그곳, 바티칸의 '시스티나 성당'. 그곳의 천장 위에는 위대한 예술가 '미켈란젤로'가 남긴 또 다른 감동의 이야기가 펼쳐진다. 마치 시간을 뛰어넘어 우리에게 말을 거는 붓과 채색의 경전처럼 벅찬 예술의 언어를 오늘날 우리의 시선으로 들여다보게 해주는 한 권의 그림책이 있다.

    『시스티나 성당 천장화』는 단순한 작품 해설서를 넘어 한 인간이자 예술가로서의 미켈란젤로와 그의 작품을 깊이 있게 조명하는 그림책이다. 어린이 독자를 위한 책이지만, 누구나 큰 울림을 받을 수 있는 이야기다. 작가는 미켈란젤로가 어떻게 시스티나 성당 천장화를 그리게 되었는지, 그 과정이 얼마나 고되고 힘들었는지를 섬세한 그림과 간결한 문장으로 그려낸다.

    미켈란젤로는 교황의 명령으로 시스티나 성당 천장화 작업 떠안게 된다. 조각가의 정체성을 내려놓고 천장화를 그리는 일은 그에게 거의 '형벌'처럼 느껴졌을 것이다. 수직에 가까운 20미터 높이의 천장에서 여러 해 동안 몸을 뒤로 젖힌 채, 얼굴 위로 떨어지는 물감을 맞으며 그림을 그려야 했다. 게다가 반복되는 수정 요청과 교황의 간섭, 천장을 올려다보며 그림을 그리는 고통과 정신적 압박은 그를 지치게 했다.

    그럼에도 그는 멈추지 않았다. 단순히 '작품을 완성해야 한다'는 명령을 수행하기 위해서가 아니다. 예술가로서, 작품을 통해 신과 인간 사이의 관계에 대해 깊은 질문을 던지고 싶었기 때문일 것이다. 시스티나 성당 천장화는 단순히 성서를 재현한 것이 아니라 그 안에는 창조와 타락, 심판과 구원의 이야기를 넘어, '인간이란 무엇인가', '신은 어떤 존재인가'라는 존재론적 성찰이 녹아 있다.

책 속에서는 천장화의 숨겨진 이야기와 이야기 속 그림 배경이 된 작품도 설명해 어린이들이 그 속에 담긴 의미를 쉽게 이해할 수 있도록 돕는다. 또한 작가는 단지 위대한 예술 작품을 보여주는 데 그치지 않고, 작품을 완성하는 과정에서 미켈란젤로가 느낀 창작의 고통과 기쁨을 함께 전달한다. 이 과정은 어린이 독자들에게도 "세기를 건너 감동을 전하는 위대한 예술 작품은 어떻게 탄생하는가?"와 같은 질문에 대해 생각해 볼 수 있도록 한다.

이 책은 단순한 예술 작품 해설서가 아니다. 시대와 인간, 예술과 신념에 대한 거장 '미켈란젤로'의 성찰과 인생이 담긴 철학적 여정이다. 이 책을 통해 종교와 예술, 역사를 함께 만나는 뜻깊은 여행을 하기를 바란다.

#미켈란젤로 #신념 #르네상스 #시스티나_성당_천장화

교육과정(독서활동) 연계
1. [2즐02-03] 다른 나라의 문화 예술을 체험한다.
2. [4미03-01] 미술 작품을 자세히 보고 작품과 미술가에 관해 질문할 수 있다.

함께 볼 만한 콘텐츠
- [책] 『창의력을 길러주는 명화놀이』 소인강 글. 구름서재. 2022. 152쪽.
- [책] 『딱 한마디 미술사』 안소연 글. 이해정 그림. 천개의바람. 2021. 112쪽.
- [영상] EBS 뉴스 「신의 예술가, 미켈란젤로 특별전」(2:56). 2020.12.16

토의 질문
1. 천장화를 그릴 때 많은 어려움을 겪은 미켈란젤로가 끝까지 작품을 완성할 수 있는 동기는 무엇이었을까요?
2. '시스티나 성당 천장화'처럼 오래된 작품을 지금도 소중히 여겨야 하는 이유는 무엇일까요?
3. 작품에 숨겨진 이야기를 알고 예술 작품을 마주하면 감상하는 마음이 어떻게 달라질까요?

한 번 보고 끝? 열 번 봐도 새로운 그림책
— 주경

초밥이 여행을 갔어요 | 타나카 타츠야 글·그림 | 토토북 | 2024 | 36쪽 | 14,000원

"초밥이 여행을 간다고?" 제목만 들어도 호기심을 자극하는 『초밥이 여행을 갔어요』는 세계적인 미니어처 아티스트 타나카 타츠야의 독창적인 상상력을 담은 그림책이다. 일상 속 사물을 완전히 새로운 시각으로 재해석하는 능력으로 전 세계적으로 사랑받는 작가답게, 이 책에서도 놀라운 아이디어가 펼쳐진다.

이야기는 귀여운 초밥들이 여행을 떠나는 설정으로 시작된다. 초밥이 도착한 여행지는 브로콜리가 울창한 나무숲이 되고, 튀김은 황금빛 해변이 되고, 하얀 설탕은 광활한 모래사막으로 변신한다. 더욱 놀라운 것은 감자가 거대한 바위산으로, 웨하스 과자가 고대 이집트의 웅장한 피라미드로 탈바꿈하는 모습이다. 익숙한 음식들이 완전히 새로운 세계로 재탄생하는 모습은 아이들에게 "어떤 것이든 다르게 볼 수 있다"는 상상력의 힘을 보여준다.

특히 인상적인 것은 작가의 세심한 디테일이다. 초밥의 밥알을 쫓아다니는 강아지의 모습이나 소시지 커플들이 함께 움직이는 동선까지도 놓치지 않고 그려냈다. 이런 숨은 재미 요소들은 책장을 넘길 때마다 새로운 발견을 하게 만들며, 한 번 읽고 끝나는 것이 아니라 여러 번 들여다보는 즐거움을 선사한다.

타나카 타츠야의 미니어처 아트는 단순히 작은 것을 만드는 기술이 아니다. 일상의 평범한 사물들을 전혀 다른 용도와 의미로 재탄생시키는 창의적 발상의 결과물이다. 이러한 작가의 철학이 그림책에도 고스란히 녹아들어, 독자들에게 고정관념을 깨뜨리고 새로운 시각으로 세상을 바라보는 경험을 제공한다.

장면마다 숨어있는 재치 있는 디테일은 아이들의 관찰력과 집중력을 기르는 데 도움이 된다. "어디에 강아지가 숨어있을까?", "이번 페이지에는 또 어떤 재미있는 것들이 있을까?" 하며 자연스럽게 능동적인 독서 습관을 기를 수 있다. 특히 빵가루와 랩으로 표현한 튀김 바다, 감자 깎는 칼이 리프트가 되고, 초밥 접시를 쌓아 빌딩으로 표현하는 것 등, 볼 때마다 새로운 발견이 있어 진정한 '열 번 봐도 새로운' 그림책이라 할 수 있다.

이 책은 상상력이 폭발하는 초등학교 저학년 아이들에게 "일상의 모든 것이 놀잇감이 될 수 있다"는 메시지를 전달하여, 창의적 사고력을 기르는 데 효과적이다. 또한 글이 많지 않아 그림을 통해 스토리를 읽어내는 능력을 기를 수 있어, 시각적 문해력 향상에도 도움이 된다. 이 책의 가장 큰 매력은 "세상에는 정해진 것이 없다"는 자유로운 사고를 심어준다는 점이다. 이는 아이들이 다양한 문제들을 창의적으로 해결할 수 있는 밑거름이 될 것이다.

이 책을 읽고 나면 아이들이 식탁에서, 놀이터에서, 일상의 모든 공간에서 새로운 놀이와 이야기를 만들어낼 것이다. 부모와 함께 읽으며 "우리 집 냉장고 속 재료들로는 어떤 세계를 만들 수 있을까?" 하고 대화를 나누는 시간도 소중한 경험이 될 것이다. 상상력과 창의력을 키우고 싶은 모든 가정에 강력히 추천하는 보물 같은 그림책이다.

#상상력 #관찰력 #창의력

교육과정(독서활동) 연계
1. [2즐02-04] 다양한 세상을 상상하고 표현한다.
2. [2슬02-04] 궁금한 세계를 다양한 매체로 탐색한다.
3. [2바02-04] 새로운 활동에 호기심을 갖고 도전한다.

함께 볼 만한 콘텐츠
- [책] 『초밥이 옷을 사러 갔어요』 타나카 타츠야 글. 토토북. 2024. 40쪽.
- [영상] TBS뉴스 공식 유튜브. 「타나카타츠야: MINIATURE LIFE·MITATE MIND 전시 엿보기」(3:26). 2024.3.27.
- [영화] 〈구데타마: 엄마 찾아 뒹굴뒹굴〉(119분). 모토노리 사카키바라. 2022.

토의 질문
1. 작가가 만든 장면 중 가장 인상 깊었던 장면은 무엇이고, 이유는 무엇인가요?
2. 일상 속에서 평범하게 본 물건들이, 갑자기 새롭게 보인 적이 있나요?
3. 여러분이 미니어처 세상을 만든다면, 어떤 물건으로 무엇을 표현하고 싶은가요?

| 초1 | 초2 | 초3 | 초4 | 초5 | 초6 | 중1 | 중2 | 중3 | 고1 | 고2 | 고3 | 성인 |

우리는 왜 지구를 지켜야 할까요?
— 방민지

플라스틱은 왜 지구를 해칠까요? | 클라이브 기포드 글 | 한나 리 그림 | 바나나BOOK | 2024 | 80쪽 | 15,000원

  우리는 아침에 눈을 뜨는 순간부터 잠자리에 들기까지 플라스틱과 함께 살아간다. 플라스틱 칫솔로 이를 닦고, 컵에 담긴 물을 마시며 하루를 시작한 뒤, 다시 같은 도구들로 하루를 마무리한다. 이렇게 편리하고 널리 사용되는 플라스틱이 사실은 삶의 터전인 지구의 건강을 위협하고 있다는 것을 우리는 얼마나 자주 떠올릴까?『플라스틱은 왜 지구를 해칠까요?』는 바로 이 질문을 정면으로 던지는 책이다. 단순한 제목, 그리고 플라스틱 쓰레기로 뒤덮인 바다 그림이 담긴 표지는 책을 읽기 전부터 독자에게 무거운 메시지를 전한다.

  작가는 "플라스틱의 문제점은 무엇일까?"라는 간단하고도 핵심을 꿰뚫는 질문을 던지며 책의 첫 장을 연다. 이 질문을 통해 자연스럽게 독자의 관심을 이끌고, 어린이 독자 스스로 자신이 사용하는 플라스틱 제품에 대해 생각해보게 한다. 이어지는 7개의 질문은 플라스틱의 탄생 배경과 용도, 환경에 미치는 영향, 재활용의 한계, 그리고 대체할 수 있는 새로운 소재 등 '플라스틱' 전반에 관한 내용을 폭넓게 다루며 주제를 다각도에서 바라보도록 한다.

  이 책의 가장 큰 특징이자 장점은 '마인드맵' 형식을 이용한 정보 전달 방식이라는 점이다. 마인드맵 형식을 통해 내용을 중심 주제에서 관련 개념으로 가지처럼 뻗어나가며 확장해 나간다. 주제별 다른 색깔로 개념을 구분함으로써 초등 저학년 어린이도 자연스럽게 흐름을 따라가며 내용을 파악하고, 정보를 체계적으로 정리할 수 있다. 특히 '지속가능한 개발', '환경오염'과 같은 다소 어려운 개념도 쉽고 명확하게 이해할 수 있도록 돕는다.

이 책은 환경문제를 처음 접하는 어린이에게 단순한 정보 전달을 넘어서, 생각의 씨앗을 심어준다. 작가는 "플라스틱이 왜 문제일까?"라는 문제를 제기하는 데 멈추지 않고 "그렇다면 나는 어떤 선택을 할 수 있을까?"로 확장하여 능동적으로 환경문제에 접근하도록 이끈다. 환경문제를 단지 '규제'나 '어른들이 지켜야 하는 영역'이 아닌 '우리도 지킬 수 있는 일상의 문제'로 받아들이게 만든다는 점에서 큰 의미가 있다. 아이들 스스로 일상에서 매 순간 소비하는 물건이 자연에 어떤 영향을 끼치는지 깨닫고, 실천 방안을 생각해 보게 함으로써 지속가능한 삶을 위한 첫걸음을 내딛게 한다.

#환경오염 #지속가능성 #자원순환

교육과정(독서활동) 연계
1. [2바03-04] 공동체 속에서 지속가능성을 위한 삶의 방식을 찾아 실천한다.
2. [2바01-04] 생태환경에서 더불어 살기 위해 노력한다.

함께 볼 만한 콘텐츠
- [책] 『미세미세한 맛 플라수프』 김지형 글. 두마리토끼책. 2022. 48쪽.
- [책] 『플라스틱인간』 안수민 글. 이지현 그림. 국민서관. 2022. 48쪽.
- [책] 『할머니의 용궁여행』 권민조 글·그림. 천개의바람. 2020. 40쪽.

토의 질문
1. 플라스틱을 줄이기 위해 개인의 실천과 기업 또는 정부의 규제 중 어떤 것이 중요할까요?
2. 플라스틱 없이 산다면 어떤 것이 가장 불편할까요?
3. 플라스틱 사용량에 따라 벌금을 부과한다면 어떻게 될까요?

| 초1 | 초2 | 초3 | 초4 | 초5 | 초6 | 중1 | 중2 | 중3 | 고1 | 고2 | 고3 | 성인 |

새벽을 깨우는 작은 빛, 밤의 정원에서
― 이성연

반딧불이 정원의 어느 밤 | 안 크로자 글·그림 | 이세진 옮김 | 시금치 | 2023 | 32쪽 | 18,000원

어릴 적 여름밤, 할머니 댁에서 반딧불이를 만난 기억이 있다. 희미한 불빛이 깜빡일 때의 그 설렘과 경이로움은 시간이 흘러도 잊히지 않는 추억으로 남아있어 『반딧불이 정원의 어느 밤』은 바로 그 여름밤, 반딧불이를 만났던 그 순간으로 데려가며 이야기가 시작된다.

이 책에는 한여름 밤, 정원에 작은 빛이 등장한다. 높은 풀숲 사이로 반짝이는 빛, 바로 반딧불이를 발견한 화자는 손전등을 들고 그 빛을 따라가며 정원의 다양한 동식물을 만나게 된다. 거대한 사슴벌레가 꽃가루를 날리고, 고요한 밤의 기운 속에서 작은 생명들이 저마다의 방식으로 살아가는 모습을 보여준다. 밤에서 새벽으로 이어지는 자연의 리듬을 섬세하게 묘사하고 있으며, 밤이라는 익숙하지만 낯선 시간, 그 속에서 살아가는 작은 생명들의 세계를 조용히 들여다보는 것은 쉽게 얻을 수 없는 경험이다. 이런 경험이 자연을 새로운 시선으로 바라볼 수 있게 해준다.

특히 표지의 야광 인쇄는 실제로 반딧불이를 마주한 듯한 몰입감을 주고, 책장을 넘길수록 밝아지는 종이의 색감은 새벽의 여명이 서서히 퍼지는 순간을 시각적으로 체험하게 한다. 이처럼 감각적이고 체험적인 요소는 책을 읽는 즐거움과 자연에 대한 호기심을 동시에 불러일으킨다.

이 책은 단순한 자연 관찰을 넘어 함께 경험하고 발견하는 기쁨을 강조하고 있다. 반딧불이를 만나던 그 순간, "와, 깜빡이는 불빛이 정원에 가득해요. 우리는 한참을 홀린 듯 바라만 보고 있었어요"에서 책 속 화자인 '우리'라는 시점으로 이야기를 이끌어 독자가 직접 정원에서 관찰하는 느낌을 준다. 이는 어린이들에게 자연과의 교감, 타인과의 협력적 탐구 가치를 자연스럽게 일깨워 준다. 또한 밤의 정원에서 만나는 다양한 생명은 생태계의 다양성과 존재의 소중함을 느끼게 하며, 인간과 자연의 조화로운 공존을 생각해 볼 수 있는 생태 전환교육까지 이어진다.

안 크로자는 아동 문학가와 일러스트레이터로 활동 중이다. 2023 순천만국제정원박람회 특별전 초대작으로 선정된 『반딧불이 정원의 어느 밤』은 아름다운 선과 색의 완벽한 그래픽 아트를 보여주는 자연 그림책이다. 단순한 자연 관찰을 넘어, 자연과 더불어 살아가는 삶의 가치를 일깨워주며, 도시화로 인해 점점 멀어지는 자연, 특히 밤의 생명들은 직접 경험하지 못하는 현실에서 자연의 신비와 아름다움을 간접적으로 느낄 수 있게 해준다. 나아가 자연을 보호하고 생태계를 존중하는 태도를 기르는 데 큰 역할을 할 수 있게 한다.

초등학교 3~4학년 과학과 생명 영역과 연계하여 활용할 수 있으며, 아직 한 번도 밤의 정원을 거닐어 본 적이 없거나 반딧불이를 만난 적이 없는 어린이와 어른에게 추천하고 싶다. 곤충을 무서워하는 아이들도 이 책을 통해 자연과 더 가까워지고, 작은 생명 하나하나의 소중함을 느끼는 기회가 되길 바란다.

#자연 #곤충 #동물_생활 #생물_한살이 #환경보호

교육과정(독서활동) 연계
1. [2즐01-04] 우리를 둘러싼 자연의 아름다움을 감상한다.
2. [2슬01-04] 사람과 자연, 동식물이 어우러져 사는 생태를 탐구한다.
3. [4과02-01] 여러 가지 동물을 관찰하여 특징에 따라 동물을 분류할 수 있다.
4. [4과04-01] 동물의 한살이를 직접 관찰하고, 관찰한 내용을 글과 그림으로 표현할 수 있다.

함께 볼 만한 콘텐츠
- [책] 『경이로운 곤충 팝업북』 벤 호어 글. 재스민 플로이드 그림. 조은영 옮김. 북극곰. 2024. 34쪽.
- [책] 『세밀화로 그린 보리 어린이 곤충도감』 권혁도 그림. 김진일 감수. 보리. 2016. 240쪽.
- [영상] 규리야 놀자! 「자연관찰 반딧불이」(3:59). 2021.08.14.

토의 질문
1. 우리 주변에서 사라져 가는 생물은 무엇이 있는지 알아볼까요?
2. 자연을 보호하기 위해 우리는 무엇을 실천해야 할까요?
3. 책 속의 시간적 배경인 밤과 대비되는 낮의 자연 풍경을 떠올려 봅시다. 내가 발견한 자연의 아름다움은 어떤 것이 있나요?

| 초1 | 초2 | 초3 | 초4 | 초5 | 초6 | 중1 | 중2 | 중3 | 고1 | 고2 | 고3 | 성인 |

건강한 자연은 영원하지 않아
— 이예지

얼음산 빙수 가게 | 정현진 글·그림 | 올리 | 2024 | 42쪽 | 14,000원

　환경문제는 자본주의의 성장과 관련이 깊다. 산업 혁명 이후 등장한 자본주의 체제에서 생산 수단을 자본으로 소유한 자본가는 정당하게 이윤을 추구할 수 있다. 지극히 인간 중심적인 사고 아래에서 자연도 생산 수단으로 사용되어 왔다. 인간이 자연을 무분별하게 사용하고 훼손한 결과는 부메랑처럼 돌아와 인간을 위협하고 있다. 본 작품은 이 모든 과정을, 빙하를 갈아 빙수를 만드는 아저씨의 이야기에 빗대어 담아냈다. 초등학교 저학년 눈높이에 맞추어 현재 인류가 처한 상황을 재미있고 날카롭게 그려내고 있다.

　얼음산 빙수 가게 아저씨는 얼음을 갈아 빙수를 만들었다. 아저씨가 빙수를 팔아 가진 게 늘어나는 만큼 얼음산은 작아졌다. 살 곳을 잃은 동물들은 하나둘 얼음산을 떠났다. 얼음산이 작아지자, 아저씨는 빙수의 판매량을 줄이고 가격을 올렸다. 값비싼 빙수를 팔기 위해 가게를 덥게 만들었고 얼음산은 더욱 작아졌다. 얼음이 녹아 해수면이 높아지자, 높게 쌓아 올린 아저씨 집도 결국 물에 잠기기 시작한다. 뒤늦게 놀란 아저씨는 얼음산이 녹지 말라고 선풍기와 에어컨을 가져와 애썼으나 쓸모가 없었다. 아저씨는 빙수 만들기를 멈추지 않았고 얼음산은 모두 녹아 사라졌다.

　처음부터 끝까지, 아저씨는 본인의 이익에만 관심이 있다. 사라져가는 동물들, 바뀌어 가는 자연에는 관심이 없다. 빙수를 어떻게 팔지 궁리하는 아저씨의 뒤로, 눈을 감은 채 바다에 떠내려가는 동물들이 보인다. 그 모습은 마치 얼음이 녹아내린 물방울 모양 같기도 하고 눈물 모양 같기도 하다. 자연의 눈물을 외면하고 이득만 취하는 우리의 모습과 연결된다. 해수면이 높아져 재산에 피해를 본 뒤에야 아저씨는 얼음산을 보존하기 위해 애를 쓴다. 환경이 파괴되어 직접적인 불편함을 느끼게 된 지금에서야 환경보호에 신경을 쓰는 우리의 모습을 생각하게 한다.

녹고 있는 얼음산을 외면하고 달콤한 빙수를 계속해서 사 먹을 것인가? 작품은 독자에게 이렇게 질문을 던진다. 시간이 흘러 할아버지가 된 아저씨는 빙수 대신 씨솔트 할배주스를 판다. 얼음산을 잃은 데 이어, 이제는 바닷물마저 잃게 되는 건 아닐까. 빙하가 녹고 있음에도 자연을 착취할 욕심을 버리지 않으면 도미노가 쓰러지는 것과 같이 다른 문제로 이어질 수 있다. 모든 자연은 연결되어 있고 인류는 거대한 생태계의 한 부분일 뿐이다. 이익을 위해 계속해서 환경을 파괴할 것인지, 지금이라도 환경 파괴를 멈출 것인지 선택은 우리의 몫이다. 얼음산 빙수 가게 이야기는 초등학교 저학년 어린이들에게 인간과 자연의 지속 가능한 공존의 중요성을 유쾌하게 역설하고 있다.

#환경 #기후위기 #지구온난화 #생태계 #자연파괴 #공존

교육과정(독서활동) 연계
1. [2바01-04] 생태환경에서 더불어 살기 위해 노력한다.
2. [2슬01-04] 사람과 자연, 동식물이 어우러져 사는 생태를 탐구한다.
3. [4도04-02] 인간과 자연이 함께 살아야 할 이유에 대해 이해하고 공생을 위한 구체적인 실천 계획을 세우며 생태 감수성을 기른다.
4. [4과14-03] 인간 활동이 생태계에 미치는 영향을 조사하고, 생태계 보전을 위해 우리가 할 수 있는 일을 토의하여 실천할 수 있다.

함께 볼 만한 콘텐츠
- [책] 『지혜로운 멧돼지가 되기 위한 지침서』 권정민 글·그림. 보림. 2016. 33쪽.
- [책] 『제주도가 지도에서 사라졌다』 김현태 글. 오숙진 그림. 머스트비. 2024. 52쪽.
- [책] 『아무것도 하지 않는 날』 여균동 글·그림. 책마을해리. 2025. 72쪽.
- [책] 『명품 가방 속으로 악어들이 사라졌어』 유다정 글. 민경미 그림. 창의와탐구. 2013. 39쪽.

토의 질문
1. 얼음산이 없어져서 갈 곳을 잃은 동물들은 어디로 갔을까요?
2. 씨솔트 할배주스를 팔다가 바닷물마저 다 없어진다면 무슨 일이 벌어질까요?
3. 자연과 인간이 함께 살아가기 위해 우리는 무엇을 해야 할지 생각해봅시다.

| 초1 | 초2 | 초3 | 초4 | 초5 | 초6 | 중1 | 중2 | 중3 | 고1 | 고2 | 고3 | 성인 |

지구에게 필요한 건 감기약이 아니라고요
— 이예지

자, 맡겨 주세요! | 이소영 글·그림 | 비룡소 | 2023 | 36쪽 | 16,000원

속도 못지않게 방향도 중요하다. 18세기 산업 혁명 이후로 인류는, 그리고 한국전쟁 이후로 우리나라는 급속도로 발전해 왔다. 발전의 방향은 '편리성'이었다. 그러나, 조금 더 효율적인 삶을 추구하는 사이에 놓쳐버린 것들도 많았다. 본 작품은 바로 그 지점을 다루고 있다. 우리는 이제 '지속가능한 발전'을 꿈꿔야 할 시대를 살아가고 있다.

뭐든 척척 해결하는 오!박사는 늘 분주하다. 아무리 어려운 일도 전화기와 컴퓨터만 있으면 빠르고 정확하게 해결한다는 소문을 듣고 사람들뿐만 아니라 동물들까지 박사를 찾아온다. 박사는 겨울잠을 못 자는 곰에게 수면제를 처방하고, 먹이가 사라져 배고픈 북극곰에게 바다표범 맛 통조림을 보낸다. 박사의 처방은 빠르고, 즉각적으로 눈에 보이는 효과까지 있다. 그런데 과연 문제를 근본적으로 해결할 수 있을까? 그림책의 마지막은 이 부분을 시사한다.

"모두는 과연

모르는 게 없고, 못 하는 게 없는 오! 박사에게

오! 하고 감탄했을까요?"

박사의 처방은 얼마나 오래 지속가능할까. 수면제를 처방받은 곰은 앞으로 수면제 없이 잘 수 없다. 겨울에도 더워진 날씨는 변함없기 때문이다. 통조림을 받은 북극곰은 앞으로 다른 먹이는 먹을 수 없다. 더워진 바다 때문에 먹이가 사라졌기 때문이다. 그러고 보니 책에 나오는 동물들은 모두 더위를 호소하고 있다.

동물들이 괴로워하는 근본적인 이유이자 마지막 손님, 불타오르는 지구에게 박사는 감기약을 처방한다. 지구는 평생 감기약을 먹으며 살아야 할까? 눈앞의 문제만 급하게 처리하는 주먹구구식 방식은, 결국 임시방편에 불과하다.

전반적으로 덥고 강렬한 분위기의 색감과 생동감 있는 동물들의 표정은 지구온난화로 고통받는 동물들의 심경을 잘 드러낸다. 특히, 박사의 안경에 비친 붉은 지구의 모습은 얼른 차가운 물을 끼얹고 싶게 만든다. 사소하고 직관적인 묘사들이 어린이 독자에게 기후위기의 심각성을 선명하게 전달한다. 더 나아가, 초등학교 저학년이 접근하기 어려울 수 있는 탄소중립 개념과도 연결하여 생각할 수 있다.

탄소중립이란 인간 활동으로 배출하는 이산화탄소량은 줄이고, 이미 배출된 이산화탄소는 최대한 흡수시켜서 실질적으로 배출되는 이산화탄소량을 '0'으로 만드는 것이다. 지구의 온도를 높이는 온실가스는 쓰레기, 자동차 매연, 에너지 사용 등으로 발생하고, 기후위기의 원인이 된다. 오!박사의 감기약보다 미래를 책임질 어린이들의 탄소중립 실천이 더위로 앓고 있는 지구에 훨씬 더 도움이 될 것이다. #환경 #기후위기 #지구온난화 #생태계 #자연파괴 #공존

교육과정(독서활동) 연계
1. [2바01-04] 생태환경에서 더불어 살기 위해 노력한다.
2. [2슬01-04] 사람과 자연, 동식물이 어우러져 사는 생태를 탐구한다.
3. [2슬03-04] 우리의 생활과 관련된 지속가능성의 다양한 사례를 찾고 탐색한다.
4. [4도04-02] 인간과 자연이 함께 살아야 할 이유에 대해 이해하고 공생을 위한 구체적인 실천 계획을 세우며 생태 감수성을 기른다.

함께 볼 만한 콘텐츠
- [책] 『눈보라』 강경수 글·그림. 창비. 2021. 52쪽.
- [책] 『탄소가 기후 위기랑 무슨 상관이야』 정지윤 글. 김잔디 그림. 파란의자. 2023. 172쪽.
- [책] 『더운 지구, 뜨거운 지구, 펄펄 끓는 지구』 유다정 글. 김잔디 그림. 파스텔하우스. 2023. 115쪽.
- [영상] 깨비키즈. 「지구가 뜨거워진다고?」(05:32) 2020.9.11.

토의 질문
1. 작품 속 동물들이 고통받는 이유는 무엇일까요?
2. 주인공 오!박사의 처방에 지구는 감탄했을까요?
3. 생활 속에서 이산화탄소를 줄이는 방법을 이야기해 봅시다.

| 초1 | 초2 | 초3 | 초4 | 초5 | 초6 | 중1 | 중2 | 중3 | 고1 | 고2 | 고3 | 성인 |

아이와 함께 자연의 신비를 발견하는 따뜻한 대화
— 주경

나무는 자라서 나무가 된다 | 샤를 베르베리망 글·그림 | 키위북스 | 2024 | 32쪽 | 17,000원

"나무도 결혼해요?"

아이의 순수한 질문으로 시작되는 『나무는 자라서 나무가 된다』는 자연에 대한 호기심이 넘치는 책이다. 샤를 베르베리망은 프랑스를 대표하는 그림책 작가다. 복잡할 수 있는 과학 개념을 아이의 눈높이에 맞춰 따뜻하게 풀어낸다. 화창한 날 숲을 산책하는 엄마와 아들, 그리고 강아지 이야기로 시작된다. 아이의 궁금증에서 시작된 대화는 나무의 생명 주기, 씨앗의 여행, 그리고 숲이라는 큰 가족의 의미까지 자연스레 확장된다.

이야기 중심에는 엄마와 아이의 따뜻한 대화가 있다. 엄마는 아이의 "나무도 결혼해요?"라는 질문에 "꼭 그렇지는 않지만 그렇다고도 할 수 있어"라고 답하며, 아이의 눈높이에 맞춰서 설명한다. 나무가 꽃을 피우고 열매를 맺어 씨앗을 만드는 과정, 씨앗이 바람을 타고 날아가 새로운 땅에서 싹을 틔우는 모습을 차근차근 설명하면서도 아이가 지루해하지 않도록 이야기를 풀어간다.

특히 인상적인 장면은 엄마가 돌아가신 할아버지와의 약속을 지키며 어린 나무를 심는 부분이다. 혼자 자라는 어린 나무를 걱정하는 아이에게 엄마는 "숲에 사는 나무는 결코 혼자가 아니"라며 숲이 하나의 큰 가족임을 깨닫게 해준다. 이를 통해 죽음과 생명이라는 깊은 주제를 자연스럽게 다루면서도 아이가 이해할 수 있는 수준에서 전달한다.

작가는 "나무에게는 숲이 가족 같다"는 아이의 깨달음을 통해 우리 모두가 자연의 일부이며 서로 연결되어 있다는 생태적 사고를 심어준다. 엄마는 아이의 질문을 무시하거나 성급하게 결론을 내리지 않고, 함께 관찰하고 생각하며 대화를 이어가는 모습을 보여준다.

자연에 대한 호기심이 왕성하고 "왜?"라는 질문을 끊임없이 던지는 초등학교 저학년 아이와 함께 읽는 부모님들에게도 과학적 지식을 어떻게 쉽고 재미있게 전달할 수 있는지에 대한 좋은 가이드가 된다.

『나무는 자라서 나무가 된다』의 가장 큰 매력은 단순한 지식 전달을 넘어서 생명에 대한 경외감과 자연과의 유대감을 보여준다는 점이다. 과학적 사실을 정확하면서도 이해하기 쉽게 전달하고, 부모와 자녀 간의 바람직한 소통 방식을 보여주며, 자연의 순환과 생명의 연결고리를 깨닫게 해준다.

이 책을 읽고 나면 아이와 함께 숲을 거닐며 나무를 바라보는 시간이 더욱 의미 있고 풍성해질 것이다. 자연 과학에 대한 첫걸음을 떼는 아이들에게 지식과 감성을 동시에 선사하는 소중한 작품으로, 가족 모두가 함께 읽으며 자연의 신비로운 세계를 탐험해보길 추천한다.

#환경 #생태계이해 #자연관찰 #자녀소통 #생명존중

교육과정(독서활동) 연계
1. [2바01-04] 생태환경에서 더불어 살기 위해 노력한다.
2. [2슬01-04] 사람과 자연, 동식물이 어우러져 사는 생태를 탐구한다.
3. [2즐01-04] 우리를 둘러싼 자연의 아름다움을 감상한다.

함께 볼 만한 콘텐츠
- [책] 『나무를 심은 사람』 장 지오노 글. 햇살과나무꾼. 2002. 52쪽.
- [영상] 국립생태원(https://www.nie.re.kr/) → 교육 → 본원 교육과정 → 이러닝 총 12차시.
- [영상] 『Our Planet』(60분)- Forests. BBC 다큐멘터리. 2006.

토의 질문
1. 나는 어떤 나무 같다고 느껴지나요? 또는 좋아하는 나무가 있다면 어떤 나무인가요?
2. 나무가 잘 자라려면 어떤 것들이 필요할까요?
3. 우리 주변에는 어떤 종류의 나무들이 있나요?
4. 그 나무들은 어떤 방법으로 씨앗을 퍼뜨릴까요?
5. 그 나무는 언제 꽃이 피고, 언제 열매가 맺히는지 알고 있나요?

| 초1 | 초2 | 초3 | 초4 | 초5 | 초6 | 중1 | 중2 | 중3 | 고1 | 고2 | 고3 | 성인 |

이 책 때문에 흥이 다 생겨버렸으니까, 책임져
— 김수정

반가워요, 여신님! | 양정화 글 | 홍선주 그림 | 봄볕 | 2023 | 172쪽 | 14,000원

몇 해 전 광고계와 SNS에서 큰 화제가 되었던 밈(meme)*이 있다. 그리스·로마 신화 디오니소스의 축제 장면 중 디오니소스가 "너 때문에 흥이 다 깨져버렸으니까, 책임져"라고 했던 대사이다. 오르페우스의 지나치게 진지한 목소리와 대사 후에 이어지는 뜬금없는 전자 기타 댄스라는 영 이상한 조합이 오히려 시너지를 내어 심심치 않게 학생들의 입에서도 나올 정도로 화제였다.

학생들이 신화 이야기라고 하면 가장 먼저 떠올리는 것이 바로 그리스·로마 신화이다. 그리스·로마 신화에는 아주 많은 신이 있는데도 초등학교 학생들에게 어느 신이 있느냐고 물어보면 제우스부터 헤라클레스까지 줄줄 외곤 한다. 어쩌면 본인의 가계도보다 그리스·로마 신화의 족보를 더 잘 외우고 있는 듯하다.

그러나 이 학생들에게 한국의 신은 얼마나 알고 있냐고 묻는다면 어떤 답을 할까? 책을 조금이라도 읽은 학생들은 단군이나 주몽, 책을 좀 읽은 학생들은 아기장수 우투리 그리고 만화책으로 출간되어 영화로 제작됐던 「신과 함께」 덕분에 가택신이나 성주신 등을 말할지도 모른다. 신에게는 성별이라는 것이 크게 없다지만 우리가 알고 있는 몇 명 신마저도 죄다 남(男)신이다. 학생들에게 한국의 여(女)신에 대한 지식을 채워줄 책, 바로 『반가워요 여신님!』이다.

이 책은 예로부터 전해 내려온 우리나라 여신들의 이야기를 한데 묶은 책이다. 제주의 설문대할망, 삼신할머니가 된 명진대왕의 딸, 인간 세상에 풍요를 준 영등할망 등 여섯 명의 여신에 대한 이야기가 적혀있다. 장마다 신의 탄생

---

* 밈(meme): 인터넷 커뮤니티나 SNS 등지에서 퍼져나가는 여러 문화의 유행과 파생모방의 경향, 또는 그러한 창작물이나 작품의 요소를 총칭하는 용어.

부터 신이 인간 세상에서 인간에게 축복을 내리거나 벌을 내린 이야기, 인간이 어떻게 신이 됐는지 등의 이야기를 흥미진진하게 전해주고 있다. 생소한 신들도 있는데 너무 길지도 짧지도 않게 이야기가 진행되어 한국의 신에 관해 공부하고 싶거나 모둠별로 신에 대해 조사할 때도 유익하게 사용될 책이다.

다만 신화라는 특성 때문에 조금은 불편한 지점이 몇 군데 있다. 생사(生死)를 관장하는 존재가 신이다 보니, 인간의 생명을 쉽게 가져가거나 벌을 내리는 경우도 있다. 이러한 특성 때문에, 아무리 우리나라 신이라 해도 이 책을 통해 신을 알게 되는 것과 그 신에게 호감을 갖는 것은 별개의 문제일 수 있다. 또한 여느 신화가 그렇듯이, 이 책 속 이야기에도 가부장적인 요소나 일부다처제와 같은 내용이 포함되어 있어, 오늘날의 학생들이 공감하거나 이해하기에 어려운 부분이 있다. 이 책은 초등학교 높은 학년 이상 학생들이 학습 자료로 활용하기에 알맞은 책이다.

#신 #신화 #한국_신

교육과정(독서활동) 연계
1. [4국05-01] 인물과 이야기의 흐름을 중심으로 작품을 감상한다.
함께 볼 만한 콘텐츠
- [책] 『만화 한국 신화』(1~8) 박정효 글. 권수영 그림. 다산어린이. 2023. 176쪽.
- [책] 『한국 환상 동물 도감』 이곤 글. 봄나무. 2019. 184쪽.
- [영화] 〈신과 함께-죄와 벌〉(140분), 김용화. 2017.

토의 질문
1. 내가 알고 있는 한국 신화는 무엇이 있나요?
2. 이 책의 등장인물이라면 어떤 선택을 하고 싶나요?
3. 내가 신이 된다면 사람들에게 어떤 영향을 주고 싶나요?

후속활동
1. 알려지지 않은 우리나라의 신 또는 신화 찾아보기(지역별 모둠활동).
2. 우리나라의 신화와 외국의 신화 비교해보기.

| 초1 | 초2 | 초3 | 초4 | **초5** | **초6** | **중1** | 중2 | 중3 | 고1 | 고2 | 고3 | 성인 |

사랑과 거절을 처음 배우는 아이들
— 방상미

고백 시대 | 정이립 글 | 김정은 그림 | 미래엔아이세움 | 2023 | 152쪽 | 12,000원

    고백하면 떠오르는 첫 기억은 언제일까? 대부분 초등학생 때일 것이다. 이 책은 초등학교 6학년 아이들의 풋풋한 사랑 이야기를 다루고 있다. 반 친구들이 번갈아 나오며, 저마다의 시선으로 사랑을 말한다. 다만 다른 사랑 이야기와 달리 사랑의 설렘보다 거절의 아픔을 주로 다루고 있다. 가볍게 마음을 전하고 쉽게 관계를 끝내는 요즘 아이들의 '고백 시대'에, 『고백 시대』는 상대를 배려하는 고백과 거절을 수용하는 방법을 알려준다.

    하나, 수영, 현성이의 이야기에서는 사랑과 우정을 주로 다루고 있다. 하나에게 고백했으나 거절당한 현성이와, 현성이의 마음을 눈치챈 수영이, 그리고 현성이보다 수영이가 중요한 하나의 마음이 표현되었다. 하나와 호찬이의 이야기에서는 공개 고백 사건을 통해 상대방을 배려하며 마음을 전하는 방법과 거절을 받아들이는 용기에 대해 말한다. 이 책이 전하고자 하는 바는 사랑의 '설렘'이 아니라 '고통'이다. 내가 누군가를 사랑한다고 해서 그 마음이 모두 받아들여지지 않음을 이야기를 통해 보여준다. 특히 호찬이와 현성이가 보여주는 '거절을 당했을 때의 반응'은 양극에 있다. 호찬이는 거절을 납득하지 못하고 하나를 원망하는 반면, 현성이는 거절을 수용하며 슬퍼한다.

    거절을 받아들이는 용기를 말하기 때문일까? 거절당한 이후 호찬이와 현성이의 마음은 잘 표현되었지만, 사랑이 시작되는 계기나 그 과정에서의 감정 변화에 대한 묘사는 다소 부족하다. 특히 현성이를 좋아하던 하나의 감정 변화가 충분히 묘사되지 않아 현성이를 거절하는 순간이 다소 갑작스럽게 느껴진다. 수영이의 감정 표현도 아쉽다. 현성이가 하나를 좋아한다는 사실을 알고 마음을 접는 수영이의 감정이 표현됐다면 거절을 받아들이는 또 다른 모습을 독자에게 보여줄 수 있지 않았을까.

　작가는 사랑을 커피에 비유한다. 커피가 다양한 맛이 나며 누가 내리느냐에 따라 맛과 향이 달라지는 것처럼 사랑의 맛도 사람에 따라 달라진다. 사랑이라는 달달함에 거절의 쓴맛을 첨가한 『고백 시대』라는 커피는 쓴맛이 익숙하지 않은 친구들이 쓴맛을 처음 접하기 좋은 책이다.

　사랑을 다룬 동화책 중에 거절에 중점을 둔 책은 많지 않다. 대부분의 동화책에서는 사랑이 이루어지지 않아도 그 과정에서 느끼는 감정을 중점적으로 표현하지는 않는다. 그렇기 때문에 사랑의 고통을 주로 다룬 이 책이 더 소중하게 여겨진다. 사랑을 시작하는 초등 고학년 아이들이 이 책과 함께 사랑의 다양한 맛을 느끼는 기회를 가졌으면 한다.

#사랑 #고백 #거절 #6학년

교육과정(독서활동) 연계
1. [4도01-04] 다른 사람의 관점을 수용할 수 있는지를 도덕적으로 검토하고 도덕규범을 내면화하여 도덕적으로 행동할 수 있는 자세를 기른다.
2. [4도02-02] 친구 사이의 배려에 대한 올바른 이해를 바탕으로 일상생활에서 배려에 기반한 도덕적 관계를 맺을 수 있는 방안을 탐색한다.
3. [4도02-03] 공감의 태도가 필요한 이유를 이해하고 도덕적 상상력을 바탕으로 대상과 상황에 따라 감정을 나누는 방법을 탐구하여 실천한다.

함께 볼 만한 콘텐츠
- [책] 『그때 너 왜 울었어?』 박현경 글, 이영환 그림. 잇츠북. 2021. 160쪽.
- [책] 『심쿵!』 최은영 글. 임희 그림. 크레용하우스. 2020. 144쪽.
- [영화] 〈플립〉(1:30:00). 로브 라이너. 2017.

토의 질문
1. 상대방을 배려하며 마음을 전하려면 어떻게 해야 할까요?
2. 반대로 상대방을 배려하며 거절하려면 어떻게 해야 할까요?
3. 거절을 당했을 때 어떻게 대응할 것인가요?
4. 거절을 당한 경험이 있다면 그 경험과 느꼈던 감정 등을 나누어 볼까요(사랑이 아니라 부탁이나 호의 등을 거절당한 경험도 포함)?
5. 내가 생각하는 사랑의 형태는 어떤 모습인가요?

| 초1 | 초2 | **초3** | **초4** | **초5** | 초6 | 중1 | 중2 | 중3 | 고1 | 고2 | 고3 | 성인 |

비밀수첩으로 보는 아이의 성장
— 방상미

제로의 비밀수첩 쉿! | 강정연 글·보람 그림 | 사계절 | 2024 | 140쪽 | 12,000원

아이들의 세상은 자랄수록 넓어진다. 유아기에는 가족이 세상의 중심이나, 초등학교 중학년쯤 되면 친구들의 영역이 점차 확대된다. 가족과 분리된 영역이 생기면서, 가족과 공유하지 않는 일들이 점차 많아진다.

이 책은 사생활이 생기기 시작하는 어린이의 마음을 아이 시선에서 유쾌하게 풀어낸 책이다. 일기 형식으로 쓰여 있어 친숙하며, 그림책 작가가 장면을 다양한 구도의 그림으로 표현해 책의 재미를 더했다. 부모에게서 조금씩 독립하여 '나'라는 존재로 나아가는 초등 중·고학년 아이들에게 추천한다.

주인공인 제로는 열한 살 어린이다. 자신을 아이 취급하며 이야기를 들어주지 않는 부모님 때문에, 가족에게 하고 싶지 않은 이야기를 마음껏 쓸 비밀수첩을 만든다. 제로는 비밀수첩에 자신이 겪는 다양한 일과, 감정, 생각을 솔직하게 적는다. 열한 살 어린이의 속내가 가감 없이 드러나기 때문에 제로와 비슷한 나이대 혹은 이 시기를 경험해 본 어린이가 읽기 좋다.

이 책의 가장 큰 강점은 '공감'이다. 새 학기의 설렘과 불안, 친구와의 갈등, 새로운 관계 등 누구나 겪는 감정들이 제로의 시선에서 꾸밈없이 표현된다. 제로의 선한 면뿐만 아니라 부정적인 감정도 가감 없이 드러내기 때문에 독자들의 공감은 긍정적인 감정에 한정되지 않는다. 욕심 때문에 양심을 어길 뻔하거나 절친에게 새로 생긴 친구를 질투하는 등의 미숙한 모습들이 이에 해당한다. 욕심과 질투가 부끄럽거나 나쁜 것이 아니라 누구나 느끼는 감정임을 스스럼없이 드러내, 독자들이 자신의 경험을 반추할 수 있게 한다. 이런 다양한 감정과 사건을 겪으며 제로는 성장한다. 수첩의 마지막에 도달할수록 제로는 노력과 성취를 통해 독립성을 가진 개체로 나아간다.

삽화의 구도 또한 주목할 만하다. 쓰인 대로 장면을 그리는 1차원적인 표현을 벗어나 다양한 시각과 구도로 표현했다. 제로와 아빠의 대화를 토론회처럼 표현한 부분이나, 반 친구들 소개를 교실 자리 배치도로 표현한 부분이 특히 인상 깊다. 이 외에도 제로가 가진 다양한 모습을 여러 개의 가면으로 표현하는 등 책의 내용을 살려 그린 삽화가 재미를 더한다.

세상을 넓혀가는 아이들은 여러 우여곡절을 겪으며 성장하고, 그 과정에서 많은 비밀이 생긴다. 이 책은 가족의 품을 벗어나 한 걸음 나아가는 아이들이 흥미롭게 읽을 수 있도록 공감을 불러일으키며, 제로가 겪은 일들을 통해 아이들에게 나아갈 방향을 제시해 준다. 부모에게 '아무것도 모르는 어린이'가 아니라 스스로 생각하고 행동할 수 있는 당당한 존재로 인정받고 싶은 아이의 마음이 이 책에 잘 담겨 있다. 그런 아이가 되고 싶거나, 혹은 그런 아이들의 마음을 이해하고 싶다면 이 책은 좋은 길잡이가 되어 줄 것이다.

#성장 #일기 #독립성

교육과정(독서활동) 연계
1. [4국05-02] 자신의 경험을 바탕으로 작품 속 세계와 현실 세계를 비교하여 작품을 감상한다.
2. [4도01-01] 자신의 감정을 소중히 여기며 존중하는 태도를 바탕으로 내가 누구인가를 탐구한다.
3. [4도01-02] 정직의 의미를 알고 모범적인 사례를 탐색하여 바르게 행동하려는 태도를 기른다.
4. [6도01-01] 자주적인 삶에 대한 이해를 바탕으로 자신의 생활계획을 세우고 실천하여 주체적인 삶의 태도를 기른다.

함께 볼 만한 콘텐츠
- [책] 『고슴도치 우리 엄마』 임정자 글. 정문주 그림. 미래엔아이세움. 2015. 152쪽.
- [책] 『비밀의 정원』 여균동 글·그림. 책마을해리. 2024. 64쪽.
- [영화] 〈원더〉(1:53:18). 스티븐 크보스키. 2017.
- [영화] 〈나 홀로 집에〉(1:43:00). 크리스 콜럼버스. 1991.

토의 질문
1. 제로는 절친에게 다른 친구가 생겨 질투를 하고, 서운함에 절교 편지를 보냅니다. 여러분도 비슷한 경험이 있나요? 이럴 경우 어떻게 친구 관계를 풀어가면 좋을까요?
2. 사람들은 누구나 비밀을 갖고 있습니다. 내가 가진 비밀 중 가족에게 말할 수 있는 비밀과 말할 수 없는 비밀이 있다면 그 차이와 이유는 뭘까요?
3. 스스로 계획하여 목표를 달성한 일이 있나요? 달성한 후 느낀 감정과, 달성 전후 내게 변한 부분이 있다면 말해봅시다.

| 초1 | 초2 | **초3** | **초4** | **초5** | 초6 | 중1 | 중2 | 중3 | 고1 | 고2 | 고3 | 성인 |

바가지를 든 소녀 암행어사 박아지
— 최주연

암행어사 박아지 | 천효정 글 | 호산 그림 | 비룡소 | 2024 | 143쪽 | 14,000원

암행어사는 조선시대 왕명을 받아 임시로 임명되던 벼슬이지만, 비위 관리를 파직할 수 있는 막강한 권한을 가진 존재였다. 그는 신분을 숨긴 채 비밀리에 지방을 순찰하며 부정부패를 조사하고, 억울한 백성들의 사정을 살펴 그들의 억울함을 풀어주는 역할을 했다. 신분이 드러나지 않기에 조사는 더욱 철저했고, 암행어사가 불의를 바로잡고 정의를 실현하는 순간에는 독자적인 통쾌함이 느껴진다. 사회에 대한 불만과 무기력함을 희망으로 전환시켜주는 매력적인 제도이자 인물이다.

천효정 작가의 『암행어사 박아지』는 그런 암행어사의 이야기 속에 새로운 상상력을 더한 작품이다. 부패한 관리들을 단죄하고 백성들의 한을 풀어주는 과정을 중심으로, 이번엔 '소녀' 암행어사가 등장한다. 이름은 '바가지'? 아니다, 바로 '박아지'다. 그녀 곁에는 믿음직한 두 인물이 함께한다. 정체를 숨긴 채 날쌘 몸놀림으로 주인공을 지키는 여호위무사 '비연'과, 구시렁거리면서도 온갖 잡일을 척척 해내는 '최참봉'이 그들이다.

겉보기엔 평범한 소녀 같지만, 박아지는 사건 앞에서 날카로운 관찰력과 판단력으로 진실을 하나하나 밝혀낸다. 자식을 지키려다 억울하게 누명을 쓴 사연, 귀신이 출몰하는 관아에 숨겨진 비밀 등, 다양한 사건들이 펼쳐지고, 그녀는 이를 집요하게 파헤쳐 부패한 관리들의 잘못을 밝혀낸다. 그 과정을 따라가다 보면 당시 백성들이 처한 힘겨운 삶과도 마주하게 되고, 그러한 고통 위에 군림하던 관리들이 하나씩 응징당하는 장면은 시원한 카타르시스를 안겨준다.

익숙한 듯 낯선 이 작품은 역사적 사실과 상상력이 조화를 이루며 재미와 감동을 동시에 전달한다. 특히 "암행어사가 소녀?"라는 설정은 조선시대의 굳건한 성 역할 고정관념을 깨뜨리며, 기존의 불합리한 질서에 도전하는 의미 있는 상상력을 보여준다. 남존여비 사상이 지배적이던 시대에 '소녀 어사'라는 파격적인 인물의 등장은 이 책만의 매력적인 독특함을 더욱 부각시킨다. 또한 박아지와 비연, 최참봉이 만들어내는 유쾌한 팀워크와 하모니는 이야기 속 또 다른 재미 요소가 된다.

　다만 스토리 구성이 비교적 단순하고, 독자가 사건의 전개를 따라가며 추리해 볼 만한 실마리가 부족한 점은 조금 아쉽다. 하지만 그런 아쉬움을 상쇄하고도 남을 만큼, 이 책은 우리가 더 나은 세상으로 나아가기 위해 어디서부터 변화를 시작해야 하는지를 다시금 생각하게 만든다. 누구도 억울하지 않고 모두가 행복하게 살아가는 세상은 '나'의 관점에서 '우리'의 관점으로 나아갈 때 가능하다는 메시지가 따뜻하게 전해지는 이 책은, 독자에게 정의의 의미를 다시금 되새기게 하는 힘을 지니고 있다.

#권선징악 #탐관오리 #부정부패 #청렴 #정의

교육과정(독서활동) 연계
1. [4도03-01] 불공정의 사례를 탐구하고, 일상생활에서 공정의 가치를 추구하는 활동을 통해 실천 의지를 함양한다.
2. [6국02-02] 글에서 생략된 내용이나 함축된 표현을 문맥을 고려하여 추론한다.
3. [6국05-01] 작가의 의도를 생각하며 작품을 읽는다.
4. [6국05-06] 작품을 읽고 자신의 삶과 연관 지어 성찰하는 태도를 지닌다.

함께 볼 만한 콘텐츠
- [책] 『암행어사 박문수』 박현숙 글. 윤정주 그림. 한겨레아이들. 2022. 111쪽.
- [책] 『홍길동전』 김남중 글. 윤정주 그림. 웅진주니어. 2013. 144쪽.
- [책] 『전우치전』 정아원 글. 박지윤 그림. 파란자전거. 2022. 169쪽.

토의 질문
1. 만약 암행어사 박아지가 없었다면 이야기는 어떻게 전개되었을까요?
2. '착한 사람은 복 받고 나쁜 사람은 벌 받는다'는 말에 동의하나요? 동의하는 이유, 동의하지 않는 이유는 무엇인가요?
3. 우리 사회에서 보이는 부정부패의 모습이 있다면 어떤 것이 있을까요? 그것을 해결하기 위한 나만의 해결책을 만든다면?

초등높은학년 문학

| 초1 | 초2 | 초3 | 초4 | **초5** | **초6** | **중1** | 중2 | 중3 | 고1 | 고2 | 고3 | 성인 |

기억과 치유
— 이경혜

선감학원의 비밀 | 오혜원 글 | 신진호 그림 | 보랏빛소어린이 | 2023 | 164쪽 | 13,500원

『선감학원의 비밀』은 40년간 지속된 국가폭력의 역사를 처음으로 어린이들의 눈높이에서 다룬 의미 있는 동화이다. 1942년부터 1982년까지 존재했던 선감학원의 비극적 역사를 현재를 살아가는 어린이들에게 전달하면서, 과거의 아픔이 현재와 어떻게 연결되는지를 효과적으로 보여준다. 이제 막 한국사를 배우기 시작하는 초등 고학년 학생에게 추천한다.

주인공 시은이가 시장에서 생선 가게를 하시는 할아버지를 만나러 갔다가 할아버지의 혼잣말을 듣게 되며 이야기는 시작된다. "내가 그 섬에 끌려간 건 보호자가 없는 고아라는 이유 하나뿐이었어(11쪽)." 이를 계기로 시은이는 할아버지가 열 살 무렵 경찰에 의해 선감도에 보내졌다는 것을 알게 된다. 이때까지만 해도 시은이는 단톡방에서 푸름이를 향한 언어폭력을 보며 '관람객'이 될 생각이었다. 할아버지가 어린 시절 선감도에서 겪은 일들, 어린아이들이 배가 고파 뱀을 잡아먹기도 하고, 기절할 때까지 맞기도 하고, 섬을 탈출하다가 죽기도 했던 이야기를 들으며 시은이는 조금씩 변해 간다.

시은이의 성장은 '방관자에서 연대자로의 변화'라는 중요한 교육적 메시지를 담고 있다. 시은이가 할아버지의 이야기를 통해 폭력과 차별의 부당함을 깨닫고 행동하는 인물로 성장하는 과정은 학생들에게 좋은 본보기가 된다. 반면 6학년 아이가 혼자서 택시를 타고 병문안을 간다거나 속옷을 사러 가는 장면들은 나이에 비해 너무 빠른 행동인 것 같아 자료조사가 조금 부족해 보인다. 하지만 이러한 시은이의 주도성이 선감도 사건을 알아가고 할아버지와 푸름이를 도와 이야기를 이끌어가는 힘이기도 하다.

이 책의 가치는 '기억'의 중요성을 강조한다는 점이다. 40년간 은폐되었던 선감학원의 역사가 한 일본인 작가의 소설로 세상에 알려지게 된 과정은, 역사적 진실이 어떻게 기억되고 전승되어야 하는지를 보여준다. 역사를 기억하고 기록하는 일은 현재를 살아가는 우리에게 매우 중요한 의미를 지닌다. 시은이가 할아버지의 이야기를 통해 푸름이의 상황을 이해하고 행동하게 된 것처럼, 과거의 아픔을 기억하는 것은 현재의 차별과 폭력을 막는 힘이 되기 때문이다. 할아버지가 겪은 고통이 40년 동안이나 묻혀있던 것처럼, 우리가 기억하지 않으면 역사는 반복될 수 있다.

더불어 이러한 역사적 사실을 기억하는 것은 피해자들의 아픔을 이해하고 치유하는 과정이기도 하다. 할아버지가 여전히 그 기억으로 고통받고 있듯이, 과거의 상처는 현재까지 이어진다. 이를 기억하고 이해하는 것이 미래의 더 나은 사회를 만들어가는 첫걸음이 될 것이다.

#아동인권 #국가폭력 #역사_기억

교육과정(독서활동) 연계
1. [6사03-02] 일상생활에서 인권이 침해되는 사례를 찾아 그 해결 방안을 탐색하고, 인권을 보호하는 활동에 참여한다.
2. [6사06-01] 일제의 식민 통치와 이에 대한 저항이 사회와 생활에 미친 영향을 이해한다.
3. [6도03-01] 인권과 관련된 다양한 사례를 살펴보고 인권에 관한 감수성을 길러 이를 실천하려는 의지를 함양한다.

함께 볼 만한 콘텐츠
- [책] 『한국인은 참지 않아: 10대가 알아야 할, 우리가 바꾼 역사』 신서현 글. 엄주 그림. 풀빛. 2024. 136쪽.
- [책] 『차별은 세상을 병들게 해요』 오승현 글. 백두리 그림. 개암나무. 2018. 157쪽.
- [누리집] 선감역사박물관(https://sites.google.com/view/sungam-history/%ED%99%88).

토의 질문
1. 시은이는 푸름이가 괴롭힘을 당하는 것을 보고도 처음에는 '관람객'이 되려고 했습니다. 여러분이 시은이의 입장이었다면 어떻게 행동했을까요? 그 이유는 무엇인가요?
2. 선감학원의 역사가 40년 동안이나 묻혀있다가 한 일본인 작가의 소설로 알려지게 되었습니다. 우리가 불편하고 아픈 역사도 기억해야 하는 이유는 무엇일까요?
3. 할아버지 세대의 아픔(선감학원)과 현재 푸름이가 겪는 차별은 어떤 공통점이 있나요? 우리 주변에서 이런 차별이나 폭력을 막기 위해 우리가 할 수 있는 일은 무엇이 있을까요?

| 초1 | 초2 | 초3 | 초4 | **초5** | **초6** | 중1 | 중2 | 중3 | 고1 | 고2 | 고3 | 성인 |

뜨거운 한때를 지나고 있을 열세 살에게
— 이선미

열세 살 우리는 | 문경민 글 | 이소영 그림 | 우리학교 | 2023 | 232쪽 | 14,500원

표지 속 한 소녀가 있다. 소녀는 "우울하고 무거운 표정, 무엇을 봐도 재미없고, 무엇을 해도 즐겁지 않을 것 같은 얼굴(62쪽)"을 한 또 다른 소녀에게 자꾸만 눈길이 간다. 어디선가 본 것 같은 그 얼굴은, 매일 아침 거울에 비친 자신과 닮아 있었기 때문이다. 표지 속 소녀는 우리 주변의 방황하고 흔들리는 아이들의 얼굴을 고스란히 담고 있다.

문경민 작가의 『열세 살 우리는』은 세상의 부조리를 처음 마주한 소녀 '보리'가 흔들리고 방황하며 자신만의 방식으로 성장해 가는 과정을 그린 주니어 소설이다. 사춘기 특유의 거칠고 다듬어지지 않은 감정을 사실적으로 그려 낸 작가의 묘사가 인상적이다. 혼란한 시기를 겪고 있는 아이들은 이 책을 통해 공감을 얻고, 세상을 한 발짝 나아가는 방법을 배울 수 있다.

보리는 삼인기업 앞 철탑 농성장을 지나 "사람이 먼저입니다(25쪽)"가 새겨진 바위를 향해 계란*을 던진다. 그러나 바위는 깨지지 않고 분노만 치민다. 사람을 위한다던 기업은 직원들에게 희망퇴직을 빙자한 부당해고를 하고 있었고, 이를 거부하고 버티던 아빠는 집을 나갔기 때문이다. 삼인기업은 세상의 민낯을 상징한다. 아이돌이 춤추는 기업의 화려한 전광판 뒤에는 부당하고도 냉혹한 현실이 존재한다. 세상은 내 힘으로는 어떻게 할 수 없는, 단단한 바윗덩어리와도 같다. 작가는 이러한 설정을 통해 세상이 교과서처럼 정의롭고도 반듯하게만 흘러가지 않음을 독자들에게 일깨운다.

이런 혼란한 상황은 보리의 감정을 한없이 흔들며 방황하게 한다. 단짝 루미

---

* 원문 표현에 따라 달걀이 아닌 '계란'을 그대로 사용하였습니다.

가 건네는 위로에는 뒤돌아서며 코웃음을 치고, 거짓으로 자신을 꾸민 전학생 세희와 무리를 만들고 학교폭력에 가담한다. 보리는 힘을 키우고 싶었다. 그것이 부조리한 힘일지라도 계란이 아닌 "주먹을 다이아몬드로 만들어 (…) 바윗덩어리를 한 방에 깨버리고 싶었다(148쪽)."

그런 보리를 멈추게 한 건, 34일간 철탑 위에서 홀로 농성 중인 아빠였다. 아빠가 집을 떠난 것은 부조리한 현실에 도피가 아닌, 그 부조리에 맞서 더 나은 세상을 만들기 위한 또 다른 방식의 시도였다. 이 책은 아빠의 선택을 통해 거대한 바위 같은 세상을 마주하는 다양한 방식이 존재함을 보여준다. 이는 독자들에게 보리가 되어, 자신은 어떤 방식으로 세상을 마주하고 한 걸음 내디딜지 성찰하게 만든다.

졸업식 날 보리는 생각한다. 자신은 단단한 지렛대가 되어 "더 아름다운 곳에 세상을 올려놓고 싶다(228쪽)"라고. 작가는 보리의 결론을 통해, 부딪히고 흔들리며 얻은 깨달음들이 더 나은 세상을 살아가는 단단한 지렛대가 될 수 있음을 전한다. 지금 혼란하고도 소란한 마음을 겪고 있을 또 다른 열세 살에게, 먼저 뜨겁고도 치열하게 흔들려 본 보리의 이야기가 그 지렛대가 되어 주길 바란다.

#혼란 #방황 #성장

교육과정(독서활동) 연계
1. [6국05-04] 인상적인 부분을 중심으로 작품에 대한 의견을 나눈다.
2. [6국05-06] 작품을 읽고 자신의 삶과 연관 지어 성찰하는 태도를 지닌다.

함께 볼 만한 콘텐츠
- [책] 『문제아』 존조 글. 오승민 그림. 도토리숲. 2023. 262쪽.
- [책] 『최악의 최애』 김다노 글. 남수현 그림. 다산어린이. 2024. 176쪽.
- [영상] EBS지식채널e. 「사춘기 뇌에선 무슨 일이?」(4:32). 2024.7.26.

토의 질문
1. '열세 살'을 정의 내려 본다면, 여러분은 어떻게 표현하고 싶나요?
2. 책 속 이야기와 여러분의 삶이 닮은 점 혹은 공감되는 부분이 있다면 무엇인가요?
3. 주인공은 '단단한 지렛대'가 되어 세상을 더 아름다운 곳에 올려놓고 싶다고 말합니다. 그렇다면 여러분은, 세상을 살아가는 자신을 어떤 물건에 비유하고 싶나요?

| 초1 | 초2 | 초3 | 초4 | 초5 | 초6 | 중1 | 중2 | 중3 | 고1 | 고2 | 고3 | 성인 |

다정함은 다정함으로 돌아온다
― 이선미

언제나 다정 죽집 | 우신영 글 | 서영 그림 | 비룡소 | 2024 | 148쪽 | 15,000원

오늘 하루, 아프고 지친 나에게 누군가 따뜻한 죽 한 그릇을 내민다면 어떨까? 우신영 작가는 그 죽 한 그릇에, 아픈 이가 건강히 낫기를 바라는 누군가의 다정한 마음이 깃들어 있다고 말한다. 『언제나 다정 죽집』은 이런 작가의 시선을 담아 관심과 배려, 그리고 온기를 건네는 낡은 죽집을 배경으로 '다정함의 힘'을 이야기하는 책이다.

책 속 죽집을 운영하는 할아버지와 할머니는 낡은 부엌 도구, 길고양이 '팥냥이', 외로운 한 소녀에게 따뜻한 관심과 온기를 나누어 준다. 시간이 흘러 죽집이 사라질 위기에 처하자, 그 마음을 받아 온 이들이 서로 힘을 모아 홀로 남은 할머니를 도우며 죽집을 지켜낸다. 작가는 인물들이 서로를 돕고 보살피는 과정을 통해, 다정함이 어떻게 순환하며 그 힘을 발휘하는지를 보여준다.

"기운을 돋이고, 사람을 살리는 음식이니 자연히 죽 한 그릇에 그 힘이 오롯이 담겨야 한다고 믿었어요." (84쪽)

이곳, 다정 죽집에는 가마솥에 푹 끓인 슴슴한 '팥죽'만 판다. 요즘 아이들 입맛에는 맞지 않아 잘 팔리지 않지만, 할머니는 팥죽을 만드는 정성스러운 고집을 꺾지 않는다. 팥죽은 손님들의 건강과 좋은 기운이 차길 바라는 따뜻한 마음이자, 타인에게 건네는 다정함이기 때문이다. 이런 할머니의 마음을 받아 온 이들은 죽집 폐업 위기 소식에 서로 힘을 모아, 팥죽을 활용한 새로운 메뉴 '팥빵'을 만들며 할머니를 다시 일으켜 세운다. 이야기 속 팥죽은 인상적인 소재로 다정함의 상징이 되어 할머니에게서 주변 이들에게, 그리고 다시 할머니에게로 그 모습을 변주하며 책 속 곳곳을 순환한다. 이야기 전체를 잇는 '팥'을 따라가다 보면 다정함이 지닌 순환의 힘을 자연스레 발견할 수 있다.

이 책의 또 하나 주목할 점은 등장인물들의 행동을 통해 서로를 배려하고 돕는 다양한 방식을 보여준다는 것이다. 부엌 도구들은 팥빵을 만드는 새로운 도전에 서툴고 실수도 하지만, 질책보다는 서로에게 응원을 보낸다. 죽집을 비워 달라는 건물주인 역시 할머니를 몰아세우지 않고, 그간의 노고를 헤아리며 조심스럽게 말을 건넨다. 극한 대립 하나 없이 배려를 주고받는 인물들로만 채워진 이 설정은 이야기 전개를 다소 단조롭게 느끼게 할 수도 있지만, 다정함을 건네는 다양한 방식을 제시하며 독자들이 일상 속 관계에 적용해 볼 수 있도록 돕는다는 점에서 의미 있다.

요즘은 같은 반 친구들이 다투어도 누구 하나 나서서 말리지 않는다며 아이들의 무관심을 안타까워하던 한 교사의 말이 떠오른다.『언제나 다정 죽집』을 통해 아이들과 서로에게 다정한 존재가 되는 법을 이야기 나눠 보길 권한다. 이 책은 교실이 작은 배려와 따뜻한 관심이 오가는 공간이 되도록 안내자가 되어 줄 것이다. 거창하지 않아도 된다. 교실 속 인사 한마디, 천천히 기다려 주는 작은 행동 하나가 다정함의 시작이 될 수 있다. #다정함 #배려 #돌봄

교육과정(독서활동) 연계
1. [4국05-01] 인물과 이야기의 흐름을 중심으로 작품을 감상한다.
2. [4국05-05] 재미나 감동을 느끼며 작품을 즐겨 감상하는 태도를 지닌다.

함께 볼 만한 콘텐츠
- [책]『다투지 않고 좋은 친구 만드는 다정한 대화법』초등샘Z 글. 근흥 그림. 물주는아이. 2024. 112쪽.
- [책]『다정한 사람들은 어디에나』앨리스 워커 글. 킴 토레스 그림. 파란자전거. 2021. 53쪽.
- [영상] EBS지식채널e.「와일드 로봇 로즈에게 배우는 생존 기술」(4:18). 2024.10.15.

토의 질문
1. 책 속에서 '팥'은 다정함의 상징으로 표현됩니다. 여러분이라면 다정함의 상징을 무엇으로 표현하고 싶나요?
2. 여러분은 함께하는 일에 서툰 누군가에게 어떤 말이나 행동으로 다정함을 전하고 싶나요?
3. 책 속 할머니와 할아버지를 보면, 우리 주변에 어떤 이들이 떠오르나요?

| 초1 | 초2 | 초3 | 초4 | 초5 | 초6 | 중1 | 중2 | 중3 | 고1 | 고2 | 고3 | 성인 |

택배가 우리 집에 오기까지
— 김수정

배송 완료 | 율리아 뒤르 글·그림 | 우리학교 | 2024 | 40쪽 | 16,800원

　침대에 앉아 방안을 둘러보면 수많은 물건이 자리하고 있다. 뭉쳐진 이불, 벽에 걸린 시계, 던져놓은 가방과 셀 수 없는 잡동사니들. 당연하다는 듯이 자리를 차지하고 있고, 아무 생각 없이 매일 사용하는 이 물건들은 어디서 어떻게 만들어지는가?

　이 책은 우리 주위의 물건들이 어떻게 집까지 오는지 상세하게 물건들의 여정을 설명하고 있다. 단순히 물건이 창고에서 배송되어 오는 경로를 설명하는 것이 아니라 그 물건을 이루고 있는 원료와 원료가 채취되는 순간부터 기록하고 있다. 예를 들어 초코스프레드는 카카오와 헤이즐넛, 설탕과 우유, 팜유로 이루어져 있다. 카카오는 열대성 기후에서 자라는 카카오나무 열매를 따 그 속의 씨를 발라내 2주간 발효되어 운반된다. 팜유는 야자나무 열매를 수확하여 공장에서 짜내 만들어진다. 설탕은 폴란드나 독일 등에서 자란 사탕무를 시럽으로 만든 후 설탕으로 만들어 탱크로리로 운송한다. 모든 재료가 운반되면 초코스프레드 공장에서 재료의 무게를 측정하고 가열한 다음 조리법에 따라 섞는다. 그렇게 만들어진 초코스프레드는 비행기로, 컨테이너선으로, 기차로, 트럭으로 운반되어 집에 도착한다.

　물건의 이동을 설명하는 과정에서 운송 방식과 운송 장비들을 설명하고 나아가 물물교환이 어떻게 이루어지는지, 운송업의 발전은 환경과 어떻게 연결되어 있는지, 무역은 전쟁에 어떤 영향을 미치는지 등에 대해 알려준다. 사회과 단원에서 물물교환이나 무역을 설명할 때나, 역사적으로 어떻게 운송이 발달했는지 등에 대한 수업에 참고하기 매우 유용하다.

조금 더 수준을 높인다면 '공정 무역'이라는 주제로 지식을 확장할 수 있다. 세계에서 가장 큰 카카오 농장에는 빈민국에서 돈을 벌기 위해 팔려 온 어린이들이 일한다. 이 어린이들은 새벽부터 늦은 밤까지 노동력을 착취당하면서도 실제로 받는 임금은 매우 적다. 카카오 농장에서 일하면서도 정작 초콜릿 맛은 모른다. 우리가 쉽게 얻는 물건 뒤에는 누군가의 희생이 따르는 어두운 이면이 있음을 알려줄 수 있다.

환경과 관련해서 한 가지의 물건이 만들어지는 데 수많은 원료가 사용된다는 점을 알게 된다면 일상생활 속 무분별한 소비 습관에 경각심을 가지게 될 것이다.

이 책 외에도 『우유 한 컵이 우리 집에 오기까지』, 『전기가 우리 집에 오기까지』, 『이 책이 우리 집에 오기까지』 등의 같은 시리즈 책이 있어 생산과 유통, 환경, 동물복지 등 다양한 주제를 다룰 수 있다. 이 책은 판형이 크고 글과 그림이 비슷한 비중으로 정보를 전달하고 있어 초등학생부터 읽기에 좋은 책이다. 다만 다루고 있는 용어가 낯설고 생소할 수 있어 초등학교 중학년부터 권장한다.

#운송 #무역 #물건

교육과정(독서활동) 연계
1. [4사04-02] 옛날부터 오늘날까지 교통의 변화에 따른 이동과 생활 모습의 변화를 이해한다.

함께 볼 만한 콘텐츠
- [책] 『지구촌 아름다운 거래 탐구생활』 한수정 글. 하완 그림. 파란자전거 2025. 198쪽.
- [책] 『물건』 매디 모트 글. 폴 보스턴 그림. 머스트비. 2023. 56쪽.
- [책] 『우유 한 컵이 우리 집에 오기까지』 율리아 뒤르 글·그림. 우리학교. 2021. 40쪽.

토의 질문
1. 내가 가지고 있는 물건은 어떤 원료로 이루어져 있나요?
2. 그 원료는 어떤 방식으로 채취되거나 가공되었나요?
3. 우리가 물건을 대하는 태도는 어떠한가요?

후속활동
1. 물건 하나를 골라 원료를 찾고 그 원료가 운반되는 운송 맵 만들기.

| 초1 | 초2 | 초3 | **초4** | **초5** | **초6** | 중1 | 중2 | 중3 | 고1 | 고2 | 고3 | 성인 |

어린이 변호사 특공대
— 최주연

변호사 어벤저스 | 고희정 글 | 최미란 그림 | 가나출판사 | 2024 | 152쪽 | 15,800원

우리가 살아가는 공동체 속에서 법은 생활 곳곳에 깊이 자리 잡고 있다. 법은 최소한의 도덕이자 사회 질서를 유지하기 위해 모두가 지켜야 하는 규범이다. 그러나 그 영역은 전문적이고 어렵게 느껴져 우리에게 종종 낯설고 멀게 다가온다. 법은 분명 우리 곁에 있고 꼭 필요한 존재이지만, 막상 일상에서 갈등이나 문제 상황에 부딪혔을 때 법을 어떻게 적용해야 할지 몰라 당황하는 경우가 많다. 사건을 해결하는 법의 작동 원리를 미리 알고 있다면 어떨까?

『변호사 어벤저스』는 어렵게 느껴질 수 있는 법의 세계를 어린이들 눈높이에 맞춰 흥미롭게 풀어낸 책이다. '어린이 변호사 양성 프로젝트'를 통과한 어벤저스 팀원들이 다양한 사건을 맡아 해결해 가는 스토리텔링 형식으로 전개되며, 법이 실제로 어떤 기준과 절차를 통해 문제를 해결하는지를 쉽고 친절하게 설명한다. 학교폭력, 아동학대, 사이버 범죄, 저작권 침해 등 아이들이 일상에서 실제로 마주할 수 있는 사례를 중심으로 법률 지식을 전달하고, 이를 통해 법이 왜 필요하고 어떤 역할을 하는지를 자연스럽게 알 수 있도록 구성되어 있다.

이 책의 가장 큰 강점은 전문적인 법률 개념을 어린이들이 이해할 수 있도록 쉽게 설명하고 있다는 점이다. 이야기 중간마다 등장하는 법률 용어에는 친절한 해설이 붙어 있어 생소한 개념도 어렵지 않게 받아들일 수 있으며, 만화로 된 부분은 독자의 흥미를 높이고, 내용을 직관적으로 이해하는 데 큰 도움을 준다. 실생활 속 실제 사건과 유사한 상황을 다루기 때문에 아이들의 공감과 몰입도를 높이고, 자연스럽게 법의 중요성을 체감하게 해준다.

특히 주인공이 '어린이 변호사'라는 설정과 생활 밀착형 사건들은 지식 전달과 재미라는 두 가지 요소를 효과적으로 결합시키며, 아이들이 법에 대한 두려움이나 거리감을 줄이는 데 큰 역할을 한다. 또한 이 책은 한 권에 모든 내용을 담기보다는 시리즈로 기획되어, 각각의 주제와 개념들이 무리 없이 구성되고, 이야기 속에서 자연스럽게 연결되며 학습 효과를 높이고 있다.

현대 사회에서 법은 더 이상 어른들만의 영역이 아니다. 아이들 역시 학교, 가정, 사회 속에서 다양한 법적 상황을 마주할 수 있고, 이에 바르게 대응하는 능력은 점점 더 중요해지고 있다. 스스로를 보호하고 타인을 배려하며, 공동체의 일원으로 건강하게 살아가기 위해서는 법에 대한 기초 소양이 필수적이다. 『변호사 어벤저스』는 이러한 법 교육의 시작점이 되어, 아이들이 법을 두려워하지 않고 당당하게 마주할 수 있도록 도와주는 훌륭한 디딤돌이 되어줄 것이다.

#법 #명예훼손 #학교폭력 #변호사

교육과정(독서활동) 연계
1. [6사03-01] 일상 사례에서 법의 의미와 역할을 이해하고, 헌법에 규정된 인권이 일상생활에서 구현되는 사례를 조사하여 인권 친화적 태도를 기른다.
2. [6사03-02] 일상생활에서 인권이 침해되는 사례를 찾아 그 해결 방안을 탐색하고, 인권을 보호하는 활동에 참여한다.
3. [6도03-01] 인권과 관련된 다양한 사례를 살펴보고 인권에 관한 감수성을 길러 이를 실천하려는 의지를 함양한다.

함께 볼 만한 콘텐츠
- [책] 『옛이야기로 만나는 법 이야기』 신주영 글. 김옥재 그림. 꿈초. 2019. 232쪽.
- [책] 『아저씨, 진짜 변호사 맞아요?』 천효정. 문학동네. 2015. 160쪽.
- [사이트] 어린이 법제처. https://www.moleg.go.kr/index.es?sid=a2

토의 질문
1. 친구의 잘못에 대해 이야기하는 것은 이기적인 행동일까요, 정의로운 행동일까요?
2. 어린이들도 법을 반드시 지켜야 할까요?
3. 일상에서 법을 지키는 행동에는 어떤 것들이 있나요?

| 초1 | 초2 | 초3 | 초4 | 초5 | 초6 | 중1 | 중2 | 중3 | 고1 | 고2 | 고3 | 성인 |

생각 작동 메커니즘
— 최주연

생각 실험실 | 김경일, 마케마케 글 | 고고핑크 그림 | 돌핀북스 | 2023 | 213쪽 | 15,000원

우리는 매일, 아니 지금 이 순간에도 '생각'을 하며 살아간다. 때로는 그 사실을 인식하지만, 대부분은 무의식적으로 지나치곤 한다. 그렇다면 우리는 과연 자신의 생각이 어떤 방식으로 작동하고 있는지 얼마나 잘 알고 있을까? 알고 있다면 그것을 일상에서 얼마나 유용하게 활용하고 있을까? 만약 그렇지 못하다면, 그 이유는 무엇이며 어떻게 해야 할까? 이러한 질문에 대한 답을 알 수 있다면 우리는 자신을 더 잘 이해하고, 스스로를 성장시켜 나갈 수 있지 않을까?

인지심리학자인 김경일 교수는 이 책에서 우리가 '생각'이라는 것을 어떻게 하고 있는지 심리학 이론을 바탕으로 알기 쉽게 풀어내고 있다. 이 책은 생각의 의미, 판단과 결정, 동기, 창의성 네 가지 분야로 나누어 구성되어 있으며, 각 장은 흥미로운 일화를 시작으로 관련 심리학 이론을 설명하고, 구체적인 개념 설명으로 이어진다. 특히 마지막에 제시되는 만화는 앞에서 다룬 내용을 다시 한 번 정리하며 독자의 이해를 돕는다. 어렵게 느껴질 수 있는 심리학 개념을 반복과 시각적 자료를 통해 보다 친숙하게 접근할 수 있게 해준다.

내용은 심리학이라는 학문에 기반을 두고 있지만, 아이들 눈높이에 맞춘 쉬운 문체와 친근한 예시들로 풀어내고 있다는 점이 큰 장점이다. 심리학 이론이 일상과 어떻게 연결되는지를 자연스럽게 보여주며 흥미를 유발한다. 예를 들어 '음악을 들으면서 공부하면 정말 더 잘 될까?', '게임 실력을 더 높이려면 어떻게 해야 할까?'와 같은, 누구나 한 번쯤 궁금해했을 법한 질문들을 중심으로 이야기가 전개되어 독자 스스로 호기심을 갖고 내용을 탐색하게 된다.

특히 독자에게 질문을 던져 먼저 스스로 생각해 보도록 유도하는 구성은 이 책의 가장 큰 매력이다. '왜 이렇게 판단할까?', '내가 이 상황에 있다면 어떤 선택을 할까?' 같은 물음은 독자가 책을 읽으며 잠시 멈추고 자신만의 답을 고민하게 만든다. 이런 과정 속에서 독자는 자신의 생각과 작가의 설명을 비교·대조하며 심리학 개념에 점차 가까워지게 된다. 개념을 나 자신의 사고와 연결하여 이해하는 방식은 학습의 깊이를 더하고, 심리학을 단순한 지식이 아닌 삶의 도구로 느끼게 해준다.

이 책은 각 장이 독립적인 내용으로 구성되어 있어 꼭 처음부터 차례대로 읽지 않아도 된다. 목차를 보며 관심이 가는 부분이나 지금의 고민과 연결되는 주제를 먼저 선택해 읽는 것도 좋은 방법이다. 잘 이해되지 않거나 더 알고 싶은 개념은 반복해서 읽어보거나, 도서관에서 심리학(180번대) 관련 도서를 찾아 확장해 나가길 권한다. 이러한 읽기는 어렵게 느껴지는 심리학에 한 걸음 더 가까이 다가가는 유익한 경험이 될 것이다.

#심리학 #인지심리학 #판단 #결정 #동기 #창의성

교육과정(독서활동) 연계
1. [6도01-01] 자주적인 삶에 대한 이해를 바탕으로 자신의 생활계획을 세우고 실천하여 주체적인 삶의 태도를 기른다.
2. [6도01-02] 생활 습관에 대한 성찰을 통해 자기 생활을 점검하고 올바른 계획을 세워 이를 실천한다.
3. [6실01-02] 건강한 발달을 위한 자기 관리 방법을 탐색하고, 일상생활 속에서 올바른 생활습관과 태도를 갖도록 계획하여 실천한다.

함께 볼 만한 콘텐츠
- [책] 『정재승의 인간탐구 보고서』 정재은·이고은 글. 김현민 그림. 아울북. 2019. 160쪽.
- [책] 『마음을 알면 공부가 쉬워진다고?』 박현구 글. 조에스더 그림. 영수책방. 2025. 124쪽.
- [책] 『브리태니커 만화 백과: 인간 심리』 봄봄스토리 글. 미래엔아이세움. 2016. 164쪽.

토의 질문
1. 우리 뇌를 잘 활용하는 방법은 어떤 것들이 있었나요?
2. 책에서 '감정을 명확히 아는 것'이 중요하다고 이야기 합니다. 여러분은 자신의 감정을 얼마나 잘 알고 있다고 생각하나요?
3. 여러분은 어떤 어려운 문제에 부딪혔을 때, 어떤 방식으로 그 문제를 해결하나요?
4. 책을 읽고 나서, 나의 생각이나 행동 중에서 '이렇게 바꿔보면 좋겠다'라고 생각한 부분이 있나요?

| 초1 | 초2 | 초3 | 초4 | 초5 | **초6** | **중1** | **중2** | 중3 | 고1 | 고2 | 고3 | 성인 |

스포츠 속 또 다른 세계
— 최주연

스포츠 인문학 수업 | 강현희 지음 | 클랩북스 | 2024 | 304쪽 | 18,000원

스포츠는 단순히 몸을 움직이는 신체 활동이나 눈으로 즐기는 오락의 영역을 넘어선다. 축구, 배구, 야구, 농구와 같은 스포츠는 우리 일상 속에서 쾌감과 승리의 기쁨, 때로는 안타까움과 패배의 아쉬움 등 다양한 감정을 불러일으키며, 공정한 경쟁, 도전, 끈기, 인내 같은 소중한 가치를 함께 선사한다. 나아가 스포츠는 역사, 문화, 과학, 윤리 등 다양한 인문학적 요소를 품고 있는 의미 있는 활동이기도 하다. 그렇다면 스포츠와 인문학은 과연 어떤 긴밀한 연결고리를 가지고 있을까?

『스포츠 인문학 수업』은 이러한 물음에 답하기 위해 총 다섯 개 주제로 구성되어 있다. 스포츠가 정치와 어떻게 연결되어 있는지, 세계와 우리나라 스포츠는 어떤 발전 과정을 거쳐왔는지, 스포츠와 관련된 과학 기술과 이론에는 무엇이 있는지, 스포츠와 중계·언론·미디어는 어떤 관계를 맺고 있는지, 스포츠맨십과 도덕적 딜레마에는 어떤 사례가 있는지 등이다. 각 주제 아래 열 가지 질문을 중심으로 이야기를 풀어나가며, 독자들에게 스포츠를 인문학적으로 사유할 수 있는 계기를 마련해 준다.

이 책은 스포츠를 통해 세상을 바라보는 새로운 시각을 제시한다. 스포츠에 관심이 적은 학생들에게는 흥미롭고 생생한 사례들을 통해 책과 스포츠 모두에 대한 호기심을 자극하고, 스포츠를 좋아하는 학생들에게는 단순한 경기 관람을 넘어 사회적 이슈나 윤리적 문제를 주체적으로 고민해보는 기회를 제공한다. 또한 스포츠의 역사와 다양한 선수들의 도전과 인내, 경쟁 속에서 드러나는 존중의 가치 등을 따라가다 보면 스포츠를 넘어선 더 넓은 세계와 만나게 된다.

　본문은 4쪽 이내 짧은 분량으로 구성되어 있어 읽는 부담이 적고, 다양한 시각에서 전개되는 주제들을 통해 생각의 폭을 넓힐 수 있다. 사진, 도표 등 시각 자료도 풍부하여 활동 중심의 수업이나 독서토론에도 적합하다. 관심 있는 주제를 골라 관련 기사를 조사해 보고, 친구들과 생각을 나누는 활동으로 확장해 본다면 단순한 독서를 넘어 인문학적 성찰로 이어질 수 있다.

　이 책은 스포츠와 인문학이라는 서로 다른 영역의 융합을 통해 독자가 세상을 바라보는 시선을 넓히고, 삶의 방향성에 대해 고민하게 만드는 의미 있는 길잡이 역할을 한다. 스포츠 너머에 존재하는 삶의 가치와 질문들 속에서, 우리는 보다 깊이 있는 인간으로 성장할 수 있는 계기를 얻게 될 것이다.

#스포츠 #세계스포츠역사 #한국스포츠역사 #스포츠맨십 #스포츠과학

교육과정(독서활동) 연계
1. [4체02-01] 스포츠의 의미와 유형을 파악한다.
2. [4체02-09] 게임 활동에 최선을 다하고 규칙을 지킨다.
3. [4도03-01] 불공정의 사례를 탐구하고, 일상생활에서 공정의 가치를 추구하는 활동을 통해 실천 의지를 함양한다.
4. [6체02-11] 스포츠 활동에 참여하며 팀원과 협력하고 구성원을 배려한다.

함께 볼 만한 콘텐츠
- [책] 『생각이 크는 인문학: 스포츠』 공규택 글. 어진아 그림. 을파소. 2022. 136쪽.
- [책] 『스포츠 30』 존 브루어 글. 톰 울리 그림. 아울북. 2023. 96쪽.
- [책] 『스포츠 100가지』 엘리스 제임스 글. 페데리코 마리아니 그림. 어스본. 2024. 128쪽.

토의 질문
1. 스포츠맨십, 왜 중요할까요?
2. 미디어 속 스포츠 이야기, 다 믿을 수 있다?
3. 스포츠의 '진정한' 재미는 무엇이라고 생각하나요?

| 초1 | 초2 | 초3 | **초4** | **초5** | **초6** | 중1 | 중2 | 중3 | 고1 | 고2 | 고3 | 성인 |

여성 노동자의 권리를 위해 자신을 던진 을밀대 영웅
— 이경혜

일제 강점기 최초의 여성 노동 운동가 강주룡 | 김미승 글 | 클로이 그림 | 청어람주니어 |
2024 | 136쪽 | 12,500원

『일제 강점기 최초의 여성 노동 운동가 강주룡』은 강주룡의 삶을 통해 일제 강점기 여성 노동자들의 현실과 그들의 투쟁을 생생하게 보여준다.

작가는 강주룡의 삶을 크게 세 단계로 나누어 이야기한다. 첫째, 만주로 이주하여 어린 나이에 결혼하며 남편과 함께 독립운동에 뛰어든 시기, 둘째, 남편을 잃고 친정으로 돌아와 식구들을 먹여 살리기 위해 고무공장 노동자가 된 시기, 셋째, 고무공장에서 부당한 현장을 목격하며 노동운동가로서 여성 노동자들의 권리를 위해 투쟁했던 시기이다. 이러한 구성을 통해 독자들은 한 인물의 성장과 시대적 배경, 그리고 사회 문제를 자연스럽게 이해할 수 있다.

특히 당시 여성 노동자들이 겪은 차별과 비인간적 처우를 구체적으로 보여준다. 작업 감독은 사적인 감정으로 일부러 고무신을 불량으로 판정하고 작업량을 채우지 못하게 하여 임금을 삭감한다. 조선인 사장은 일방적으로 여공들에게 해고를 통보한다. 주룡은 여공의 등에 업혀 있던 아기의 사망으로 "이대로 당하고만 있을 수 없어. 여공들도 사람이야. 최소한의 인간적인 대우를 받을 자격이 있어!(83쪽)"라고 생각하며, 여공들의 권리에 목소리를 내기 시작한다.

주룡의 노동운동은 단식 투쟁으로 시작하였지만, 일본 경찰에 의해 강제 해산되고 만다. 주룡은 꺼져가는 투쟁 의지를 살리고 여성 노동자들의 현실을 알리기 위해 을밀대에 올라가 외친다. "누구든 여기서 날 끌어 내리려 하면 나는 즉시 몸을 던져 죽을 것입니다! 그러니 날 강제로 끌어 내릴 생각은 마십시오!(121쪽)." 우리나라 최초 노동자 고공 투쟁이란 획기적인 사건이다. 여공들의 열악한 현실을 알리고 노동자들의 권리를 주장하는 것은 조선을 수탈하던 일제의 정책에 반대하는 항일 노동운동이며 항일 민족운동이다.

교육적 측면에서 이 책은 다음과 같은 가치를 지닌다. 첫째, 군자금 전달을 위한 임무 수행처럼 역사 속 여성의 역할과 공헌을 재조명함으로써 균형 잡힌 역사 인식을 도모한다. 둘째, 평원 고무공장의 열악한 노동 현실, 부당한 임금 삭감, 강제 해고 등의 구체적 사례를 통해 노동권, 여성 인권, 사회 정의와 같은 보편적 가치를 학습할 수 있다. 셋째, 현재까지도 계속되는 노동 문제와 성차별 문제를 역사적 맥락에서 이해하고 토론할 수 있는 기회를 제공한다. 수업에서 이 책을 활용할 때는 강주룡의 선택과 그 결과를 토의하며 정의와 용기의 의미를 탐구해 보자.

단순한 역사적 인물 소개를 넘어, 강주룡의 삶을 통해 우리 사회의 과거와 현재를 잇고 미래를 생각하게 한다. 을밀대 투쟁으로 대표되는 강주룡의 비폭력 저항은 사회 정의를 위한 투쟁의 다양한 방식을 고민하게 한다. 특히 민주시민교육과 인권교육의 맥락에서 학생들에게 깊이 있는 배움을 제공할 것이다.

#여성인권 #노동운동 #여성독립운동가

교육과정(독서활동) 연계
1. [6사03-02] 일상생활에서 인권이 침해되는 사례를 찾아 그 해결 방안을 탐색하고, 인권을 보호하는 활동에 참여한다.
2. [6사06-01] 일제의 식민 통치와 이에 대한 저항이 사회와 생활에 미친 영향을 이해한다.
3. [6도03-01] 인권과 관련된 다양한 사례를 살펴보고 인권에 관한 감수성을 길러 이를 실천하려는 의지를 함양한다.

함께 볼 만한 콘텐츠
- [책] 『생각이 크는 인문학. 18. 노동』 이수정 글. 이진아 그림. 을파소. 2020. 160쪽.
- [책] 『우리는 내일의 전태일입니다: 전태일 동상이 들려주는 노동 인권 이야기』 조경희 글. 양수홍 그림. 개암나무. 2016. 80쪽.
- [책] 『나라를 구한 여성 독립운동가 이야기』 울산창작동화 실바람문학회 글. 유재엽 그림. 가문비. 2023. 136쪽.

토의 질문
1. 강주룡은 을밀대에 올라가 자신의 목숨을 걸고 여성 노동자들의 권리를 주장했습니다. 여러분이라면 부당한 상황에 맞서기 위해 어떤 방법을 선택했을까요? 그 이유는 무엇인가요?
2. 강주룡 시대와 비교했을 때, 현재 우리나라 여성들의 노동 환경은 어떻게 달라졌나요? 아직도 개선이 필요한 부분이 있다면 무엇일까요?
3. 강주룡은 독립운동가이자 노동운동가로서 사회 정의를 위해 투쟁했습니다. 오늘날 우리 주변에서 정의롭지 못한 일이 있다면 무엇이며, 이를 해결하기 위해 우리가 할 수 있는 일은 무엇일까요?

초1	초2	초3	초4	초5	초6	중1	중2	중3	고1	고2	고3	성인

걸으면서 탐험하는 경복궁 이야기
— 이경혜

재밌게 걷자! 경복궁 | 이시우 글 | 서평화 그림 | 주니어RHK | 2024 | 128쪽 | 17,000원

　임금님과 신하들이 모여 나랏일을 돌보고 왕실 가족들이 살던 궁궐은 조선 500년 역사를 상상하기에 안성맞춤인 장소이다. 조선이 건국되고 경복궁을 짓기 시작하며 건물을 고치기도 하고 임진왜란으로 경복궁이 폐허가 되기도 한다. 조선 후기에 다시 경복궁을 짓고 일제강점기를 거치면서 훼손되고 소실되기도 하여 여전히 복원 사업이 계속되고 있다. 남겨진 건축물을 통해 당시 사람들을 상상하며 경복궁을 만나보자.

　『재밌게 걷자! 경복궁』은 우리나라 대표적인 문화유산인 경복궁을 어린이들 눈높이에서 재미있게 탐방할 수 있도록 안내하는 책이다. 단순한 역사적 사실이나 건축물의 나열이 아니라, 어린이들이 직접 걸으며 체험하고 느낄 수 있는 여행 안내자의 성격을 잘 살린 점이 돋보인다. 역사학을 전공한 저자가 대학생 때 처음으로 답사를 가서 "책 속에 평면으로 누워만 있던 역사의 한 장면이 입체로 살아나는 것을 체험했다(9쪽)"고 고백하며 함께 느끼고 탐험하며 미션을 해결해 보자고 제안한다. 경복궁 17개 장소를 구석구석 탐험하며, 생각하기, 찾아보기, 상상하기, 느끼기를 통해 17개 미션을 수행하도록 구성되어 있다. 책의 덧표지를 펼치면 경복궁 지도로도 활용할 수 있다.

　이 책의 가장 큰 장점은 경복궁의 주요 건물과 공간을 스토리텔링 방식으로 소개한다는 점이다. 문화유산 교육전문가이며 궁궐 산책 프로그램 기획자인 저자가 함께 걸으며 옆에서 해설해주는 것처럼 각 공간에 얽힌 옛사람들의 흔적과 이야기를 흥미롭게 풀어내어, 어린이들이 자연스럽게 조선시대 역사와 문화를 이해할 수 있도록 한다. 특히 왕과 왕비, 신하들 생활을 상상하며 들려주는 이야기는 어린이들의 상상력을 자극하고 역사적 공감대를 형성하는 데 도움을 준다. 또한 사랑스럽고 귀여운 고양이 캐릭터와 함께 그림으로 만나는 궁궐의 모습도 어린이들이 이야기에 더욱 빠져들게 만든다. 사진 자료가 수록되지 않아 검색해보는 독자도 있겠지만 그렇기 때문에 경복궁에 가서 직접 보고 느끼고 싶은 마음을 떠오르게 한다. 특히 참고문헌의 수록은 눈에 띄는 부분이다. 학문의 정직성과 저작권을 보호하는 것은 어려서부터 학습되어야 하는 부분이다. 외국 저작에 비해 유독 우리나라는 어린이를 대상으로 한 도서에서 참고문헌을 찾아보기 어렵다. 이런 부분은 우리나라 출판계에서도 개선되어야 하는 부분이다.

역사에 대한 관심과 흥미를 고취하기 위해 직접 체험만큼 좋은 것은 없을 것이다. 서울에는 경복궁 외에도 네 개의 궁궐이 있다. 저자의 궁궐 탐험대 시리즈를 읽고 창덕궁과 창경궁, 덕수궁과 경희궁도 걸어보기를 추천한다. 정말 아는 만큼 보일 것이다.

#경복궁 #문화유산 #탐방가이드

교육과정(독서활동) 연계
1. [6사05-02] 조선 후기 사회·문화적 변화와 개항기 근대 문물 수용 과정에서 달라진 사람들의 생활을 이해한다.
2. [6사06-01] 일제의 식민 통치와 이에 대한 저항이 사회와 생활에 미친 영향을 이해한다.
3. [6국01-06] 토의에 협력적으로 참여하며 서로의 의견을 비교하고 조정한다.

함께 볼 만한 콘텐츠
- [책] 『숭례문에서 사라진 어처구니』 안재희 글. 이구산 그림. 고래가숨쉬는도서관. 2013. 180쪽.
- [누리집] 국가유산청 https://www.khs.go.kr/main.html
- [유튜브] 역사채널e. 「경복궁의 눈물」(5:41) 2014.9.25(https://youtu.be/0WQxwSEDBg8?si=kYhwBbW2ewpdReVT)

토의 질문
1. "걷고 만져봐야 알 수 있는 것"이라는 저자의 말처럼 직접 경험하는 것이 왜 중요할까요? 영상이나 책으로 보는 것과 비교했을 때 어떤 차이가 있을까요?
2. 경복궁이 일제 강점기에 훼손된 것처럼, 우리의 문화유산이 파괴되거나 사라질 위험에 처한다면 어떻게 보존하고 지켜나가야 할까요?
3. 이 책에서 소개하는 17개의 미션 중에서 가장 흥미로운 것은 무엇이며, 그 이유는 무엇인가요? 여러분이라면 경복궁을 소개하는 새로운 미션을 어떻게 만들어보고 싶은가요?

| 초1 | 초2 | 초3 | **초4** | **초5** | **초6** | 중1 | 중2 | 중3 | 고1 | 고2 | 고3 | 성인 |

오늘 우리는, 편의점에서 경제도 산다!
— 이선미

편의점에서 경제도 파나요? | 정연숙 글 | 고양이다방 그림 | 책읽는곰 | 2023 | 120쪽 | 13,000원

지난주, 편의점을 얼마나 이용했는지 떠올려 보자. 가라앉은 기분을 달래기 위해 달콤한 초콜릿 하나, 오후의 나른함을 깨우기 위한 커피 한 캔, 출출한 배를 달래려 1+1 삼각김밥까지. 우리는 생각보다 많은 시간을 편의점에서 보낸다. 『편의점에서 경제도 파나요?』는 이처럼 우리의 일상에 깊숙이 자리 잡은 편의점을 배경으로, 그 안에 숨어 있는 다양한 경제 용어와 개념들을 어린이 눈높이에 맞춰 풀어낸 경제 교양서다. 스스로 소비생활을 시작한 어린이들에게 이 책은 일상에서 경제를 발견하고, 현명한 소비자로 나아갈 수 있는 다양한 방법을 안내해 준다.

이 책의 매력은 단연코 '친근함'이다. 주인공 백냥이는 편의점 덕후 고양이로 한정판 빵을 사기 위해 편의점을 드나들고, 용돈을 아끼기 위해 친구와 1+1 음료를 나눠 마시는 등 실제 어린이들의 소비 습관을 보여준다. 독자들은 자신과 닮아있는 주인공을 따라가며 경제를 친숙하고도 자연스럽게 익힐 수 있다. 이러한 친근한 캐릭터 설정은, 쉽게 손이 가지 않는 경제 분야 책을 일단 흥미롭게 들춰 보게 만드는 '마중물' 역할을 한다는 점에서 큰 매력으로 다가온다.

편의점이라는 공간이 주는 '익숙함'도 주목할 만하다. 주인공을 따라 매장을 한 바퀴 돌다 보면, 평소 무심코 지나친 상품 진열 속에서 흥미로운 법칙들을 발견하게 된다. 음료가 가장 안쪽에 배치된 이유, 삼각김밥과 라면이 나란히 놓인 까닭, 눈에 잘 띄는 '골든 존' 등 이른바 '진열의 법칙'을 통해 소비자의 시선이 머무는 자리에 다양한 경제 전략이 숨어 있음을 자연스럽게 깨닫게 한다. 이 책은 이렇게 익숙한 공간에서 새로운 발견을 끌어내며, 경제가 단순한 이론에 머무르지 않고 우리의 일상에서 직접 적용되고 활용될 수 있음을 보여준다.

편의점 이곳저곳을 둘러보다 보면, 우리가 행한 편리한 소비의 이면에 숨어 있는 다양한 질문들과 마주하게 된다. 30초 거리마다 들어선 수많은 편의점의 치열한 경쟁, 편리함을 앞세운 모바일 결제나 무인 시스템이 또 다른 불편과 소외를 낳는 현실 등, 우리의 소비와 연결된 또 다른 사회의 모습을 만날 수 있다. 작가는 이러한 장면을 통해 경제활동은 단지 개인의 유용한 소비에 그치는 것이 아닌, 우리 사회 전체와 긴밀하게 연결되어 있음을 일깨운다. 독자들은 이 책을 통해 경제 개념을 넘어 우리 사회를 더 넓고 깊게 바라보는 기회를 얻을 수 있다.

오늘, 이 책을 읽고 편의점에 들러 보자. 물건을 살피고 선택하는 손끝에서 다양한 경제 원리를 떠올리고, 나의 소비가 연결된 사회의 모습을 생각하는 이전과는 다른 나를 만나게 될 것이다. 오늘 우리는, 편의점에서 경제도 산다!

#경제 #현명한_소비 #합리적_선택

> **교육과정(독서활동) 연계**
> 1. [4사07-01] 자원의 희소성으로 인해 경제활동에서 선택의 문제가 발생함을 이해하고, 경제활동에서 합리적 선택의 방법을 탐색한다.
> 2. [6사11-01] 시장경제에서 가계와 기업의 역할을 이해하고, 근로자의 권리와 기업의 자유 및 사회적 책임을 탐색한다.
>
> **함께 볼 만한 콘텐츠**
> • [책] 『경제는 어떻게 움직일까?』 윤현주 글. 임다와 그림. 봄마중. 2023. 144쪽.
> • [책] 『질문하는 경제 사전』 석혜원 글. 정용환 그림. 풀빛. 2020. 100쪽.
> • [영상] 금융감독원. 「생활 속에서 깨닫는 합리적 소비의 필요성」 (5:30). 2019.9.30.
>
> **토의 질문**
> 1. 책 속 주인공은 1+1 음료를 친구와 나눠 마시며 용돈을 아끼는 소비를 합니다. 여러분은 소비할 때 어떤 점을 중요하게 생각하나요?
> 2. 편의점 상품 진열에도 법칙이 있습니다. 여러분이 편의점 주인이라면, 물건을 어떻게 진열할까요? 그 이유도 말해봅시다.
> 3. 여러분이 생각하는 '현명한 소비'란 무엇인가요?

초등 높은학년 인문사회

| 초1 | 초2 | 초3 | 초4 | 초5 | 초6 | 중1 | 중2 | 중3 | 고1 | 고2 | 고3 | 성인 |

이제는 나도 예술을 말할 수 있다
― 김수정

예술이 왜 필요할까? | 사라 월든 글 | 케이티 루스 그림 | 봄마중 | 2023 | 36쪽 | 12,000원

예술이란 무엇일까? 사서에게 예술은 600 예술, 609 예술사, 650 음악, 690 오락 등 도서 분류 체계 중 하나이며, 교사에게 예술은 미술 수업, 그리기, 작품 감상, 오리고 자르는 활동으로 여겨질 수 있다. 그렇다면 어느 날 학생이 "선생님, 예술이 뭐예요?", "선생님, 학교에서 왜 음악과 미술을 배워요?"라고 물었을 때, 우리는 어떻게 대답할 수 있을까?

『예술이 왜 필요할까?』는 이런 질문 앞에 잠시 멈칫하는 교사와 사서에게 지혜로운 대답을 건네주는 그림책이다. 총 36쪽의 짧고 간결한 분량이지만, '예술'이란 개념을 명료하고 알차게 설명하고 있다. 정사각형의 양장본 형식에 다양한 색채의 그림이 가득하고, 적은 글밥과 큰 글씨체 덕분에 초등 낮은 학년부터 무리 없이 읽을 수 있다.

이 책은 예술은 '즐거움을 위해 만들어진 것'이며, '풍성한 감정을 느끼기 위한 것'이라고 말하고 있다. 사람들은 왜 예술을 만드는지, 예술 작품을 어떻게 감상해야 하는지, 예술이 우리 삶에 어떤 의미를 주는지를 차근차근 짚고 있다. 또한, 그림과 도자기, 조각 등 다양한 예술 작품의 종류를 소개하고 예술의 역사도 간결하게 전달한다.

특히 인상 깊은 점은 '예술이 좋은지 어떻게 알 수 있을까요?'를 설명해 주는 장면이다. 이 장면에서는 학생들이 예술 작품을 감상할 때 어떤 질문을 하면 좋을지 예술 작품을 감상하며 던질 수 있는 질문 예시들을 제시한다. 예컨대, "특정 주제의 그림을 감상할 때, 그림은 어떤 역사적 맥락 속에 있는가?", "기억에 남는 그림이 있었는가?", "그림이 멋지게 그려졌는가?", "그림은 우리에게 무엇을 말하고 있는가?" 등이다. 예술 작품을 감상하는 것이란 결국 작품을 만든 사람이 전달하고자 하는 바를 느끼는 것이기 때문에 예술 작품을 감상할 때 던지는 질문들은 독서 활동에서 작가의 의도를 파악하는 데도 응용할 수 있다.

예술은 감상하는 데서 그치지 않고 질문을 던지고 생각을 확장하는 데서 시작된다는 점에서, 이 책은 미술·음악 수업의 오리엔테이션 자료로 적합하다. 또한, 예술의 기초 개념을 정리하는 독서 수업에 연결하거나 혹은 박물관이나 미술관 체험학습을 가기 전에 이 책을 활용한다면 더욱 풍성하고 유익한 후속 활동들을 진행할 수 있다. 짧은 분량 안에 예술의 정의, 역사, 감상법까지 고루 담은 이 책은 예술 교육의 첫 질문을 던지고 싶은 독자들에게 알맞은 길잡이가 되어줄 것이다.

#예술 #예술작품 #예술감상

교육과정(독서활동) 연계
1.[4미03-04] 작품 감상에 흥미를 가지고 참여하며 작품에 대한 자신의 감상 관점을 존중할 수 있다.
함께 볼 만한 콘텐츠
- [책]『세계 미술사 여행』레베스 에메세 글. 그렐라 안렉산드라 그림. 아름다운사람들. 2025. 120쪽.
- [책]『코끼리를 만지면』엄정순 글·그림. 우리학교. 2024. 52쪽.
- [영화]〈러빙 빈센트〉(95분). 도로타 코비엘라. 2017.

토의 질문
1. 예술은 우리에게 어떤 도움을 줄까요?
2. 예술 작품을 감상하는 나만의 방법이 있나요?
3. AI로 만들어진 예술 작품에 대해서 어떻게 생각하나요?

후속 활동
1. 예술 작품을 감상하는 방법과 책을 감상하는 방법 비교하기.

| 초1 | 초2 | **초3** | **초4** | **초5** | **초6** | 중1 | 중2 | 중3 | 고1 | 고2 | 고3 | 성인 |

초등학생을 위한 한국 미술 입문서
— 방상미

왜 유명한 거야, 이 그림?: 한국미술 | 이유리 글 | 어현경 그림 | 우리학교 | 2025 | 160쪽 | 15,000원

'좋아하는 미술 작품이 있습니까?'라는 질문을 받으면 어떤 이름이 가장 먼저 생각나는가? 아마도 〈별이 빛나는 밤에〉, 〈모나리자〉 등의 서양화가 먼저 떠오를 것이다. 우리는 왜 동양이 아니라 서양의 작품을 먼저 떠올리는 걸까? 우리나라에는 멋진 작품이나, 뛰어난 작가가 없는 걸까?

아니다. 우리나라에도 훌륭한 작품과 작가들이 있지만, 우리가 잘 모를 뿐이다. 작가의 말에 따르면 서양화를 더 잘 아는 이유는 '더 자주 접해왔기 때문'이라고 한다. 하지만 접하지 못해 낯설고 생소할 뿐, 우리나라에도 주목할 만한 작품들이 많다. 이 책은 우리에게 낯선 한국의 미술 작품들을 소개한다. 미술에 관심이 있고, 그림 속에 숨겨진 비밀들을 좋아하는 어린이들이라면 재밌게 읽을 수 있다.

작가는 총 11점의 한국 미술 작품을 소개한다. 작품마다 제작기와, 작품의 시대상, 유사한 다른 작품 등을 한 편의 이야기로 엮어 전해준다.

책에 실린 작품 중 이중섭의 〈소〉와, 천경자의 〈내 슬픈 전설의 22페이지〉는 작가의 삶을 중점으로 작품을 설명하고 있다. 작품에 작가의 경험과 감정이 담겨 있어 작가의 삶을 알고 나면 작품을 더 깊이 감상할 수 있다.

김홍도의 〈서당〉과 민화 〈까치 호랑이〉, 〈책거리〉를 통해서는 조선시대 시대상에 대해 알 수 있다. 왜 이런 그림이 유행했는지, 당시 서민들의 삶은 어땠는지를 그림과 엮어 흥미롭게 전달한다.

백남준의 〈TV 부처〉와 신라시대 〈금동반가사유상〉을 통해서는 미술 작품에 대한 이해를 확장시켜준다. 초등학생들에게 미술이라고 하면 '그림'만 떠올리는 경우가 많으나, 이 책을 통해 미술의 범위를 개념미술과 조각까지 넓힐 수 있다.

　책의 서술은 부모가 자식에게 들려주듯 구어체로 되어 있다. 때문에 낯선 한국 미술에 비교적 쉽게 다가갈 수 있으며, 초등 중학년 학생부터 어렵지 않게 읽을 수 있다. 또한 단원 말미마다 해당 작가의 작품을 감상할 수 있는 장소를 QR코드로 안내하고 있다. 책을 통해 작품에 대해 알게 된 후 궁금한 것이 더 있다면 안내된 미술관에 아이와 함께 방문해 보는 것도 좋겠다.

　예술은 삶을 풍요롭게 한다고 한다. 하지만 황무지에 씨앗을 뿌려봤자 많은 수확을 거둘 수 없듯, 예술 작품에서 많은 것을 느끼려면 배경지식과 기본적인 이해가 필요하다. 이 책을 통해 한국 미술에 대해 이해를 넓히고 작품을 감상한다면, 예술이 주는 감동을 더 깊이 느낄 수 있을 것이다.

#한국미술 #미술사 #교양

교육과정(독서활동) 연계
1. [4미03-01] 미술 작품을 자세히 보고 작품과 미술가에 관해 질문할 수 있다.
2. [4미03-03] 미술 문화에 관심을 가지고 전시 및 행사에 참여할 수 있다.
3. [6미03-01] 미술 작품을 작품이 만들어진 시대적, 지역적 배경 등과 연결하여 이해할 수 있다.
4. [6미03-04] 다양한 방법을 활용하여 작품을 감상하며 작품에 관한 서로 다른 관점을 존중할 수 있다.

함께 볼 만한 콘텐츠
- [책] 『왜 유명한 거야, 이 그림?』 이유리 글. 허현경 그림. 우리학교. 2022. 160쪽.
- [책] 『만화보다 재미있는 민화 이야기』 정병모, 전희정 글. 조에스더 그림. 스푼북. 2020. 184쪽.
- [책] 『신사임당 민화 마실 컬러링북』 최영진 글. 이종문화사. 2025. 96쪽.
- [영화] 〈백남준: 달이 가장 오래된 TV〉 (1:50:00). 아만다 김. 2023.

토의 질문
1. 책에 나온 작품 중 가장 인상 깊었던 작품에 대해 이야기해 봅시다.
2. 이중섭의 〈소〉와 천경자의 〈내 슬픈 전설의 22페이지〉, 박수근의 〈빨래터〉에는 작가의 경험과 감정이 잘 녹아 있습니다. 내 경험과 감정을 녹여 작품을 만든다면 그 작품은 어떤 형태와 질감을 가지고 있을까요?
3. 백남준은 우리에게 친숙한 TV를 다양한 방법으로 변형시켜 자신의 작품세계를 표현했습니다. 이처럼 우리에게 친숙한 물건을 새로운 방식으로 표현한다면 어떤 물건을 어떻게 활용하는 게 좋을까요?

| 초1 | 초2 | 초3 | 초4 | **초5** | **초6** | **중1** | 중2 | 중3 | 고1 | 고2 | 고3 | 성인 |

화가의 수수께끼를 풀어봐요!
— 이경혜

아는 만큼 보이는 세계명화 | 서유진 글 | 이창우 그림 | 이룸아이 | 2023 | 176쪽 | 14,500원

그림을 감상하는 방법에 정답은 없다. 보고 싶은 대로 보고 느끼고 싶은 대로 느끼면 된다. 하지만 그림에 대한 지식이 있다면 더 많이 느낄 수 있다. 정말 아는 만큼 보이는 것이다. 이 책 『아는 만큼 보이는 세계 명화』는 그림에 담긴 시대적 배경과 작가의 삶, 그리고 작품이 전하고자 하는 메시지 등을 퀴즈로 풀며 명화를 감상하는 즐거움을 알아가는 책이다. 독자는 작품에 얽힌 이야기로 역사, 사회, 문학과의 융합 교육을 실현하는 데 유용한 지식을 얻을 수 있다. 초등학생 수준에 적합한 질문을 통해 2022 개정 교육과정에서 내용 요소로 다루고 있는 작품과 배경을 연결하기, 다양한 방법으로 분석하기 등 서로 다른 관점을 존중하는 태도를 기르는 데 활용도가 높은 책이다.

이 책의 가장 큰 장점은 3단계로 구성된 체계적인 감상 방법에 있다. 1단계 '알쏭달쏭 퀴즈를 풀어요!'에서는 퀴즈를 통해 명화에 대해 학생들의 호기심을 유발한다. 교사가 40가지 명화 퀴즈를 수업의 도입부에서 활용한다면 수업 참여도를 높일 수 있다. 2단계 '흥미진진 명화를 배워요!'에서는 명화에 숨어 있는 재미있는 이야기, 이 명화가 유명해진 이유 등 각 작품의 핵심 정보를 간략하게 제시한다. 'WHY? 왜 그럴까?' 3단계는 원근법, 점묘법, 〈모나리자〉의 신비한 분위기를 만들어낸 스푸마토 기법 등 심화 학습을 위한 정보를 제공하고 있다. 특히 독자들은 코믹한 만화와 사진을 활용한 설명으로 더 쉽게 작품들을 이해하고, 미술사적 맥락을 파악할 수 있다. 그림을 소개하는 책인 만큼 그림 기법, 전체 크기, 그려진 시기, 소장처 및 화가의 정보를 제공하며 무엇보다 한 페이지 가득 그림을 크게 수록하고 있어 독자들은 더욱 자세히 살펴보며 분석할 수 있고 미적 감수성과 시각적 소통 능력을 기를 수 있다.

다만 세계 명화라는 제목에 맞지 않게 책에서는 동양 미술 작품은 언급하지 않고 있어 아쉽다. 후속 도서에서는 동·서양 작품의 균형 있는 소개가 이루어지길 기대한다. 그러한 아쉬운 점을 제외하고는 그림을 통해 과거 사람들과 소통하고, 그들의 삶의 가치관을 엿볼 수 있으며 자신만의 해석을 시도해 볼 수 있는 경험을 제공하는 데 손색이 없는 책이다.

미적 감수성을 기르고 싶은 아이들이 이 책을 통해 미술 작품 감상하는 법을 배우고 직접 미술관에 가서 한 작품 앞에서 머무르며 그림 속에 담긴 의미를 탐색하고, 자신만의 방식으로 해석하는 시간을 가져보길 권한다.

#명화감상 #교양미술 #미적_감수성

교육과정(독서활동) 연계
1. [6미03-01] 미술 작품을 작품이 만들어진 시대적, 지역적 배경 등과 연결하여 이해할 수 있다.
2. [6미03-02] 미술 작품의 내용(소재, 주제 등)과 형식(재료와 용구, 표현 방법, 조형 요소와 원리 등)을 분석하여 작품의 특징을 설명할 수 있다.
3. [6미03-04] 다양한 방법을 활용하여 작품을 감상하며 작품에 관한 서로 다른 관점을 존중할 수 있다.

함께 볼 만한 콘텐츠
- [책] 『한눈에 펼쳐보는 세계 명화 그림책』 정상영 글. 이병용 그림. 진선아이. 2023. 40쪽.
- [책] 『신현림의 세계 명화와 뛰노는 동시 놀이터』 신현림 글. 살림어린이. 2012. 80쪽.
- [책] 『딱 한마디 미술사: 새로움을 꿈꾼 화가의 말』 안소연 글. 이해정 그림. 천개의바람. 2021. 112쪽.

토의 질문
1. 이 명화 중에서 가장 인상적인 작품은 무엇이며, 그 이유는 무엇인가요? 작품의 구도, 색감, 주제 등 다양한 관점에서 이야기해 봅시다.
2. 화가들은 자기 시대의 모습을 그림에 담았습니다. 여러분이 지금 이 시대를 그림으로 남긴다면 어떤 모습을 그리고 싶나요? 그 이유와 함께 설명해 보세요.
3. 책에 소개된 작품 중 〈모나리자〉와 〈진주 귀고리를 한 소녀〉는 모두 여성의 초상화입니다. 두 작품을 비교하며 화가들이 표현하고자 했던 것은 무엇일지 이야기해 봅시다.

| 초1 | 초2 | 초3 | **초4** | **초5** | **초6** | 중1 | 중2 | 중3 | 고1 | 고2 | 고3 | 성인 |

오케스트라를 나눠요
— 이선미

오케스트라가 궁금해 | 메리 올드 글 | 엘리사 파가넬리 그림 | 키위북스 | 2024 | 56쪽 | 17,000원

책장을 넘기면 지휘봉을 들고 환하게 웃고 있는 한 사람을 만나게 된다. 영국을 대표하는 지휘자이자 런던 심포니 오케스트라의 명예 지휘자인 사이먼 래틀이다. 그리고 그는 말한다.

"음악을 나누는 삶은 아름다워."(6쪽)

『오케스트라가 궁금해』는 런던 심포니 오케스트라와 협업하여 제작한 음악 교양서다. 오케스트라 구성, 각 악기의 특징, 공연의 준비 과정, 다양한 연주곡에 관한 정보 등 오케스트라에 관한 모든 것을 어린이 눈높이에 맞춰 차근차근 설명한다. 오케스트라가 낯선 이들에게는 음악 기초 지식을 쌓기에 유용하고, 교육 현장에서는 음악 교과에 등장하는 다양한 음악 감상과 연계하여 활용하기 좋은 책이다.

이 책의 주인공은 실제 지휘자 '사이먼'이다. 그가 악보를 들여다보는 표정, 다양한 악기를 마주하는 설렘, 공연을 이끄는 모습이 세세히 묘사되어 있어 지휘자에 대한 친근함을 높인다. 특히 사이먼이 오케스트라 단원을 모으고, 연습하며, 공연을 마무리하기까지 전 과정을 이야기 형태로 전개하고 있어 한 권의 그림책을 보는 듯하다. 이는 교양서가 주는 특유의 딱딱함을 줄이고 친근하게 음악 교양을 접하게 만든다.

이 책의 또 다른 특징은 언제, 어디서, 누구나 일명 '방구석 콘서트'를 누리게 한다는 점이다. 각 장에는 실제 런던 심포니 오케스트라의 연주곡이 QR코드로 수록되어 있다. 오케스트라를 구성하는 각각의 악기 소리뿐만 아니라, 여러 악기가 어우러진 연주곡까지 감상할 수 있다. 이러한 구성은 독자들에게 악기에 대한 이해를 높이고, 누구나 좋은 음악을 감상할 수 있도록 돕는다.

물론, 실제 공연장에서 연주를 듣는 것보다 더 좋은 감상은 없을 것이다. 그러나 고가의 입장권이나 대도시를 중심으로 열리는 공연 등은 우리에게 현실적인 장벽이자 제약으로 존재한다. 그런 점에서 이 책은 모든 이에게 간접 공연의 경험을 제공하고, 문화 접근의 평등성을 실현하는 데 연결다리가 되어 준다. 이는 앞서 사이먼 래틀이 말한 "음악을 나누는 삶"이라는 철학과도 맞닿아 있다. 이 책은 음악을 듣고 즐기는 기회를 누구에게나 열어준다는 점에서 가치 있다.

"음악이 우리 삶에 어떤 마법 같은 일을 불러일으키는지 경험할 수 있기를 바라요."(6쪽)

사이먼 래틀은 음악이 단순한 감상을 넘어, 우리 삶을 풍요롭게 해 주는 마법과 같다고 말한다. 이 책을 통해 읽고, 듣고, 즐기며 음악이 우리 삶에 주는 마법 같은 순간을 모두가 경험해 보기를 바란다.

#오케스트라 #음악감상 #악기연주

교육과정(독서활동) 연계
1. [4음02-04] 생활 속에서 음악을 들으며 느낌과 호기심을 갖고 즐긴다.
2. [6음02-04] 생활 속에서 음악을 찾아 들으며 아름다움을 느끼고 공감한다.

함께 볼 만한 콘텐츠
- [책] 『어린이가 꼭 알아야 할 오페라 이야기』 신정민 글. 끌레몽 그림. 풀과바람. 2024. 140쪽.
- [책] 『바람소리 물소리 자연을 닮은 우리 악기』 청동말굽 글. 고광삼 그림. 문학동네. 2008. 48쪽.
- [영상] London Symphony Orchestra. 「Sibelius Tapiola(이하 영상 제목 생략)」(17:58). 2022.10.16.

토의 질문
1. 사이먼 래틀은 "음악을 나누는 삶은 아름답다"라고 말합니다. 음악을 나누는 삶이란 무엇일까요?
2. 우리 반이 오케스트라를 꾸린다면, 어떤 곡을 연주하고 싶나요? 그 이유는 무엇인가요?
3. '나만의 음악 QR 책'을 만든다면 여러분은 어떤 음악을 담고 싶나요?

| 초1 | 초2 | **초3** | **초4** | **초5** | **초6** | 중1 | 중2 | 중3 | 고1 | 고2 | 고3 | 성인 |

숫자로 표현되는 닭의 삶
— 김수정

4번 달걀의 비밀 | 하이진 글·그림 | 북극곰 | 2023 | 48쪽 | 15,000원

　사람들이 달걀을 살 때 가장 중요하게 생각하는 것은 무엇일까? 어떤 사람은 달걀의 가격을 생각하고 또 어떤 사람은 유통기한이 얼마나 남았는지를 보며 신선도를 따질 것이다. 달걀의 맛을 생각하며 달걀의 색깔을 살펴보고, 건강을 생각하여 무항생제 달걀을 고를지도 모른다. 달걀 한 알을 들어 올려 요리조리 살펴보면 달걀 껍데기에 정갈하게 나열되어 있는 숫자가 있다. 이 숫자의 비밀을 풀어 줄 책, 바로『4번 달걀의 비밀』이다.

　세 마리의 닭이 있다. 이 닭들은 닭장 안에서 서로 비좁다며 투덕거린다. 한참을 아웅다웅 다투다 보면 오늘의 가장 즐거운 시간이 찾아온다. 바로 알을 낳는 시간이다. 사랑스럽게 알을 바라보는 세 닭은 문득 궁금해진다. "근데 우리 알들은 이름이 왜 항상 똑같지?" "맞아. 늘 4야." 그들은 4번 달걀의 비밀을 찾기 위해 닭장에서 탈출한다. 그리고 까마득히 높고 시커먼 공간에서 발 디딜 틈도 없는 틈새에 갇혀 알만 낳고 있는 달걀 농장을 발견하게 된다. 그 농장에서 나온 달걀이 바로 4번 달걀이다.

　이 책은 달걀의 난각번호로 닭의 사육환경을 알려주고 있다. 자칫하면 무거울 수 있는 주제를 화려한 색채와 우스꽝스러운 그림을 사용하여 재치 있게 정보를 표현한다.

　달걀의 비밀을 알게 되어 도망치던 세 닭은 어두컴컴한 닭장에서 얼굴을 잔뜩 일그러뜨리고 부산스러운 날갯짓을 하며 분위기를 고조시킨다. 마침내 도망친 그곳에는 넓고 푸른 초원에서 행복을 만끽하며 웃고 있는 닭들이 있다. 까만 농장과 노란빛의 초원이 극명한 색채의 대비를 이루어 닭들의 감정이 더 크게 다가온다.

우리나라에서는 간혹 동물의 권리를 주장하는 사람들에게 언짢거나 비웃는 시선이 날아든다. 하지만 우리가 사는 세상은 인간만 있는 것이 아니다. 『강남 사장님』(비룡소)의 알바생 지훈이는 '지구에 사람만 사는 게 아닌데 여기 동서남북이 몽땅 사람들 땅이라고 우기는 건 염치없는 짓'이라고 한다.

닭의 땅도 마찬가지이다. 우리가 맛있게 달걀을 먹을 동안 닭들의 사육환경은 어떤지, 닭은 행복한지에 대해 알아야 할 필요가 있다. 4번 달걀을 낳는 닭은 발 디딜 틈도 없는 조그마한 땅에서 평생을 고통받으며 살고 있다. 반면 1번 달걀을 낳는 닭은 아주 넓은 땅에서 신선한 공기를 마시며 흙 목욕도 하며 자유롭게 살고 있다. 고작 숫자로 표현되는 닭의 사육환경이지만 닭에게는 평생의 시간이다. 현재 많은 선진국에서는 4번 달걀의 단계적 폐지를 선언하고 있다고 한다.

이 책은 독자들에게 무심코 지나칠 수 있는 슬프지만 잔인한 진실을 깨닫게 해 주는 책이다. 하지만 이 책을 읽은 누군가는 달걀을 살 때 다른 어떤 것보다도 닭의 행복을 생각하며 달걀을 집어 들 것이다.

#동물복지 #배려 #달걀

교육과정(독서활동) 연계
1. [6도04-02] 지속가능한 삶의 의미를 탐구하고 미래 세대에 대한 책임을 강화하여 자연의 다양성을 존중하고 생산성을 유지할 수 있는 미래를 위한 실천 방안을 찾는다.

함께 볼 만한 콘텐츠
- [책] 『어린이를 위한 동물복지 이야기』 한화주 글. 박선하 그림. 팜파스. 2018. 166쪽.
- [책] 『강남 사장님』 이지음 글. 국민지 그림. 비룡소. 2020. 148쪽.
- [영화] 〈옥자〉(120분). 봉준호. 2017.

토의 질문
1. 우리가 달걀을 살 때 가장 중요하게 생각하는 것은 무엇인가요?
2. 닭의 사육환경을 개선시키기 위해 우리가 할 수 있는 일은 무엇인가요?
3. 닭의 행복한 삶은 사람들의 건강에 어떤 영향을 미칠까요?

후속 활동
1. (찾아보기) 우리 학교 급식에서 사용하는 달걀은 어떤 사육환경에서 나온 달걀일까요?
2. 1~4번 달걀의 사육환경의 땅 크기를 직접 체험해 보기.

| 초1 | 초2 | 초3 | 초4 | 초5 | 초6 | 중1 | 중2 | 중3 | 고1 | 고2 | 고3 | 성인 |

라면 공부
— 김수정

라면 공부책 | 정원 글 | 박지윤 그림 | 초록개구리 | 2024 | 16쪽 | 13,000원

  사람들의 개성이 특히 잘 드러나는 요소들이 있다. 바로 옷차림, 화법, 음악 취향 그리고 음식 취향이다. 같은 음식을 먹더라도 어떤 재료를 넣느냐, 무엇을 곁들여 먹느냐에 따라 맛은 크게 달라진다. 김치찌개 하나에도 돼지고기 파와 참치 파가 팽팽하게 맞선다. 찌개도 취향이 갈릴 정도니, 고작 3분이면 만들어지는 라면의 조리법이야말로 무궁무진하다.

  표지에서부터 매콤한 라면 냄새가 솔솔 나는 듯하다. 꼬불꼬불한 면발 사이에 탐스러운 노란 달걀이 자리하고 있고 김이 폴폴 올라오는 라면의 모습은 이제 막 끓인 듯하다. 라면 반찬의 쌍두마차인 잘 익은 김치와 단무지가 시선을 끈다.

  세 남매를 둔 부모님이 여행을 떠나며 밥을 잘 챙겨 먹을 것을 당부한다. 큰누나와 작은누나는 부모님의 당부에 건성으로 대답하며 평소 잘 먹지 못하는 라면을 먹을 생각에 신이 났다. 부모님이 떠나자마자 신나게 라면을 끓이는 모습으로 이야기는 시작된다.

  라면을 처음 끓이는 막내동생에게 큰누나와 작은누나는 끊임없이 핀잔을 준다. 라면을 넣는 순서, 양념 수프를 넣는 타이밍, 면발을 쫄깃하게 만드는 방법, 라면의 식감까지 라면을 끓여본 사람이라면 한 번쯤은 고민해봤을 문제들이다. 이 책은 누구나 공감할 수 있는 이야기로 시작해, 결국 가족이 함께 맛있게 라면을 먹는 모습으로 따뜻하게 마무리한다.

  라면을 끓이는 방법을 이야기 형식으로 재미있게 풀어나가는 와중에 라면을 가장 처음 만든 사람과 라면의 역사, 그리고 우리나라 라면의 역사를 소개하기도 하고, 컵라면은 어떻게 생겨났는지, 라면의 면발은 왜 꼬불꼬불한지 등 라면에 관한 다양한 지식을 전달한다.

요즘 학생들은 건강에 대한 부모님의 관심 덕분인지 인스턴트 음식이나 군 것질을 자주 하지 않는 편이다. 그래서 학급 활동이나 동아리 활동으로 과자 파티나 라면 파티를 하면 그렇게 신나 보일 수가 없다. 이 책은 분량이 많지 않고 내용이 어렵지 않아 쉽게 읽을 수 있다. 라면 파티를 하기 전에 간단히 이 책을 읽거나 소개하는 활동을 곁들이기에 좋다. 맛뿐 아니라 지식도 풍부해지는 라면 파티를 할 수 있게 될 것이다.

시리즈로 『아이스크림 공부책』, 『햄버거 공부책』, 『떡볶이 공부책』, 『자장면 공부책』이 있다. 음식 관련 단원에서 이 책들을 활용하여 음식 조사를 하거나 음식에 관한 풍부한 지식을 전달하고 싶을 때 이 시리즈를 활용할 수 있다.

#음식 #라면 #컵라면 #라면_역사

초등 높은학년 과학

교육과정(독서활동) 연계
1. [6실02-04] 음식의 조리과정을 체험하여 자신의 간식이나 식사를 스스로 마련하는 식생활을 실천한다.

함께 볼 만한 콘텐츠
- [책] 『햄버거 공부책』 정원 글. 박지윤 그림. 초록개구리. 2024. 61쪽.
- [책] 『떡볶이 공부책』 정원 글. 박지윤 그림. 초록개구리. 2024. 61쪽.
- [책] 『자장면 공부책』 정원 글. 박지윤 그림. 초록개구리. 2024. 61쪽.

토의 질문
1. 라면의 역사 중 인상 깊은 내용이 있다면 무엇인가요?
2. 라면을 맛있게 먹는 나만의 비법이 있나요?
3. 라면을 새로 개발한다면 어떤 맛이 나는 라면을 만들고 싶은가요?

후속 활동
1. 라면 파티하기.
2. 제조사별, 맛별 라면 비교해 보기.

| 초1 | 초2 | 초3 | 초4 | **초5** | **초6** | 중1 | 중2 | 중3 | 고1 | 고2 | 고3 | 성인 |

인공지능이 발달한 미래, 우리는 어떻게 살아야 할까?
— 방상미

김대식 교수의 어린이를 위한 인공지능 | 김대식·이현서 글 | 이강훈 그림 | 동아사이언스
| 2023 | 212쪽 | 14,000원

핸드폰, 태블릿, AI 가전제품 등 인공지능은 삶에 깊숙이 관여하고 있다. 하지만 인공지능을 우리는 얼마나 알고 있을까? 이 책은 인공지능이 가져올 미래에 관해 이야기한다. 인공지능과 미래의 내 모습에 관심이 있는 고학년 어린이들이 특히 재밌게 읽을 수 있을 것이다.

인공지능이 가져올 미래를 보는 관점은 크게 두 가지로 나뉘어 있다. '인간을 뛰어넘는 인공지능이 나타날 수 있다'고 믿는 관점과, '없다'는 관점. 작가는 전자의 관점에서 글을 썼다. 인공지능에 의해 지배될 미래를 독자에게 전달하지만, '미리 대비하면 공존할 수 있다'는 작가의 믿음 덕분에 책을 읽으면서 미래에 대한 두려움은 희망으로 바뀐다. 작가는 미래 세대를 살아갈 주인공인 아이들이 이 책을 읽고 인공지능과 함께할 미래를 대비하길 바란다.

먼저 1장은 인공지능에 대한 이해를 다룬다. 인공지능의 의미와 작동 원리 등을 철학과 사례를 곁들여 설명한다. 2장에서는 인공지능의 학습을 탐구한다. 인공지능과 사람의 구조적 차이와 인공지능이 스스로 학습하는 방법을 알려준다. 3장부터 8장까지는 인공지능이 가져올 미래를 이야기한다. 자율주행 자동차부터 직업, 메타버스, GPT 등을 다루고 있으며, 강한 인공지능의 발달에 의한 인간 소실을 예상하는 작가의 관점이 담겨 있다.

책의 전반에 걸쳐 작가는 인공지능에 의해 지배될 미래를 가정한다. 인공지능이 인간의 자리를 빼앗을 것이며, 인공지능에게 인간을 해치지 않도록 세뇌해야 살아남을 수 있을 것이라 이야기한다. 하지만 이는 아이들에게 겁을 주려는 의도가 아니다. 대비하면 충분히 대처할 수 있다는 것을 알려주려는 것이다. 인간은 인공지능과 다르게 창의성이 있으니 미래를 알고 대비한다면 인공지능이 지배한 세상에서도 우리의 가치를 잃지 않을 수 있다는 희망적인 메시지를 전한다.

작가가 미래를 주로 논하기 때문에 아쉬운 점도 있다. 바로 '현재'를 다루고 있지 않다는 부분이다. 현재 우리가 인공지능을 어떻게 활용해야 하는지에 대한 이해를 바탕으로 미래를 가정했다면 이야기에 더 설득력이 있지 않았을까. 또한 작가는 기술의 발전을 긍정적인 관점에서 기술하는 경향이 있다. 챗GPT의 장점은 말하면서 챗GPT가 가진 '환각 현상'과 저작권 등의 문제는 언급하지 않는다. 인공지능을 다각적으로 분석했다면 인공지능이 불러올 미래를 예상하는 데 더 좋은 책이 됐으리라 생각한다.

인공지능이 우리 삶에 깊숙이 침투한 이상, 인공지능과의 공존은 예정된 미래이다. 우리는 이 미래를 보며 두 가지 선택을 할 수 있다. 닥쳐오는 미래를 수동적으로 받아들일 것인가, 혹은 미리 계획하여 대비할 것인가. 아이들이 닥쳐올 인공지능과의 공존이라는 미래를 현명하게 맞이하길 바란다면 이 책은 좋은 마중물이 되어줄 것이다.

#인공지능 #미래 #로봇

교육과정(독서활동) 연계
1. [4사03-01] 최근 사회 변화의 양상과 특징을 파악하고, 그로 인해 나타난 생활모습의 변화를 탐색한다.
2. [6과16-01] 미래 사회에 일어날 수 있는 문제를 조사하고, 문제를 해결하는 데 과학이 기여할 수 있는 방법을 토의할 수 있다.
3. [6도02-03] 인간과 인공지능 로봇 간의 다양한 관계를 파악하고 도덕에 기반을 둔 관계 형성의 필요성을 탐구한다.

함께 볼 만한 콘텐츠
- [책] 『궁금했어, AI 로봇』 유윤한 글. 이진아 그림. 나무생각. 2024. 140쪽.
- [책] 『딥페이크부터 AI 저작권까지, 과학을 말해요』 양서윤 글. 신병근 그림. 개암나무. 2024. 112쪽.
- [영화] 〈빅 히어로〉(1:48:00). 돈 홀, 크리스 윌리엄스. 2015.

토의 질문
1. 인공지능은 인간의 영역을 빼앗을 수 있을까요?
2. 인공지능이 인간을 뛰어넘는 시대에 우리는 어떻게 해야 우리의 영역을 지킬 수 있을까요?
3. 인공지능과 공존하기 위해 인공지능이 지켜야 할 약속과 우리가 지켜야 할 약속을 논의해 봅시다.

| 초1 | 초2 | 초3 | 초4 | 초5 | 초6 | 중1 | 중2 | 중3 | 고1 | 고2 | 고3 | 성인 |

고생물학으로 보는 공룡의 세계
— 방상미

서울대 교수와 함께하는 10대를 위한 교양 수업 8 | 이융남·황근기 글 | 신병근 그림 | 아울북 | 2024 | 148쪽 | 15,000원

먼 과거, 지구에는 지금과는 다른 생명체들이 살고 있었다. 연구에 따르면 수십억 년 동안 지구에 존재했던 생명체 중 약 99퍼센트는 멸종과 대멸종을 거치며 사라지고, 단 1퍼센트만이 오늘날까지 살아남았다고 한다. 사라진 99퍼센트 안에는 우리가 어린 시절 사랑했던 그 동물, 공룡이 포함되어 있다. 수많은 멸종 생물 중 왜 공룡만 이토록 사랑을 받았는지는 알 수 없으나, 여전히 공룡은 아이들에게 흥미로운 존재다. 이 책은 우리가 사랑하는 공룡과 그 기반 학문인 고생물학을 다루고 있다. 구어체로 쓰여 있어 초등학교 3학년부터 무리 없이 읽을 수 있다. 다만 지질학과 고생물학에서 사용하는 어휘가 섞여 있어 깊이 있게 이해하기에는 초등 고학년에 적합하다.

이 책은 단순히 공룡의 정의와 종류에 대해 알려주지 않는다. 고생물학과 지질학이라는 배경을 바탕으로 공룡이 어떻게 발견되며, 어떤 기준으로 나뉘는지, 그리고 공룡이 어떻게 멸종했는지 등 폭넓은 지식을 제공한다. 구성은 매우 체계적이다. 고생물학이라는 넓은 범위에서 시작해서 공룡과 공룡 화석으로 범위를 좁혀가며, 오늘날 남아있는 공룡의 흔적을 이야기하며 끝난다. 1장은 공룡을 포함한 고생물에 대한 연구, 즉 고생물학에 대한 내용이다. '고생물학'이라는 학문의 정의와 역할 등을 소개한다. 2장에서는 공룡의 정의와 살았던 시대, 종 구분 등이 나오며 3~5장에서는 화석을 통해 공룡을 찾아내고 복원하는 과정을 보여준다. 마지막으로 6장에서는 현재 남아 있는 공룡의 흔적과 진화론을 설명하고 미래에 나타날 새로운 공룡 화석을 상상하며 마무리된다. 각 장의 말미에는 Q&A 혹은 본문과 관련된 참고 자료가 사진과 함께 제시되어 있다. 특히 6장 끝에 수록된 Q&A가 주목할 만하다. 미래에 닥쳐올 대멸종에 대해 언급하면서 환경문제나 지구의 역사로 독자의 관심을 넓혀가는 계기를 만들어준다.

책에 나온 고생물학, 지질학의 개념들이 초등학생에게 다소 생소할 수 있으나 작가가 이 개념들을 독자 수준에서 쉽게 풀어냈다. 그림과 다양한 사진 자료를 활용하였으며, 흥미롭거나 중요한 문장은 글씨 크기와 색을 변경하는 등의 방법으로 강조하여 이해를 도왔다.

우리가 흔히 아는 '티라노사우루스'의 모습을 떠올려 보자. 그 모습은 화석 연구를 통해 상상하여 만든 복원도. '티라노사우루스'의 복원도는 처음부터 이 모습이었을까? 아니다. 몇 차례에 걸쳐 크기와 형태 등이 달라졌다. 지금 복원도도 진짜 '티라노사우루스'의 모습과 다를 것이다. 아이들이 이 책을 통해 고생물학과 공룡에 대해 알고 고생물학자의 꿈을 키운다면, 사랑하는 공룡들의 '진짜 모습'을 직접 찾아내는 짜릿한 경험을 할 수 있지 않을까?

#고생물학 #공룡 #화석

교육과정(독서활동) 연계
1. [4과02-01] 여러 가지 동물을 관찰하여 특징에 따라 동물을 분류할 수 있다.
2. [4과02-02] 다양한 환경에 서식하는 동물을 조사하여 동물의 생김새와 생활 방식이 환경과 관련되어 있음을 설명할 수 있다.
3. [6과01-01] 지층의 특징을 알고, 지층의 형성 과정을 모형으로 표현할 수 있다.
4. [6과01-03] 화석의 생성 과정을 모형으로 설명하고, 지구의 과거 생물과 환경을 추리하는 활동을 통해 화석의 가치를 인식할 수 있다.

함께 볼 만한 콘텐츠
- [책] 『미래가 온다, 대멸종』 김성화, 권수진 글. 이철민 그림. 와이즈만북스. 2022. 132쪽.
- [영화] 〈쥬라기 월드: 도미니언〉(2:27:00). 콜린 트레보로우. 2022.
- [웹사이트] 「화성 공룡알 화석산지 방문자 센터」 https://dinopia.hscity.go.kr/user/index.jsp.

토의 질문
1. 멸종한 고생물 중 공룡만 유독 잘 알려지고 사랑받는 이유가 있을까요?
2. 오늘날까지 공룡이 살아있었다면, 인간과 공룡이 공존할 수 있었을까요? 세상이 지금과 어떻게 다른 모습일지 이야기해 봅시다.
3. 운석으로 인해 공룡이 사라진 다섯 번째 대멸종처럼, 인간으로 인해 1,000년 안에 여섯 번째 대멸종이 일어날 것이라고 스티븐 호킹 박사가 말합니다. 여섯 번째 대멸종은 왜 인간 때문에 일어나는 걸까요? 여섯 번째 대멸종을 막을 수 있는 방법은 무엇일지 이야기해 봅시다.

| 초1 | 초2 | 초3 | **초4** | **초5** | **초6** | 중1 | 중2 | 중3 | 고1 | 고2 | 고3 | 성인 |

재미있는 수학으로의 한 걸음
— 최주연

매머드 매쓰 | 데이비드 맥컬레이 지음 | 이한음 옮김 | 크래들 | 2023 | 160쪽 | 26,000원

  수학은 많은 아이에게 어렵고 지루하게 느껴지는 과목이다. 특히 추상적인 개념일수록 이해하기 쉽지 않고, 긴 고민의 시간이 필요하기 때문에 흥미를 잃기 쉽다. 하지만 수학은 실제 삶과 밀접하게 연결된 학문이며, 아이들의 학습에서도 결코 피할 수 없는 중요한 영역이다. 이해하기 어렵고 접근이 쉽지 않지만, 결코 미뤄둘 수 없는 이 과목에 어떻게 하면 좀 더 쉽고 재미있게 다가갈 수 있을까? 데이비드 맥컬레이의『매머드 매쓰』는 그에 대한 하나의 해답이 될 수 있다.

  이 책은 수 체계, 덧셈과 뺄셈, 곱셈과 나눗셈, 분수와 소수, 비율과 비례, 측정, 기하, 확률과 통계 등 초등부터 중등 수준의 기초 수학 개념들을 쉽고 흥미롭게 풀어낸다. 작가가 독자 곁에서 이야기하듯 각 개념을 설명해 주는 방식으로 구성되어 있으며, 거대한 털북숭이 매머드와 작고 영리한 땃쥐가 등장해 이해를 돕는다. 이들은 시각적이고 직관적인 방식으로 개념을 설명해 주어 몰입도를 높이며, 학습자의 이해를 유도한다. 각 장은 개념 중심의 비연속적 구성으로 되어 있지만, 내용을 따라가다 보면 설명들이 자연스럽게 이어져 유기적인 흐름을 느낄 수 있다.

  가장 큰 장점은 데이비드 맥컬레이 특유의 친근한 설명 방식이다. 복잡한 수학 개념을 딱딱한 공식의 나열이 아닌 유쾌한 삽화와 함께 간결한 대화체로 풀어내어 독자의 이해를 돕는다. 특히 유머가 가미된 설명은 수학에 대한 거리감을 좁히고, 매머드와 땃쥐가 분주하게 개념을 설명하는 모습은 위트와 생동감을 더해 수학에 대한 친밀감을 높여준다. 이러한 구성은 수학을 어렵고 멀게 느끼는 아이들에게 수학이 결코 지루한 과목만은 아니라는 인식을 심어 줄 수 있다.

물론 이 책이 모든 수학 개념을 깊이 있게 다루는 것은 아니다. 하지만 수학에 첫발을 내딛는 아이들이나 수학에 대한 두려움을 가진 아이들에게는 훌륭한 출발점이 될 수 있다. 친절한 설명뿐 아니라 개념을 보완해 주는 삽화, 관련 퀴즈와 활동 등은 학습의 재미를 더하고, 수학을 좀 더 쉽게 받아들이도록 도와준다.

'수학은 어렵다', '수학이 싫다'는 고정관념에 갇혀 있는 아이들에게 이 책은 그 생각을 바꾸는 계기가 될 수 있다. 처음부터 순서대로 읽어도 좋고, 목차나 색인을 참고해 관심 있는 개념부터 골라 읽는 방식도 좋다. 『매머드 매쓰』는 수학이라는 낯선 세계로 가는 문을 유쾌하고 따뜻하게 열어주는 좋은 길잡이 역할을 해줄 것이다.

#수학 #사칙연산 #분수 #소수 #비율 #측정 #기하 #확률

교육과정(독서활동) 연계
1. [4수01-09] 양의 등분할을 통하여 분수의 필요성을 인식하고, 분수를 이해하고 읽고 쓸 수 있다.
2. [6수01-07] 분모가 다른 분수의 크기를 비교하고 그 방법을 설명할 수 있다.
3. [6수03-01] 도형의 합동을 이해하고, 합동인 도형의 성질을 탐구하고 설명할 수 있다.

함께 볼 만한 콘텐츠
- [책] 『개념 연결 초등 수학 사전』 전국수학교사모임 초등수학사전팀 글. 김석 그림. 비아에듀. 2024. 604쪽.
- [책] 『개념 잡는 수학툰 3』 정완상 글. 김민 그림. 성림북스. 2021. 144쪽.
- [책] 『도전! 수학 플레이어 1-4』 김리나 글. 코익 그림. 창비. 2023. 656쪽.
- [영상] 「EBS 다큐프라임 - 수학의 원리」(50분) 2011.12.19.

토의 질문
1. 『매머드 매쓰』에서 가장 기억에 남는 부분은 어디인가요? 그 이유는?
2. 수학은 왜 시작되었을까요? 사람들은 왜 '수'를 만들었을까요?
3. 이 책에 나오는 수학 개념 하나를 골라 친구에게 가르치는 글을 써 봅시다.

| 초1 | 초2 | 초3 | **초4** | **초5** | **초6** | 중1 | 중2 | 중3 | 고1 | 고2 | 고3 | 성인 |

초등학생이 기후를 지킬 수 있을까?
— 이경혜

선생님, 탄소 중립을 이루려면 어떻게 해야 해요? | 최원형 글 | 백두리·장고딕 그림 | 철수와영희 | 2023 | 110쪽 | 13,000원

『선생님, 탄소 중립을 이루려면 어떻게 해야 해요?: 지구와 기후위기와 나』는 기후위기와 탄소 중립이라는 시대적 과제를 초등학생의 눈높이에서 쉽고 흥미롭게 풀어낸 환경교육서이다. 최근 전 세계적으로 빈번하게 발생하는 이상기후와 대형 산불, 해수면 상승 등은 기후위기의 심각성을 피부로 느끼게 한다. 이 책은 이러한 현실을 배경으로, 기후위기 교육의 필요성을 일깨우고 실천 방안을 제안한다.

책은 총 4장으로 구성되어 있다. 1장에서는 탄소중립의 개념과 빙하 감소, 해수면 상승 등 실제 사례를 통해 기후위기의 심각성을 설명한다. 특히, 2019년 호주 산불로 멸종 위기에 처한 코알라, 저개발국가가 더 큰 피해를 보는 기후 불평등 문제 등은 학생들에게 환경 정의의 관점까지 확장해 사고할 수 있게 한다. 2장과 3장에서는 식생활, 의생활, 전자기기 사용 등 일상생활 속 탄소 발자국을 구체적으로 다루며, 4장에서는 플라스틱 사용과 음식물 쓰레기 등 실생활과 밀접한 환경 이슈를 소개한다.

이 책의 가장 큰 장점은 초등학생도 쉽게 접근할 수 있도록 구어체로 설명하고, 낯선 단어나 무게, 거리 등의 단위도 한글로 표기해 이해를 돕는다는 점이다. 하나의 주제가 3~4쪽으로 구성되어 있어 교실에서 온책읽기, 모둠별 토의, 프로젝트 수업 등 다양한 형태로 활용할 수 있다. 또한 주제마다 학생들이 직접 실천할 수 있는 구체적인 방안을 제시해, 행동 변화를 유도한다. 예를 들어, 고기 섭취 줄이기, 제철 식재료 활용하기, 일회용품 사용 줄이기, 의류 재사용하기, 샤워 시간 줄이기 등 일상에서 실천 가능한 방법들을 구체적으로

안내한다. 반면 개인의 실천 방안에 초점이 맞춰져 있기 때문에 기업이나 정부 차원의 탄소 중립 노력에 대한 설명이 부족한 점은 아쉬움으로 남는다.

저자는 기후 문제는 단독으로 발생하지 않으며, 또 다른 문제를 일으키고 그 영향이 어디까지 미칠지 모르기 때문에 두렵고 심각하다고 말한다. 교사는 학생들과 함께 일상생활 속 탄소 발자국을 계산해 보고, 이를 줄이기 위한 창의적인 실천 방안을 모색할 수 있다. 또한 환경보호 실천이 어려운 이유에 대해 토의하고 해결 방안을 찾아보는 활동을 통해 지속 가능한 실천을 도모할 수 있다. 나아가 기후 불평등 문제를 통해 환경 정의에 대한 토론도 가능하다.

기후위기라는 복잡한 주제를 초등학생의 눈높이에서 쉽게 풀어내면서도, 문제의 심각성과 실천의 중요성을 효과적으로 전달한다. 교사들은 이 책을 통해 학생들에게 환경 감수성을 기르고 지속 가능한 미래를 위한 실천적 태도를 함양하는 의미 있는 환경교육을 실현할 수 있을 것이다.

#기후위기 #탄소중립 #실천방안

교육과정(독서활동) 연계
1. [4사07-02] 생산과 소비 활동을 파악하고, 인적·물적 교류의 사례를 통해 각 지역 및 사람들이 상호 의존 관계를 맺고 있음을 탐색한다.
2. [6과06-01] 기상 요소를 조사하고, 날씨가 우리 생활에 주는 영향을 인식할 수 있다.

함께 볼 만한 콘텐츠
- [책] 『구상나무 이사가는 날』 엘리자베스 문 글. 푸른숲. 2021. 40쪽.
- [유튜브] EBS 지식채널e. 「산불의 조건 1부. 왜 그날이었을까?」(4:33). 2025.5.8. https://youtu.be/D7_cssW0g08?si=hCFuFmJrJBWAcGtg
- [신문] 강다연. 기후가 더 이상해진다… AI가 똑똑해진 날부터. 미디어 오늘. 2025.4.19. https://www.bigkinds.or.kr/v2/news/newsDetailView.do?newsId=07100251.20250419143800001

토의 질문
1. 우리가 매일 사용하는 전자기기, 의류, 식품들이 환경에 미치는 영향을 알게 되었는데, 이러한 것들의 소비를 줄이기 어려운 이유는 무엇인가요? 이를 개선하기 위한 현실적인 방안을 제안해 봅시다.
2. 우리 학교에서 실천할 수 있는 탄소중립 운동을 기획한다면 어떤 활동들을 제안하고 싶나요? 제안한 활동의 장단점과 실현 가능성을 토론해 봅시다.
3. 탄소 중립을 위해 재생 에너지(태양광, 풍력 등)를 사용한다면, 재생 에너지 사용의 장단점은 무엇일까요? 우리 지역에서는 어떤 재생 에너지가 적합할까요?

| 초1 | 초2 | 초3 | **초4** | **초5** | **초6** | 중1 | 중2 | 중3 | 고1 | 고2 | 고3 | 성인 |

책으로 떠나는 지구탐험
― 이선미

열두 살 궁그미를 위한 지구과학 | 안나 클레이본 글 | 알렉스 포스터 그림 | 니케주니어 | 2024 | 132쪽 | 16,800원

도서관 창문 너머 운동장엔, 먹이를 물고 가는 개미 떼를 관찰하거나 하늘에 떠 있는 독특한 구름을 유심히 바라보는가 하면, 바람에 날리는 낙엽을 잡아 모양을 두루 살피는 어린이들이 있다. 이렇듯 매일 마주하는 하늘과 땅, 자연의 풍경은 어린이들에게 우리가 사는 이곳, 지구에 대한 수많은 호기심을 품게 한다. 그 호기심에 답하며 지구 구석구석을 탐험하게 하는 책이 있다. 바로 안나 클레이본의 『열두 살 궁그미를 위한 지구과학』이다.

이 책은 "지구는 언제, 어떻게 탄생했을까?"라는 궁금증을 시작으로, 지구의 구성, 물의 세계, 날씨, 생명체의 등장과 인간의 진화, 그리고 오늘날 우리가 마주한 환경문제에 이르기까지 지구과학의 전 영역을 폭넓게 아우르는 과학 교양서다. 삽화와 도표가 풍부하게 더해진 비주얼 백과사전식 구성은 복잡한 주제도 흥미롭게 접할 수 있도록 돕는다. 특히 초등학교 3~6학년 과학 교과 전반에 등장하는 지구과학과도 연계되어 있어, 이를 처음 접하는 어린이들이 전체적인 흐름과 핵심 개념을 이해하는 데 도움이 된다.

"인간은 지구에서 진화해 온 수백만 종의 다양한 생명체 중 하나일 뿐이에요. (…) 다른 어떤 종도 하지 못한 방식으로 지구를 변화시키기도 했어요."(89쪽)

이 책은 지구과학에 관한 지식 전달을 넘어, 인간이 어떻게 이 지구를 변화시켜 왔는지에 주목한다. 약 30만 년 전 아프리카에서 등장한 호모 사피엔스는 지구 곳곳을 탐험하며 정착지를 넓히고 문명을 일으켰다. 산업혁명 이후 짧은 기간 동안, 인간은 그 어느 때보다 급격한 변화를 만들기도 했다. 이러한 변화는 우리의 삶을 편리하게 만들었지만 동시에 심각한 문제들을 초래했다. 개발이라는 이름 아래 진행된 야생 생물의 서식지 파괴와 멸종 위기, 그리고 편리함을 위해 무분별하게 사용된 화학물질과 폐기물은 환경오염과 기후 변화라는 위기를 가져왔다. 작가는 인간의 활동과 오늘날 지구가 직면한 문제들 사이의 연결고리를 하나씩 짚어내며, 이러한 변화들이 지금의 우리와 무관하지 않음을 일깨운다. 그리고 우리에게 필요한 것은 단순한 과학 지식의 습득만이 아닌, 모든 생명이 함께 살아갈 미래를 위한 '책임감'임을 전한다.

지구에 대한 호기심에서 출발한 이 책은 이제 지구를 탐험하는 단계를 넘어, 모든 생명이 공존하며 살아갈 지구의 미래를 함께 고민해야 할 때임을 말한다. 21세기를 살아가는 호모 사피엔스인 우리에게 이 책은 책임 있는 미래를 향한 첫걸음이자, 모두가 함께할 내일을 여는 열쇠가 되어 줄 것이다.

#지구과학 #환경 #지구탐험

교육과정(독서활동) 연계
1. [4과16-01] 기후 변화 현상의 예를 알고, 기후변화가 인간의 활동과 관련되어 있음을 토의할 수 있다.
2. [6과16-01] 미래 사회에 일어날 수 있는 문제를 조사하고, 문제를 해결하는 데 과학이 기여할 수 있는 방법을 토의할 수 있다.

함께 볼 만한 콘텐츠
- [책] 『지구를 위해 이렇게까지 한다고?』 이성희 글. 맹하나 그림. 한권의책. 2024. 152쪽.
- [책] 『식탁에서 지구를 생각해』 이진규 글. 방상호 그림. 영수책방. 2023. 108쪽.
- [영상] EBS지식채널e. 「덕분에 45억 살 지구는 200년 동안 이런 변화를 겪었다」(5:17). 2023.10.11.

토의 질문
1. 이 책은 현재 일어나는 지구 변화에 우리의 책임이 있음을 말합니다. 그렇다면 기후변화와 우리의 일상은 어떻게 연결되어 있을까요?
2. 미래의 지구는 어떤 모습을 하고 있을까요?
3. '지속가능한 미래'를 위해 우리가 생활 속에서 실천할 수 있는 것들은 무엇일까요?

| 초1 | 초2 | 초3 | 초4 | 초5 | **초6** | **중1** | **중2** | **중3** | 고1 | 고2 | 고3 | 성인 |

극한의 상황에서 우리는 어떤 모습일까?
— 허정

라이프 재킷 | 이현 지음 | 창비 | 2024 | 272쪽 | 13,000원

    이 책은 『푸른 사자 와니니』로 우리에게 잘 알려진 이현 작가의 2024년도 작품으로, 광활한 바다에서 아이들이 탄 배가 표류하면서 일어나는 생존과 모험을 다룬 청소년 소설이다.

    작품의 이야기는 '플렉스'를 입에 달고 살던 주인공 천우가 SNS에 올린 '스토리'에서 시작된다. 그 글은 허세였고 거짓이었다. 큰아버지 댁에 얹혀살게 된 천우의 마지막 허세였던 '우리 요트 탈래?' 이 한 문장은 마치 나비효과처럼 엄청난 파장을 불러일으켰다. 천우의 글을 보고 몰려온 노아, 태호, 류와 마지막 인사를 나누기 위해 요트를 찾아온 천우의 여동생 신조, 그리고 그런 신조에 이끌려 온 장진까지. 이렇게 모인 아이들은 아쉬움과 호기심이라는 각기 다른 이유로 한 배에 오른다.

    푸른 바다에 떠 있는 요트는 그림 같은 장면을 떠오르게 한다. 탁 트인 바다는 답답한 현실을 잊게 하고 해방감을 느끼게 해 준다. 앞으로 닥칠 상황은 그 누구도 예상하지 못한 채 현실을 잊기 위해, 단순한 호기심으로, 그리고 누군가에 대한 끌림으로 거친 세상에 내몰리게 된다. 하지만 우리의 인생이 그렇듯 바다는 그렇게 호락호락한 곳이 아니었다. 압류로 인해 몇 개월간 방치된 요트는 고장이 나고, 연락을 취할 수 있는 스마트폰은 무용지물이 된다. 아이들이 탄 요트는 그렇게 바다 한가운데 갇혀 버리고 상황은 극한으로 치닫게 된다. 아이들은 구조되기 위해 끊임없이 노력하고 살아남기 위해 머리를 싸매지만, 상황은 점점 더 위태로워진다. 어딘지도 모른 채 바다 위에 갇혀 버린 상황에서 아이들은 어떤 모습일까? 누군가는 자책할 것이고 누군가는 남탓을 하며 화를 돋울 것이다. 그러나 또 누군가는 자신을 희생해서라도 이런 상황을 해결하려고 하겠지? 아이들이 저마다 살아온 환경이 등장할 때마다 이런 아이라면 이런 상황에서 어떻게 행동할까 추측하게 된다. 그리고 아이들의 모습에서 지금껏 만나온 여러 군상이 떠오른다. 과연 이 아이들은 온전히 구조될 수 있을까? 언제 떨어질지 모르는 식량과 망가져 버린 요트를 보며 영영 구조되지 못할 거라는 불안감과 긴장감이 책을 읽는 내내 독자를 휘감는다.

이 작품은 학교나 가정에서 일어나는 일반적인 고민이 아니다. 실종과 고립이라는 극한 상황에서 생존의 문제를 다룬 소설이다. 하지만 그 과정은 우리의 삶과 맞닿아 있다. 삶은 끊임없는 시련의 연속이고 우리는 그런 시련을 이겨내며 살아가고 있다. "이야기와 삶은 달랐다. 삶의 이야기는 만드는 게 아니었다. 살아 내야 하는 거였다(248쪽)." 저자가 전한 작품 속 한 구절처럼 우리의 삶은 만드는 것이 아니라 무수히 불어닥칠 시련을 살아내려고 노력 중인지도 모른다. 그래서 읽는 내내 나를 응원하듯 아이들을 응원하게 될 것이다.

#표류 #실종 #생존 #진실

교육과정(독서활동) 연계
1. [9국05-02] 갈등의 진행과 해결 과정을 파악하며 작품을 감상한다.
2. [9국05-03] 인간의 성장을 다룬 작품을 읽으며 문학의 가치를 내면화한다.
3. [9도01-04] 옳고 그름을 분별할 수 있는 도덕적 기준을 탐구하고, 도덕적 상상력을 바탕으로 일상의 도덕 문제들에 도덕적 추론을 적용할 수 있다.

함께 볼 만한 콘텐츠
- [책] 『튜브』 손원평 지음. 창비. 2022. 276쪽.
- [책] 『일만 번의 다이빙』 이송현 지음. 다산북스. 2023. 248쪽.

토의 질문
1. 책 속 등장인물 중 가장 관심이 가는 혹은 나와 가장 닮은 사람은 누구이며, 왜 그런지 이야기해 보자.
2. 이야기 전개 중 가장 인상 깊었던 부분을 찾아 이야기해 보자.
3. 책 속 결말 이후에 이어질 내용을 상상하여 만들어 보자.

| 초1 | 초2 | 초3 | 초4 | 초5 | 초6 | 중1 | 중2 | **중3** | **고1** | **고2** | 고3 | 성인 |

어떤 거짓은 용서하고 어떤 진실은 승인해주는
― 윤은정

이중 하나는 거짓말 | 김애란 지음 | 문학동네 | 2024 | 239쪽 | 16,000원

우리는 어려서부터 거짓말은 도덕적으로 옳지 않다고 배웠다. 숨겨진 비밀과 이를 덮으려는 거짓말, 거짓이 만들어내는 비극, 마침내 베일을 벗는 진실과 성장하는 주인공의 이야기를 누구나 한번은 접했을 것이다. 하지만 매우 아이러니하게 우리의 삶은 진실로만 채워져 있지 않다. 진실과 거짓의 경계는 늘 모호하고 무엇이 진실인지 거짓인지 알아내기 힘들 때가 많다. 『이중 하나는 거짓말』은 이런 부분을 잘 포착했다. 숨기고 싶은 진실, 드러내고 싶지 않은 속사정처럼 사실을 말하지 않은 모호한 경계의 거짓이 배려인지 비밀인지 거짓인지를 고민하게 만든다. 그리고 힘든 상황 속에서 거짓말을 통해 연결되는 세 사람이 '어떤 거짓은 용서해 주고 어떤 진실은 조용히 승인'하며 회복하는 모습을 덤덤하게 그려냄으로써 진실과 거짓의 의미를 곱씹게 한다.

이 소설에는 같은 반 학생인 세 명의 주인공 지우, 소리, 채운이 등장한다. 세 아이는 서로 다른 환경에 처해 있고 저마다 시련을 마주하는 방식이 다르다. 최근 갑작스러운 엄마의 죽음으로 혼란스러운 지우는 엄마의 애인인 선호 아저씨와 함께 살고 있지만, 이 세상에 유일한 가족이라 여기는 반려 도마뱀 용식과 독립할 결심을 세운다. 지우는 카페에 그림을 꾸준히 연재해 왔으나 독립자금을 벌기 위해 용식을 같은 반 친구 소리에게 맡긴다. 어려서부터 입시 미술을 준비하고 있는 소리는 어느 날부터인가 손의 이상을 감지한다. 엄마의 죽음 이후 누군가의 앞날을 알기 위해 손을 잡아본 적 없는 소리는 채운의 절박한 부탁을 받는다. 축구를 그만두고 전학 온 채운은 어느 여름날의 사건으로 엄마는 교도소에 아빠는 병원에 의식 없이 누워있다. 외로운 시간을 함께 견뎌온 반려견 뭉

치의 죽음을 슬퍼하는 채운은 우연히 그림 카페에 연재된 만화 속 이야기가 자신의 이야기임을 알고 비밀을 들킨 것 같아 불안하다.

세 사람은 가족이라는 울타리 안에서 가까운 존재의 죽음을 맞이한다는 공통 서사를 갖는데, 상실의 슬픔 이면의 비밀들이 밝혀지면서 비로소 각자가 처한 상황을 제대로 마주한다. 진실은 아름답지만은 않지만, 그 민낯을 마주함으로써 아픔을 온전히 받아들이고 성장할 수 있음을 우리는 안다. 그러나 이 책을 읽는 독자라면, 『이중 하나는 거짓말』의 어떤 거짓은 진실보다 따뜻한 위로로 다가온다는 사실을 부정할 수 없고, 거짓의 경계와 선한 거짓말의 의미를 고민하게 될 것이다.

작가의 말처럼 삶은 가차 없고 우리에게 계속 상처를 입힐 테지만 그 안에서 우리는 미미하게나마 성장하고 각자의 방식대로 자신만의 이야기를 남길 것이다. 힘든 시기를 보내는 여러분에게 어떤 결말이든 끝이 있고 혼자가 아닌 작은 연대를 통해 치유될 수 있다고 말해주고 싶다. 그 과정에서 진실과 거짓의 선택은 여러분의 몫이겠지만 그 끝이 아름다운 성장이길 바란다.

#성장 #가족 #관계 #거짓말

교육과정(독서활동) 연계
1. [9국05-03] 인간의 성장을 다룬 작품을 읽으며 문학의 가치를 내면화한다.
2. [9도01-04] 옳고 그름을 분별할 수 있는 도덕적 기준을 탐구하고, 도덕적 상상력을 바탕으로 일상의 도덕 문제들에 도덕적 추론을 적용할 수 있다.
3. [9도01-06] 내면에 대한 성찰을 통해 심리적 고통과 불안, 우울감 등의 원인을 찾고, 마음의 평온을얻을 수 있는 방안들을 다각적으로 모색하여 실천할 수 있다.
4. [9도02-01] 정서적, 배려적 공동체로서 가정의 특성과 도덕적 기능을 파악하고, 가정에서 발생하는갈등을 공감적인 소통과 민주적인 과정을 통해 해소하는 의지를 기른다.

함께 볼 만한 콘텐츠
- [책] 『너도 하늘말나리야』 이금이 지음. 해마 그림. 밤티. 2020. 222쪽.
- [책] 『거짓말』 나카가와 히로타카 글. 미로코 마치코 그림. 길벗어린이. 2016. 32쪽.
- [영화] 〈우아한 거짓말〉 (1:47:00). 이한. 2014.

토의 질문
1. 진정한 가족의 의미는 무엇일까?
2. 세 주인공의 내적 갈등의 원인은 무엇이며 어떻게 해결할 수 있는가?
3. 선의의 거짓말은 용서받을 수 있는가?

| 초1 | 초2 | 초3 | 초4 | 초5 | 초6 | 중1 | 중2 | 중3 | 고1 | 고2 | 고3 | 성인 |

'왕 다이아몬드 반지'가 갖고 싶어!
— 이혜은

기념일의 무게 | 이송현 지음 | 마음이음 | 2024 | 167쪽 | 13,000원

누구에게나 고민은 있다. 그것은 중학생에게도 예외가 없다. 수행평가를 해결하는 일부터 곧 닥쳐올 시험 그리고 연애 사업에 이르기까지 그 종류도 다양하다. 어쩌면 제일 공을 들이는 것이 이성 친구를 사귀고 그 관계를 유지하는 일이 아닐까 싶을 정도로 삼삼오오 모이면 늘 화제의 중심에 있다.

주인공 김태윤의 고민에서 이야기가 시작된다. 친구가 내뱉은 한마디가 계속 머릿속을 맴돈다. "너네는 천 일이니까 좀 거창해야 하지 않겠냐?"

태윤이는 다빈이와 평범하고 평온하게 사귀었다고 생각한다. 등하교를 함께하며 나눈 수많은 고민과 우스갯소리들이 둘 사이 밀도를 높였다. 그래서 다른 친구들이 이성 친구와 만나고 헤어짐을 반복하는 동안에도 변함없이 함께했다.

그런 태윤이지만 다빈이가 뭘 좋아할지 몰라서 대놓고 물어봤다. 그랬더니, "김태윤. 나, 왕 다이아몬드 반지가 너무너무 예쁘더라. 흐흐홍." 농담인가 싶지만 아닌 것 같다. 중학생이 다이아몬드 반지를 어떻게 구한단 말인가. 여기저기 헤매며 방황하는 사이, 태윤의 눈에는 폐지를 주우며 좁은 길에서 손수레를 끌고 가는 할머니가 들어온다. 그러다 할머니를 측은하게 여기는 누군가가 할머니에게 돈을 드리는 모습을 보고 필요한 돈을 구할 수 있는 좋은 직업이 아닐까 생각하게 된다. '많은 돈을 들이면 사랑의 크기를 더 크게 표현할 수 있을까?'

아이들과 대화하다 보면 어떻게 설명하면 좋을지 고민이 되는 경우가 있다. 이미 다 커버린 어른 입장에서는 그동안 경험했고, 그 경험이 축적되어 '당연한' 것이 된 경우가 허다하다. 하지만 학생들은 경험이 쌓이지 않았거나 어쩌면 처음일 수 있다. 그렇다면 '당연한' 것이 아니다.

태윤이와 다빈이의 감정이 오가며 서로를 아끼고 위하는 '경험'이 쌓이는 것을 책을 보면서 '값비싼 물건이나 많은 돈이 전부는 아니라는 것'을 느끼고 경험할 수 있을 것이다.

과연 다빈이가 갖고 싶었던 '왕 다이아몬드 반지'는 무엇이고, 어떤 의미일까를 남자친구 태윤이의 입장에서 또는 여자친구 다빈이의 입장에서 서로서로 생각해 보게 하면 학생들로 하여금 책 속 이야기에 몰입하도록 도울 수 있다.

개인적으로 이 작품의 제목도 '잘 지었다'고 본다. 간결하면서도 이 작품에서 말하고자 하는 작가의 메시지가 분명하기 때문이다. 좋은 제목의 조건을 이야기할 때 이 작품을 예시로 들기도 하였다. 아무래도 남학생들을 만나고 있다 보니 직관적이고 명료한 예시가 활용하기에 좋아서 그렇다. 중학생들이 초등학교 고학년 동화에서 단어와 글의 양이 급격하게 늘어나는 장편소설로 넘어갈 때 활용하기에 유용한 단편소설집이다.

#기념일 #마음의_표현 #돈 #직업

교육과정(독서활동) 연계
1. [9국05-02] 갈등의 진행과 해결 과정을 파악하며 작품을 감상한다.
2. [9도01-07] 삶에서 직업이 가지는 의미와 가치를 파악하며, 사례 탐구를 통해 직업적 양심과 직업윤리의 필요성을 정당화할 수 있다.
3. [9기가01-11] 대인관계에서 발생하는 갈등의 원인과 배경을 분석하고, 효과적인 의사소통을 통해 갈등을 해결하는 방안을 탐색하여 이를 적용한다.

함께 볼 만한 콘텐츠
- [책] 『독고솜에게 반하면』 허진희 지음. 문학동네. 2023. 232쪽.
- [책] 『(14살부터 시작하는) 나의 첫 돈 공부』 가켄 편집부 지음. 뜨인돌. 2024. 299쪽.
- [영상] 진로멘토링. 「중학교_직업에 대한 편견과 고정관념(이하 영상 제목 생략)」(12:45). 2020.9.3.

토의 질문
1. 이성 친구와 오랫동안 사이좋게 지내려면 어떤 노력을 해야 할까?
2. 많은 돈을 들이면 사랑의 크기를 더 크게 표현할 수 있을까?
3. 나의 삶에서 직업은 왜 필요하고, 어떤 가치를 지니는가?

| 초1 | 초2 | 초3 | 초4 | 초5 | 초6 | 중1 | 중2 | 중3 | 고1 | 고2 | 고3 | 성인 |

마음을 배려 있게 표현하려면
— 이혜은

남남 | 백온유 글 | joggen 그림 | 창비 | 2024 | 80쪽 | 10,000원

요즘은 학교 끝나고 마라탕을 먹으러 가는 것이 청소년의 약속된 코스라고 하지만 그보다 조금 전에는 떡볶이였다. 학교 앞 떡볶이 가게는 문전성시를 이루었고, 주말이면 친구들과 따로 약속까지 잡아 시내로 나가 떡볶이를 먹기도 했다. 마라탕과 떡볶이는 현재의 그들에게, 그 시절 우리에게 어떤 의미였을까.

'솔직히 나만큼 두루두루 잘하고 모범적이며 책임감 있는 인물이 없기 때문에 매년 내가 회장에 당선되는 건 당연한 결과'라고 생각하는 소녀 채원이가 있다. 유독 손이 많이 가는 친구인 서우를 챙기느라 평소와 다름없이 약간의 불만을 속으로 툴툴거리며 다가가는데, 보고 말았다. 서우의 예쁜 갈색 눈동자를…….

첫 문장부터 채원이의 깔끔한 인정으로 시작된다. '이서우를 좋아하게 된 이유는 내가 생각해도 이상하다.' 이 책은 크기도 작고, 100쪽이 채 되지 않는 단편소설의 독립적인 단행본(?)이라고 말할 수 있다. 그래서 책 읽기를 별로 즐겨 하지 않지만, 책을 읽어야만 하는 순간에 학생들이 많이 선택하기도 한다. 분량이 짧아 읽기에는 쉬워도 작품의 깊이라든가 감동의 측면에서는 약한 부분이 있지 않을까 하는 걱정의 목소리도 있을지 모르겠다. 그러나 천 리 길도 한 걸음부터라고 동화책이나 웹툰을 보던 아이들이 글자가 빼곡한 책을 읽으려면 서서히 분량을 늘려가는 단계가 필요하다.

책의 맨 뒤편에 실려있는 '작가의 말'에서 작가는 "동정이나 연민이 섞이지 않은, 순도 높은 사랑을 그려내고 싶었다"라고 한다. 사실 처음 이 작품을 읽었을 때는 본문 내용만 읽고 책의 다른 부분까지 꼼꼼하게 읽지는 않았는데 작가의 말을 읽는 순간 '아, 작가가 말하고 싶은 내용을 내가 제대로 느꼈구나' 하는 생각에 기쁜 마음이 들었다. 그래서 읽기 속도가 빠른 학생들이 다른 친구들을 기다리는 동안 산만해지면 책의 앞, 뒤, 작가의 말까지 모두 읽어보라고 권한다.

어쨌든 그 '순도 높은 사랑'의 매개체가 이 작품에서는 바로 '떡볶이'이다. 채원이의 관찰 결과, 서우는 말랐지만 먹을 것을 좋아하는 아이이다. 어느 날 편의점에서 만났을 때 샌드위치, 라면, 생수를 안고 있는 서우를 보고 채원이는 걱정이 앞서며 더 맛있는 것을 먹여주고 싶은데, 이것은 운명의 장난인지 서우가 제일 좋아하는 음식이 떡볶이라고 한다. 채원이의 머릿속은 바빠진다. '그 애가 부담 없이 세상에서 가장 맛있는 떡볶이를 먹을 수 있는 방법이 무엇일까?'

아직 첫사랑을 시작하지 않았거나 이미 경험이 있다고 해도 자신의 마음을 전하는 일이 쉬운 사람은 없을 것이다. 오래 고민하고 확인하며 자신에게 묻고 또 물을 것이다. 다만, 중학교 1학년 남학생들에게서는 '어떤 중학생 여자애의 짝사랑 이야기' 이상의 감상을 아직 듣지 못했다. 개인적으로는 학년이 좀 더 높거나 여학생일 때 조금 더 세밀한 감상이 나올 수 있을 것이라고 생각한다.

#사랑 #짝사랑 #관심 #표현 #배려 #감정

교육과정(독서활동) 연계
1. [9도02-02] 친구의 의미와 가치를 삶의 맥락 속에서 탐구하고, 서로를 인격적으로 존중하는 친구 관계를 상상하며 이를 실현하는 의지를 기른다.
2. [9보02-04] 감정과 스트레스의 적절한 인식과 표현, 지지와 공감 및 다양성 존중을 통해 관계 속에서 행복함과 건강한 관계 맺기를 보여준다.

함께 볼 만한 콘텐츠
- [책] 『내가 좋아하는 사람이 나를 좋아하는』 이필원 글, 예란 그림, 사계절출판사, 2021, 74쪽.
- [책] 『소년, 소녀를 만나다: 황순원의 소나기 이어쓰기』 황순원문학촌 소나기마을 엮음, 문학과지성사, 2016, 160쪽.
- [영상] 옛날티비: KBS Archive, 「TV 문학관 소나기(050508)」(1:27:15), 2020.11.2.

토의 질문
1. 내가 좋아하는 것을 떠올려 보고, 왜 좋아하는지 이유를 2가지씩 이야기 해 보자.
2. 내가 생각하는 친구의 의미는 무엇인가?
3. 친구가 나를 속상하게 하거나 화나게 했을 때 어떻게 반응하면 좋을까?

| 초1 | 초2 | 초3 | 초4 | 초5 | 초6 | 중1 | 중2 | 중3 | 고1 | 고2 | 고3 | 성인 |

한 세탁기를 쓰는 사이입니다
— 한지희

연남동 빙굴빙굴 빨래방 | 김지윤 지음 | 팩토리나인 | 2023 | 371쪽 | 16,800원

『연남동 빙굴빙굴 빨래방』은 무인 빨래방을 배경으로 여러 인물의 삶이 교차하는 옴니버스 형식의 소설이다. 370쪽에 달하는 긴 분량에도 불구하고 이야기별로 나뉜 구성과 쉬운 문체 덕분에 독서가 익숙하지 않은 학생도 부담 없이 읽을 수 있다. 책 속 인물들은 공통적으로 '연두색 다이어리'와 '공용 세탁기'라는 소재로 연결된다. 책 속 장면이 자연스럽게 떠오를 만큼 시각화가 뛰어나며, 같은 제목의 뮤지컬로도 제작되었다.

이 책의 주요 인물은 노인, 청년, 경력 단절 여성, 대학생, 중년 남성 등 다양한 세대에 걸쳐 있으며 각자 일상에서 겪는 좌절과 회복의 과정을 담고 있다. 예를 들어, 경력 단절로 경제적 어려움을 겪는 미라는 무심코 쓴 글을 통해 위로받고, 동생을 보이스피싱으로 잃은 재열은 빨래방 사람들과 협력하여 복수를 시도한다. 이야기 속 주요 인물들은 다른 이야기에 카메오로 등장하거나, 각자의 이야기가 절묘하게 교차되면서 점차 하나의 큰 이야기로 이어진다. 독자는 이 과정에서 마치 자신도 이야기의 일부인 듯한 희열을 느낀다. 옴니버스 형식은 평범한 사람들을 주인공으로 내세우며, 독자에게 '나도 주인공이 될 수 있다'는 긍정적인 감정을 불러일으킨다. 이 책은 소소한 개인의 일상이 타인과의 연결을 통해 변화하고, 서로가 서로의 희망이 되는 과정을 감동적으로 그려낸다.

서사 전개는 비교적 단순하지만, 반복적인 장면 구조와 상징(예: 세탁기, 섬유유연제, 다이어리)을 통해 '돌봄'과 '연결'이라는 주제를 효과적으로 전달한다. 특히 청소년 독자들에게 타인의 삶을 간접 체험하게 해 주며, 공동체 의식과 감정 공유의 중요성, 그리고 다른 사람의 어려움을 그냥 지나치지 않는 다정한 마음이 가진 힘을 잘 보여준다.

  이 책이 주는 또 하나의 중요한 메시지는 '무인 빨래방'이라는 공간 그 자체에 있다. '무인'으로 운영되는 공간이 어떻게 서로를 '연결'하는 공간이 될 수 있는지를 보여주는 이 책은, 비대면이 일상이 되어가는 현대 사회에 희망을 전한다. 일상에서 공간이 어떻게 변하든, 서로를 돌보려는 작은 마음과 행동이 있다면 우리는 언제 어디서나 연결될 수 있다.

  사회를 바꾸기에 개인의 존재가 작다고 느껴질 때가 있다. 그렇지만 개인의 작은 관심과 연대는 주변 사람들에게 큰 힘이 된다. 이 책은 청소년들에게 '사람이 곧 희망'이라는 메시지를 전하며, 나 또한 누군가에게 희망이 될 수 있다는 건강한 마음을 가질 수 있도록 돕는다.

#이웃 #연결 #위로 #희망

교육과정(독서활동) 연계
1. [9국05-02] 갈등의 진행과 해결 과정을 파악하며 작품을 감상한다.
2. [9국05-09] 문학을 통해 타자를 이해하고 공동체의 문제에 참여하는 태도를 기른다.

함께 볼 만한 콘텐츠
- [책] 『산복빨래방』 김준용·이상배 지음. 남해의봄날. 2023. 256쪽.
- [책] 『트레버』 캐서린 라이언 하이드 지음. 뜨인돌. 2008. 365쪽.
- [뮤지컬] 〈연남동 빙굴빙굴 빨래방〉(100분) 황기현 프로듀서. 2024. 8세 이상 관람가.

토의 질문
1. 나에게도 '연두색 다이어리'가 있다면 어떤 이야기를 쓸 것 같나요?
2. 가장 재미있게 읽은 혹은 공감이 갔던 이야기는 누구의 이야기였나요? 그 이유는 무엇인가요?
3. '무인 공간'에서 관계가 만들어질 수 있는 조건은 무엇일까요?
4. 연남동 빙굴빙굴 빨래방에서 만난 사람들을 공동체라고 할 수 있을까요? 그렇게 생각한 이유는 무엇인가요?

| 초1 | 초2 | 초3 | 초4 | 초5 | 초6 | 중1 | **중2** | **중3** | 고1 | 고2 | 고3 | 성인 |

고전 문학, 너를 지켜줄 이야기
— 한지희

나의 열여섯 살을 지켜준 책들 | 곽한영 지음 | 해냄 | 2023 | 320쪽 | 16,800원

고전 문학이라고 하면 으레 '어렵다'는 인상이 먼저 떠오른다. 제목은 익숙하지만, 실제로 읽어본 경험은 드문 책들. 『나의 열여섯 살을 지켜준 책들』은 고전을 읽어보고 싶지만 '고전'이라는 허들 앞에 망설이는 독자에게 도움닫기 할 근육을 만들어 준다. 저자는 열여섯 살이 된 아들에게 추천하고 싶은 16권의 고전을 엄선해, 줄거리부터 시대적 배경, 작가 소개와 작품 해석까지 폭넓은 정보를 제공한다. 책을 읽다 보면 고전 문학은 그 시대 베스트셀러가 될 만큼 재미있고, 많은 사람들이 읽었던 책이라는 점을 깨닫게 된다. 그 감각은 고전에 대한 경계를 낮추고, 저자가 소개한 고전부터 고전 읽기를 시작해 볼까 하는 생각으로 이어진다.

책의 서문에서 저자는 이렇게 말한다. "인간은 이야기로 지어진 집이다." 청소년기, 몸과 마음의 불균형 속에서 방황할 때, 이야기는 나를 지켜주는 성이 되어 준다는 것이다. 이 책에 소개된 고전은 그 시절 저자의 열여섯 살을 지켜준 책들이다. 저자는 『15소년 표류기』와 『로빈슨 크루소』를 읽으며 모험을 꿈꾸었고, 『플랜더스의 개』와 『행복한 왕자』를 읽으며 타인을 돕는 삶의 가치를 배웠다. 『해맞이 언덕의 소녀』를 읽으며 두근거리는 이성과의 만남을 상상했고, 『오즈의 마법사』와 『메리 포핀스』를 읽으며 불가능한 일들을 넘어서는 마법의 힘을 믿게 되었다. 『프랑켄슈타인』과 『데미안』을 읽고 인간이 지닌 근원적인 고독이라는 심오한 철학적 질문을 고민하게 되었고, 『갈매기의 꿈』과 『어린 왕자』를 통해 의미 있는 삶을 위한 자유로운 사고의 중요성을 깨달았다. 저자가 고전을 통해 만난 '다른 삶', '다른 가치'는 청소년 독자들에게도 자기 이해의 거울이자 성장을 위한 자양분이 된다.

　이 책이 특별한 이유는, 단순한 줄거리 요약을 넘어 시대적 맥락과 문화적 배경까지 함께 전달한다는 점이다. 예컨대 디즈니 영화로 익숙한 『메리 포핀스』의 원작이 실제로는 전혀 다른 여성상을 그리고 있다는 사실, 그리고 저자 트래버스가 영화에 실망해 끝내 인정하지 않았다는 뒷이야기는 원작의 진짜 의미를 들여다보게 만든다. 이런 설명은 청소년들에게 비판적 읽기 능력과 문화적 감수성을 함께 길러준다.

　『나의 열여섯 살을 지켜준 책들』은 고전 문학을 사랑하는 어른이 청소년에게 전하는 다정한 초대장이다. 문장은 정중하고 설명은 꼼꼼하며, 사진 자료는 유익하고, 책 속의 어려운 단어는 각 장의 끝에 정리되어 있어 친절하다. 청소년 독자뿐 아니라, 청소년을 독서로 이끌고 싶은 부모나 교사에게도 유익한 안내서다.

　고전은 단지 오래된 책이 아니라, 지금 우리 삶을 비추는 거울이자 길잡이다. 이 책을 통해 고전을 읽는다는 것이 '지루한 숙제'가 아닌, 나 자신을 만나고 세상을 이해하는 여행임을 알게 된다.

　#고전읽기 #그시대베스트셀러 #재미있는고전

교육과정(독서활동) 연계
1. [9국05-05] 작품에 반영된 사회·문화적 상황을 이해하며 작품을 감상한다.
2. [9국05-07] 연관성이 있는 다른 작품들과의 관계를 파악하며 작품을 감상한다.

함께 볼 만한 콘텐츠
- [책] 『고전 리뷰툰』(열정편, 냉정편). 카두니스트 지음. 골든래빗. 2024. 320쪽.
- [책] 『고전적이지 않은 고전 읽기』 박균호 지음. 지상의책. 2018. 260쪽.
- [예능] 「요즘 책방: 책 읽어드립니다」 정민식, 김민수(PD). tvN. 2019~2020. 30부작.

토의 질문
1. 고전은 왜 읽기 어려울까요?
2. '인간은 이야기로 지어진 집'이라는 말에 대해 어떻게 생각하나요?
3. 책에 소개된 고전 중 읽어보고 싶은 고전이 있나요?

후속 활동
1. 디즈니 영화 〈메리 포핀스〉와 원작 『메리 포핀스』 작품 비교하기.

| 초1 | 초2 | 초3 | 초4 | 초5 | 초6 | **중1** | **중2** | **중3** | 고1 | 고2 | 고3 | 성인 |

부르면 달려올 누군가가 있다는 위로
— 조은혜

너의 마음이 부를 때 | 탁경은 지음 | 푸른숲주니어 | 2024 | 180쪽 | 13,000원

『너의 마음이 부를 때』는 힘든 일을 겪고 어떻게 헤쳐 나가야 할지 방황하는 청소년에게 특히 추천할 만한 책이다. 이 책은 친구와 고민과 어려움을 나누는 방법, 그리고 스스로를 돌보는 방식에 대해 따뜻하고 구체적으로 이야기한다.

이야기는 주인공 차지원이 단짝친구 홍하윤과 함께 좋아하는 국어 선생님이 만든 상담동아리 '마이 상담소'에 들어가며 시작된다. 그곳에서 새로운 친구 효미와 예린을 만나고, 함께 다른 학생들의 고민을 들어주며 상담 활동을 이어간다. 상담동아리의 소문이 퍼지면서 점점 더 많은 친구가 도움을 요청한다. 동시에 동아리원들도 각자 감추고 있던 자신의 고민과 어려움을 마주하게 된다. 각자의 상처와 혼란을 조심스럽게 꺼내 보이며, 이들은 서로를 이해하고 지지하는 관계로 성장해 간다.

이 책은 작가가 중학교 강연에서 받은 수많은 질문과 고민을 계기로 쓰게 된 작품이다. 그 질문과 그 안에 담긴 고민을 다루는 방식으로 작가는 "인간은 파멸할 수는 있어도 패배하지는 않아(8쪽)"와 "온 힘을 다해 한 번 더 일어나겠다고 약속해 줄래?(158쪽)"와 같이 힘들 수는 있어도 다시 일어나는 태도에 대해 말한다.

작가는 이 의도를 전달하기 위해 두 가지 구체적인 방법을 제시한다. 첫 번째는 힘들 때 '부르면 달려올 누군가'의 존재다. 처음 달려오는 존재는 하윤이였다. 그러나 나중에는 힘든 하윤에게 "그리고 힘들면 언제든 연락하기야. 내가 후다닥 달려갈 테니까(142쪽)"라고 지원이 말하며 서로에게 부르면 달려올 존재가 되어가는 과정을 잘 보여준다.

두 번째는 '자기 돌봄'이다. 큰 상처를 가지고 있는 지원은 상담을 하며 다른 사람의 고민에 귀를 기울이고 상처를 다독여준다. 그 과정에서 자기 스스로에게는 그런 존재가 되어주지 못하였음을 깨닫고 이제는 자신의 마음을 들여다보고 다독여주는 시간을 가져야겠다고 결심한다.

아쉬운 점은 이러한 메시지를 전달하고자 하는 작가의 의도가 마음 회복과 관련된 책의 구절을 인용하거나, 실제 있는 자기계발서들을 나열하며 추천해 주는 장면 등과 같이 지나치게 직접적으로 드러나고 설명적으로 제시되는 경우가 있어 이야기 몰입도가 다소 낮아지는 지점이 있었다는 것이다.

그럼에도 불구하고 『너의 마음이 부를 때』는 방황하는 청소년의 내면을 진심으로 살피고 위로하는 책이다. 상담이라는 과정을 통해 감정을 나누고 관계를 맺어가는 방식은 실제 청소년들의 생활과도 밀접하게 맞닿아 있다. 특히 혼자 힘든 감정을 끌어안고 있는 학생들, 자신의 감정을 표현하기 어려운 학생들에게 적합하다.

#자기돌봄 #상담 #회복탄력성

교육과정(독서활동) 연계
1. [9도01-06] 내면에 대한 성찰을 통해 심리적 고통과 불안, 우울감 등의 원인을 고, 마음의 평온을 얻을 수 있는 방안들을 다각적으로 모색하여 실천할 수 있다.
2. [9도02-02] 친구의 의미와 가치를 삶의 맥락 속에서 탐구하고, 서로를 인격적으로 존중하는 친구 관계를 상상하며 이를 실현하는 의지를 기른다.

함께 볼 만한 콘텐츠
- [책] 『회복탄력성』 김주환 지음. 위즈덤하우스. 2019. 268쪽.
- [책] 『태도에 관하여』 임경선 지음. 토스트. 2024. 352쪽.
- [책] 『아주 작은 습관의 힘』 제임스 클리어 지음. 비즈니스북스. 2019. 360쪽.

토의 질문
1. 내가 하윤이였다면 일찍 지원에게 자신의 고민을 말할 수 있었을까?
2. 내가 예린이였다면 효미와 예린이 사이에서 어떻게 했을까?
3. 자신을 스스로 다독이고 챙겨주지 못하는 이유가 무엇일까?

| 초1 | 초2 | 초3 | 초4 | 초5 | 초6 | 중1 | 중2 | 중3 | 고1 | 고2 | 고3 | 성인 |

양푼이 안에 담긴 우정과 위로의 세계
— 조은혜

순일중학교 양푼이 클럽 | 김지완 지음 | 자음과모음 | 2024 | 192쪽 | 15,000원

『순일중학교 양푼이 클럽』은 좋은 친구 관계란 무엇인지 고민하는 청소년, 또는 친구와 감정을 어떻게 나누고 이해할 수 있는지를 알고 싶은 청소년에게 특히 추천할 만한 소설이다. 각자의 아픔을 혼자 삼키지 않고 함께 나누는 이야기로, 감정을 들여다보는 법을 배우고 싶은 청소년에게도 적합하다.

이 소설은 네 명의 친구 윤예은, 손보민, 전종희, 최시래가 '양푼이 클럽'이라는 소모임을 만들며 시작된다. 이들은 양푼에 빙수나 비빔밥을 나눠 먹으며 각자의 고민과 상처를 서로 나누고, 동시에 서로의 곁을 지켜주며 함께 나아간다. 각 장에서는 등장인물 네 명의 이야기가 차례대로 진행되고, 독자들은 자연스럽게 각 인물이 처한 상황과 감정선을 따라가게 된다. 단순한 구조지만 각 장마다 개별적인 사건과 감정이 담겨 있어, 이야기의 몰입도를 높인다.

이 책의 가장 큰 장점은 청소년 독자가 부담 없이 재미있게 읽을 수 있다는 점이다. 챕터마다 주인공이 바뀌면서 한 아이의 이야기가 차례대로 전개되는 단순한 구조로 진행되기 때문에 이야기를 따라가는 데 큰 어려움이 없다. 또한 각 인물의 심리를 섬세하게 표현하여 독자가 공감할 수 있도록 했다. 사이가 좋지 않은 아빠가 외국으로 떠나기 전 전화를 건 종희의 복잡한 마음을 "감당할 수 없는 사실은 그냥 모르는 척하는 게 속 편할 때가 있는 법(110쪽)"이라고 표현하는 등 심리묘사가 뛰어나다. 감정과 생각을 명확한 언어로 표현하기 어려워하는 청소년들의 내면을 정확한 언어로 말해줌으로써, 독자들이 상황 속에서 느끼는 감정을 자연스럽게 받아들일 수 있도록 한다.

다음 장점은 청소년 문학에 걸맞은 의도를 잘 그려냈다는 점이다. 책의 서두에서 '혼자 울게 두지 않을 것'이라는 메시지를 밝히고, 이야기 속에서 인물들이 서로의 고통을 외면하지 않고 서로에게 힘이 되어 준다. 도움을 받은 친구가 그 마음을 이어받아 또 다른 친구를 도와주며 양푼이 클럽은 서로를 혼자 두지 않는다. 각자가 위기를 겪을 때마다 친구들이 함께하고, 그 격려와 응원은 클럽에 속하지 않았지만 새로운 시작을 하는 인물까지 이 따뜻한 공동체에 포함되며 함께 나아간다. 끝부분에서 작가는 "모든 일이 무 자르듯 깔끔하게 끝나지 않아도, 마음에 다시 그림자가 드리워지더라도 꼭 기운을 내자고 말하고 싶(190쪽)"다고 말하며, 이야기 이후에도 이어질 등장인물의 삶과 독자의 삶을 응원한다.

『순일중학교 양푼이 클럽』은 재미있게 읽히면서도, 친구 관계의 본질과 감정 공유의 중요성을 자연스럽게 짚어준다. 특히 여학생 독자들에게 인물의 감정과 상황이 더 깊이 다가올 수 있으며, 또래의 관계 맺기나 감정 표현에 어려움을 느끼는 청소년들에게 좋은 길잡이가 될 수 있다. 청소년 소설에서 독자들이 기대하는 요소들을 잘 담아낸 작품이다.

#우정 #청소년 임신 #거식증

교육과정(독서활동) 연계
1. [9도02-02] 친구의 의미와 가치를 삶의 맥락 속에서 탐구하고, 서로를 인격적으로 존중하는 친구 관계를 상상하며 이를 실현하는 의지를 기른다.
2. [12기가03-05] 가족생활에서 발생하는 다양한 위기의 회복과 치유 방안을 탐색하고 회복탄력성을 발휘하여 성장하는 방안을 추론한다.

함께 볼 만한 콘텐츠
- [책] 『고요한 우연』 김수빈 지음. 문학동네. 2023. 232쪽.
- [영상] 「단 하루도 빠지지 않고 친구를 등하교 시킨 10년. 마침내 기적이 찾아왔다! 찐친구의 아름다운 우정이야기」(4:23). 엠빅뉴스. 2020.12.28.
- [영상] 「"함께 말라 죽을 친구 구해요"… 10대 섭식장애주의보」(8:01). EBS뉴스. 2022.3.15.

토의 질문
1. 등장인물들 가장 마음이 가는 친구는 누구인가? 이유는?
2. 내가 보민이였다면 유리에 대해 어떤 감정이 들까? 이유는?
3. 친구가 힘든 일이 있을 때 나는 어느 정도까지 도움을 줄 수 있는 사람일까? 반대로 내가 힘들 때 친구들이 어떻게 해주길 바라는가?

| 초1 | 초2 | 초3 | 초4 | 초5 | **초6** | **중1** | **중2** | 중3 | 고1 | 고2 | 고3 | 성인 |

우리 모두가 속해 있는 이 세상은 달라졌다
— 허정

십 대를 위한 기후 수업, 나는 풍요로웠고 지구는 달라졌다 | 호프 자런 지음 | 김은령 옮김 | 김영사 | 2024 | 284쪽 | 18,800원

　이 책은 성인 독자를 대상으로 먼저 출간했던 『나는 풍요로웠고 지구는 달라졌다』를 청소년들 눈높이에 맞춰 작가가 직접 다듬어 출간한 작품이다. 1969년 9월 27일 작가가 태어난 그 순간부터 50년이 지난 현재까지 그간의 삶과 지구의 변화를 생명, 음식, 에너지, 지구라는 네 부분으로 나누어 이야기하듯 전하고 있다. 요즘에는 보기 드물게 빼곡히 채워진 글자를 보면 당혹감이 느껴질 수 있겠으나 글자 크기가 크니 안심하기 바란다. 몇 문장 읽다 보면 한 페이지가 금방 지나간다. 작가는 이 책을 통해 그동안 우리 생활 방식이 어떻게 바뀌었는지, 그리고 이런 바뀐 삶이 어떻게 기후위기와 연결되는지를 수많은 데이터와 연구자료를 바탕으로 전하고 있다.

　50년 전 35억 명이었던 세계 인구는 80억 명이 되었으며, 그때보다 농작물과 육류 생산량은 세 배 이상 늘었다. 늘어난 인구만큼 식량 생산량도 늘었으니 우리는 모두 풍족하게 살고 있어야 하지만 여전히 우리는 8억 명의 굶주리는 사람들과 함께 살고 있다. 왜 그럴까? 이는 공급의 문제가 아닌 분배의 문제라고 작가는 말한다. 과거에 비해 늘어난 것은 인구와 식량만이 아니다. 전기 사용량은 50년 전에 비해 네 배, 화석 연료 사용량은 거의 세 배로 증가하였다. 운전을 하고, 난방을 하고, 공장을 돌리는 등 우리가 생활하는 데 필요한 에너지의 90퍼센트는 화석 연료를 통해 만들어진다고 하니 늘어난 연료 사용량만큼 우리 삶이 풍요로워진 것은 분명하다. 그렇다면 풍요로워진 삶과 기후 위기는 어떤 연관성이 있을까? 그것은 화석 연료를 태우면서 발생되는 이산화탄소 때문이라고 말한다. 좀 더 정확하게 말하자면 이산화탄소 분자가 갖고 있는 햇빛을 흡수하는 능력 때문이라고 전한다. 화석 연료를 태우면서 이산화탄소 농도는 증가하고 지구는 더 많은 햇빛을 흡수하게 되어 점점 더 더워질 수밖에 없고, 이러한 '온실 효과'는 결국 '글로벌 위어딩(Global Weirding)'을 의미하는 기후 이상 현상을 일으키게 되었다.

책을 읽다 보면 막연하게 느꼈던 기후위기가 우리의 생활 방식과 얼마나 밀접하게 연관되어 있는지 깨닫게 된다. 수시로 사용했던 일회용품, 매일 먹는 고기 반찬, 편하게 이용했던 자동차 등 우리의 삶은 풍요로워졌지만, 지구는 분명 피폐해졌다. 그렇다면 우리는 어떻게 해야 될까? 이 질문에 대해 작가는 "덜 소비하고 더 많이 나누라(125쪽)"고 전한다. 책의 마지막 부분에는 '지구의 풍요를 위하여'라는 제목으로 실천 내용을 좀 더 구체적이고 자세하게 제시하고 있으니 얼마나 친절한 환경책인가?

책을 읽는 내내 우리의 사소한 행동 하나가 지구 전체에 어떤 영향을 미치는지, 기후위기가 심각해진 요즘 어떻게 생각하고 행동해야 하는지에 대해 진지하게 고민하게 한다. 환경에 관심이 많은 청소년에게도, 그리고 환경에 대해 무관심한 학생들에게도 우리의 주변과 환경, 그리고 지구를 생각하게 할 좋은 안내서가 될 것이다.

#지구 #환경 #에너지 #기후위기

교육과정(독서활동) 연계
1. [6실02-11] 생태 지향적 삶을 위해 자신의 의식주 생활에서 할 수 있는 구체적인 행동을 계획하여 실천한다.
2. [9환04-01] 지구역사와 함께 기후가 어떻게 변화해 왔고 전망되는지 이해하고 현재의 기후위기 상황을 인식한다.
3. [9환04-05] 학교와 지역에서 실천할 수 있는 기후행동을 계획하고 참여하며 그 결과를 성찰한다.

함께 볼 만한 콘텐츠
- [책]『왜 세계의 절반은 굶주리는가』장 지글러 지음. 갈라파고스. 2016. 201쪽.
- [책]『세계가 만일 100명의 마을이라면: 환경 편』이케다 가요코 엮음, 한성례 역. 국일미디어. 2018. 112쪽.
- [책]『먹방 말고 인증샷 말고 식사』정정희 글, 김우현 그림. 천개의바람. 2023. 196쪽.

토의 질문
1. 10년 전 과거와 현재의 모습을 떠올리며 가장 크게 바뀐 부분을 이야기해 보자.
2. 우리의 먹거리가 기후 위기에 어떤 영향을 미치는지 책 속 내용을 바탕으로 이야기해 보자.
3. 기후 위기를 해결할 수 있는 실천적인 방안에 대해 이야기해 보자.

| 초1 | 초2 | 초3 | 초4 | 초5 | **초6** | **중1** | **중2** | **중3** | 고1 | 고2 | 고3 | 성인 |

삶은 치열했지만 따스했다
— 허정

나는 캐나다의 한국인 응급구조사 | 김준일 글 | 한겨레출판 | 2024 | 252쪽 | 17,000원

하루에도 몇 번씩 삶과 죽음의 경계에서 소중한 생명을 지켜주는 이들이 있다. 바로 응급구조사로 일하는 사람들이다. 저자는 캐나다에서 응급구조사인 '파라메딕'으로 일하고 있다. 응급구조사라는 직업도 특별한데 한국도 아닌 캐나다라니. 특별함에 특별함을 더한 내용이라 직관적인 제목부터 독자들의 시선을 사로잡는다.

저자는 삶에 회의가 느껴져 한국에서의 안정적인 삶을 정리하고 나이 마흔에 캐나다로 이민을 왔다. '정부 보조가 없으면 생계가 불가능하고, 최저 시급을 받는 저소득층에, 영어가 외국어인 40대 가장(10쪽)'이었던 저자는 같은 주 7년 차 간호사보다 시급은 높지만 2년제만 졸업하면 된다는 말에 솔깃해 도전하게 되었다고 시작의 동기를 밝혔다. 구체적인 설명은 없었으나 언어와 문화가 익숙하지 않은 타국에서 응급구조사라는 전문적이고 생소한 직업을 얻기까지 얼마나 절실했고, 얼마나 많은 노력을 기울였을지 차마 짐작조차 할 수 없다. 저자는 드디어 2018년에 캐나다 온타리오주 레프루 카운티 소속 파라메딕으로 채용되었고, 책이 출간된 2024년까지 파라메딕으로 근무하고 있다고 하니 적지 않은 나이에 새로운 삶에 도전한 저자의 용기에 박수를 보내고 싶다.

이 책은 일반인들은 겪을 수 없고 때론 겪고 싶지도 않은 파라메딕으로서 겪은 일상을 기록하고 있다. "현장으로 가면서 늘 상상한다. 일어날 수 있는 최악의 상황을. 그 상황에서 환자를 위해 내가 할 수 있는 조치를 막힘없이 수행하도록 공부했고 훈련 받았다(91쪽)." 응급 현장에서 겪어야만 했던 안타깝고 처참했던 일들, 이민자로서 겪었을 서러움, 삶과 죽음이 오가는 현장에서 느낀

무력감 등이 책을 통해 고스란히 전해진다. 생명을 구하는 가치있는 직업이지만 그리고 경력이 쌓일수록 감정을 다스리고 마음을 단단히 할 수 있는 노하우는 생기겠지만 결국 몸과 마음이 모두 힘든 직업이라는 생각이 들었다. 그럼에도 불구하고 저자는 이 일이 좋을 때가 있다고 했다. 그것은 다름 아닌 "도움이 필요하세요?"라는 말을 주저 없이 건넬 수 있는 순간이라고 전했다. 참혹한 현장에 제일 먼저 달려가 생명을 구하는 대단한 일을 하지만 정작 저자 자신은 스스로를 위해 이 일을 하고 있으며, 스스로 나서서 남을 돕는 자들에게만 허락되는 따뜻함이라고 전했다.

"그저 지루하게 반복되는 일상이 오늘도 나와 내 가족에게 주어졌다는 사실에 감사하고 내일도 허락되길 바란다(78쪽)"는 책 속 한 구절처럼 오늘의 평범함에 감사하고 그래서 주변에 사소한 도움이라도 주고 싶다면 이 책을 읽어보자. 묵직한 삶의 기록들이 독자에게 오늘의 안녕이 얼마나 감사하고 귀한 것인지를, 타인을 도와 줄 수 있는 따스함이 어떤 것인지를 잠시나마 떠올릴 수 있게 도와줄 것이다.

#삶과죽음 #파라메딕 #응급구조 #이민자

교육과정(독서활동) 연계
1. [9도01-03] 행복한 관한 심리적, 사회적, 윤리적 접근 등을 통해 행복의 의미를 종합적으로 파악하고, 삶의 목적과 행복의 관계를 정립할 수 있다.
2. [9도01-05] 삶의 유한함에 관한 성찰을 통해 생명의 소중함과 의미 있는 삶의 중요성을 인식하고, 자신의 미래 모습을 상상하며 삶을 계획하고 이를 실천하는 의지를 기른다.
3. [9도01-07] 삶에서 직업이 갖는 의미와 가치를 파악하며, 사례 탐구를 통해 직업적 양심과 직업윤리의 필요성을 정당화할 수 있다.

함께 볼 만한 콘텐츠
- [책] 『나는, 소방서로 출근합니다』 이무열 지음. 지식인하우스. 2023. 220쪽.
- [책] 『죽은 자의 집 청소』 김완 지음. 김영사. 2020. 252쪽.
- [책] 『경찰관속으로』 원도 지음. 이후진프레스. 2019. 208쪽.
- [책] 『유 아 마이 선사인』 레지나 채 지음. 도서출판기역. 2024. 240쪽.

토의 질문
1. 가장 안타까웠던 사연은 무엇이며, 왜 그런가요?
2. 우리의 삶이 소중한 이유는 무엇 때문이라고 생각하나요?
3. 직업인으로서 저자에게 가장 본받고 싶은 태도는 무엇인가요?

| 초1 | 초2 | 초3 | 초4 | 초5 | 초6 | 중1 | 중2 | 중3 | 고1 | 고2 | 고3 | 성인 |

세계사 흐름을 꿰뚫는 지리의 힘
— 윤은정

나의 첫 지정학 수업 | 전국지리교사모임 지음 | 탐 | 2023 | 250쪽 | 17,000원

러시아와 우크라이나 간 전쟁의 나비효과가 전 세계에 영향을 미치고 있다. 우크라이나 식량 수입 의존도가 높은 중동이나 아프리카는 식량 위기에 직면하였고 러시아의 천연가스를 공급받던 유럽을 중심으로 에너지 안보 문제가 고개를 들었다. 반면 우리나라 조선업계와 방위산업에는 호재로 작용하며 반사이익을 얻기도 하였다. 이처럼 다양한 국제적 사건들은 긴밀하게 얽혀 국가 간 영향을 미치는데, 이 과정에서 지형, 기후, 국경, 인구, 경제력, 군사력, 문화 등 다양한 지리학적 요인이 깊숙이 작용한다.

『나의 첫 지정학 수업』은 문명의 탄생부터 오늘날 신냉전에 이르기까지 지리적 조건이 어떻게 세계사에 영향을 미쳤는지 지정학적 관점으로 세계사를 보여준다. 역사적으로 지정학이 미친 국제 정세의 흐름을 이해하고 앞으로의 세계 질서 변화에 통찰적 시각을 얻고 싶은 분들에게 이 책을 추천한다.

이 책은 총 8장으로 구성되어 있다. 0장에서는 지정학의 개념과 지정학의 자연지리 요인, 인문 지리 요인을 일목요연하게 소개함으로써 지정학의 이해를 높이며 시작한다. 1장은 고대 문명이 탄생한 지리적 특징과 문명 발달에 미친 영향을 흥미롭게 다룬다. 2장부터 6장까지는 세계 각 대륙의 역사적 흐름과 지정학적 요소의 상관관계를 집중적으로 살펴봄으로써 지리적 요인이 국가 간의 이해관계와 외교 전략에 얼마나 깊숙이 작용하는지 보여준다. 7장은 한반도의 지정학적 위기와 국제 정세를 설명함과 동시에 지정학적 위기를 극복하고 우리가 나아가야 할 길을 역설한다.

현대판 실크로드를 꿈꾸는 중국의 일대일로 정책, 우크라이나를 침공한 러시아와 인도의 우호적 관계, 파나마의 군대 해산은 세계 크고 작은 국가들이 취한 전략적인 지정학적 이익으로 풀이되며, 국제 질서에 미치는 지리의 힘을 새삼 실감하게 한다. 그리고 세계 지정학적 논리에 의해 주변 강대국에 휘둘렸던 우리 역사를 확인하면서 국제 관계 안에서 지정학적 사고에 기반한 냉철한 선택의 필요성을 깨닫는다.

한편, 우리는 이 책이 제시하는 다양한 지정학적 관점 이면의 윤리적 관점을 생각해 볼 필요가 있다. 여전히 끊이지 않는 국제분쟁과 아프리카 내전, 경제 협력을 빌미로 한 부채함정 외교 등 국가의 생존과 번영 앞에 외면받는 윤리적 책임 사이의 균형 있는 시각이 요구된다.

『나의 첫 지정학 수업』은 지정학을 처음 접하는 사람에게 꽤 친절한 안내서다. 세계사의 굵직한 흐름과 국제 정세를 지정학적 관점으로 이해함으로써 앞으로 펼쳐질 국제 사회의 변화를 능동적으로 바라보고 통찰할 지혜를 선사한다.

#세계사 #국제분쟁 #지정학 #지리 #국제이해관계

중학교 인문사회

교육과정(독서활동) 연계
1. [9사(지리)01-01] 세계 여러 지역의 특성을 해당 지역의 위치와 자연·인문환경을 고려하여 추론한다.
2. [9사(지리)01-03] 세계의 변화가 지역에 영향을 미치고 지역의 변화가 세계에 영향을 미치는 사례를 조사한다.
3. [9사(지리)07-01] 우리 국토의 위치와 영역에 대한 이해를 바탕으로 세계 속에서 우리나라의 위치를 지정학, 지경학적 측면에서 탐색한다.
4. [9사(지리)11-03] 세계시민의 관점에서 한반도 평화의 중요성을 논의하고, 한반도 평화와 통일 환경 속에서 우리의 삶과 국토의 미래를 구상한다.
5. [9사(일사)11-02] 국제 사회의 다양한 분쟁에 대해 조사하고, 지역, 국가, 세계의 시민으로서 우리의 역할에 대해 토의한다.

함께 볼 만한 콘텐츠
- [책] 『십 대를 위한 지리 교과서 속 세계 분쟁 이야기』 한병관·황상표·박영신·김정수·심다정 지음. 팜파스. 2025. 192쪽.
- [책] 『지리의 힘 2』 팀 마샬 지음. 사이. 2022. 469쪽.
- [영화] 〈윈터 온 파이어〉 (1:42:00). 이브게니 아피네예브스키. 2015.

토의 질문
1. 한국은 지정학적으로 중국과 미국 사이의 전략적 요충지이다. 당신이 한국의 지도자라면 일대일로 정책에 동참하겠습니까?
2. 국제분쟁 사례를 지정학적 관점으로 소개하고 세계시민으로 우리가 가져야 할 자세를 토의하시오.
3. 지정학적으로 한반도가 갖는 가치를 소개하고 한반도 평화를 위해 어떤 노력이 필요한지 국가적, 개인적 측면으로 제시하시오.

| 초1 | 초2 | 초3 | 초4 | 초5 | **초6** | **중1** | **중2** | 중3 | 고1 | 고2 | 고3 | 성인 |

너와 나의 경계를 지키는 힘
— 윤은정

혐오, 나는 네가 싫어 | 한세리·신지현·강지예 글 | 송효정 그림 | 천개의바람 | 2024 | 164쪽 | 13,000원

'오늘도 혐오했나요, 혐오 당했나요?' 날카롭게 파고드는 첫 장의 소제목이 눈길을 끈다. 2025년 5월, 유엔 인종차별철폐위원회(CERD)는 한국을 심의한 보고서에서 '이주민, 난민들에 대한 인종차별적 증오 발언이 온·오프라인에서 지속적으로 증가하고 있는 것에 대해 우려를 표명'하며 대책 마련을 촉구했다. 최근 불거진 반중 정서의 확산, 대구 모스크 건립 반대 관련 무슬림 커뮤니티 혐오 발언 등 한국 사회에서 인종 혐오 문제가 심각해지고 있는데 급기야 유엔의 경고까지 받게 된 것이다. 비단 인종 혐오 문제뿐만 아니라 사회적 소수자에 대한 혐오, 특정 계층에 대한 혐오를 다루는 뉴스가 자주 등장하고 있다. 그야말로 우리는 혐오의 시대를 살아가고 있다. 이 책은 교실 안팎에서 접할 법한 다양한 혐오 문제를 사례와 함께 이해하기 쉽게 소개하고 청소년들이 혐오의 시대를 어떻게 살아가면 좋을지 따뜻하게 조언한다.

『혐오, 나는 네가 싫어』는 크게 세 장으로 나뉘어 있다. 각 장은 혐오에 대한 이해, 다양한 혐오 문제 사례, 혐오를 넘어서는 법을 청소년 눈높이에 맞게 흥미롭게 풀어내고 있는데, 목차 구성만으로도 한눈에 책이 읽힌다. 첫 장에서는 혐오가 무엇인지, 왜 우리는 혐오하는지, 혐오의 이유는 정당한 것인지를 면밀히 파헤친다. 특히, 혐오의 원인을 자신과 타인의 다름을 결정짓는 '경계' 침범에 대한 두려움과 특정 계층과 권력에 의해 작용하는 부당한 상황에서 찾고 있다는 점이 새롭다. 교실 안의 왕따 문제와 유머로 포장되는 혐오 표현의 불편함을 꼬집고 일상과 밀착된 사례들로 설득력을 더한다.

두 번째 장에서는 자기 혐오, 능력 혐오, 장애인 혐오, 젠더 혐오, 나이 혐오,

인종 혐오 등 평소 혐오라고 인지하지 못하는 다양한 혐오 문제를 다룬다. 저자는 적절한 질문과 그에 대한 답을 이어가며 독자가 갖는 차별과 혐오에 관한 오해와 궁금증을 해소하고 비판적 시각을 더해준다.

마지막 장은 첫 장에서 언급한 혐오의 원인에 대한 실천적 대안을 제시한다. 혐오 사회를 살아가는 청소년들이 자기 성찰을 통해 자신의 경계를 이해하고 타인의 경계를 존중하며 자신의 세계를 넓혀나갈 것을 권한다.

혐오가 만연한 시대를 살아가는 우리의 내면은 단단하지 못하다. 나와 다름에 대한 두려움과 불안함은 나와 다른 생각을 가진 대상을 향한 혐오로 표출되고, 존중받아야 마땅한 타인의 경계를 무너뜨리는 또 다른 폭력으로 변질된다. 이 책을 통해 청소년들이 자기 자신을 바로 이해하고 각자의 경계를 존중하는 것이 혐오를 넘어서는 출발임을 깨닫길 바란다. 각자가 나다운 자연스러운 모습을 가치 있게 여기고 서로를 인정하고 존중하는 모습이 상식인 사회가 오길 희망한다.

#혐오 #차별 #혐오표현 #대항표현 #인권감수성

교육과정(독서활동) 연계
1. [9도02-04] 인간을 관계적 존재로 해석할 수 있는 이유에 근거하여 타인과의 관계에서 필요한 가치·덕목을 탐구하고, 타인의 생각과 감정에 공감하는 태도를 기른다.
2. [9도03-01] 인권을 존중해야 하는 도덕적 이유를 정당화하고, 인권 침해 사례에 대한 탐구를 통해 그 원인과 해결 방안을 도출함으로써 인권 감수성을 기른다.
3. [9도03-02] 외집단에 대한 편견을 비판적으로 분석하고, 타문화·타종교·타인종을 존중해야 하는 이유에 근거하여 차이와 다양성에 대한 열린 마음을 기른다.
4. [9도03-04] 정의로운 사회를 상상해보고, 이를 실현할 수 있는 정의의 원칙과 제도에 대한 다양한 의견들을 민주적인 방식으로 종합할 수 있다.

함께 볼 만한 콘텐츠
- [책] 『선량한 차별주의자』 김지혜 지음. 창비. 2024. 244쪽.
- [책] 『왜요, 그 말이 어때서요?』 김청연 지음. 코피루왁 그림. 동녘. 2020. 152쪽.
- [영상] EBS다큐프라임. 「시민의 탄생 1부: 악플수집가」(1:00:00) 2020.4.20.
- [영화] 〈콘크리트 유토피아〉(2:10:00). 엄태화. 2023.

토의 질문
1. 혐오에 저항하는 효과적인 방법은 무엇일까?
2. 타인과의 경계를 존중하기 위해 실천할 수 있는 것은 무엇일까?
3. 혐오와 갈등에서 빚어진 역사적 사례를 조명하며 오늘날의 혐오 문제를 해결할 방법을 제안해 보자.

| 초1 | 초2 | 초3 | 초4 | 초5 | 초6 | 중1 | **중2** | **중3** | 고1 | 고2 | 고3 | **성인** |

도움이 필요한 아이에게
— 이혜은

괜찮아?! | 이남석 지음 | 우리교육 | 2024 | 167쪽 | 15,000원

정신 건강의 중요성에 대한 인식이 어느 때보다 높은 요즘이지만, 막상 어떻게 대처해야 하는가에 대해서는 막막하기만 하다. 이 책은 불안, 우울, 무기력이라는 불편한 세 가지 감정의 뿌리를 알아차리게 하고, 부정적인 감정에서 벗어나는 방법을 소개한다. 심리학 개념을 다룬 책 중에서 쉽게 쓰였기 때문에 전공자가 아니라도 편하게 읽고 직접 적용해 볼 수 있다.

우리 말의 특징이 있다면 뉘앙스에 따라 유사한 촉감이나 상황도 다르게 표현된다는 것이 아닐까? '스멀거리는* 느낌을 떠올리기만 해도 불쾌하고 불편하다. 이 책에서 말하는 세 가지 감정(불안, 우울, 무기력)도 아마 스스로를 불쾌하고 불편하게 만들기 때문에 저자가 이 단어를 선택하지 않았을까 짐작한다.

들어가는 말에서 저자는 부정적인 마음은 다양하지만, 그중에서도 이 책에서 언급하고 있는 불안, 우울, 무기력은 ①인생 전체를 좌우할 수도 있을 만큼 아주 중요하고 ②세 감정은 깊이 관련되어 있어 묶어 설명하는 게 더 효과적이며 ③대처 방법이나 해결 방법이 공통적인 것이 많다고 설명하고 있다. 1, 2, 3장에서는 불안, 우울, 무기력을 만드는 마음이 무엇인지, 어떤 모습으로 드러나는지 그 뿌리를 알아차리게 하는 데 중점을 두었다면 4, 5, 6장에서는 부정적인 마음에서 벗어나기 위한 방법을 소개하고 조언한다. 마지막 7장에서는 마음 챙김을 통해 부정적인 감정에 빠지는 것을 막을 수 있도록 도우려 한다.

유사한 것을 마주칠 때 ①반가워하며 친밀감을 가질 수도 있고 ②부정하며 외면할 수도 있다. 학생이라면 ①번의 성향을 가지고 있는 학생들에게만 권유

---
* 스멀거리다: 살갗에 벌레가 자꾸 기어가는 것처럼 근질근질하다(출처: 네이버 국어사전).

한다. 자신의 부정적인 감정을 인정하기 어렵다면 책을 펼쳤더라도 도중에 덮을 가능성이 크다.

따라서 이 책은 보호자 또는 교사가 불안, 우울, 무기력감을 가진 학생을 발견했을 때 이 감정에서 벗어나기 위해 도움을 주기 위해 읽어두면 큰 도움이 될 만한 책이다.

몸이 아프면 당연히 병원에 간다. 하지만 병원에 갈 수 없는 상황이거나 비교적 경미한 상태라고 스스로 인식한다면 약을 먹거나 휴식을 취하기도 한다. 정신 건강도 현재 상태를 제대로 인식하는 일이 굉장히 중요한 일이다. 병원에 가야 할 정도는 아니지만 평상심으로 돌아오기 위한 변화가 필요하다고 느끼거나 또는 그런 사람을 주변에서 발견한다면 이 책이 도움이 될 것이다.

#정신건강 # 스트레스 #불안 # 우울 # 무기력

교육과정(독서활동) 연계
1. [9기가01-05] 청소년기의 건강한 발달을 위협하는 스트레스, 분노, 우울 등의 여러 가지 행동 및 심리 문제의 원인을 분석하고, 적응 유연성을 기를 수 있는 다양한 예방 및 해결 방안을 탐색하여 적용한다.
2. [9체01-09] 정신 건강의 의미를 이해하고 정신 건강 활동의 종류와 특성을 분석한다.
3. [9보01-02] 몸과 마음의 신호와 건강지표를 통해 건강 상태를 평가하여 건강관리에 적용한다.

함께 볼 만한 콘텐츠
- [책]『조별 과제 하다가 폭발하지 않는 법』윤미영 지음. 생각학교. 2023. 223쪽.
- [책]『나라는 식물을 키워보기로 했다』김은주 지음. 워리 라인스 그림. 허밍버드. 2021. 281쪽.
- [책]『내가 원하는 것을 나도 모를 때』전승환 지음. 북로망스. 2025. 355쪽.

토의 질문
1. 나에게 부정적인 감정(스트레스, 분노, 우울)을 일으켰던 상황이나 사건은 어떤 것들이 있었으며, 어떻게 대처했는가? (어떻게 대처할 수 있을까?)
2. 정신 건강을 위해 내가 할 수 있는 노력은 어떤 것들이 있을까?
3. 스트레스, 분노, 우울 등을 겪고 있는 친구에게 어떤 방법으로 도울 수 있을까?.

| 초1 | 초2 | 초3 | 초4 | 초5 | 초6 | **중1** | **중2** | **중3** | **고1** | 고2 | 고3 | 성인 |

한국인도 한국어가 어렵다
— 이혜은

요즘 10대를 위한 최소한의 맞춤법 | 이주윤 글·그림 | 빅피시 | 2024 | 250쪽 | 16,800원

교사: 아이고, 얘들아! 오늘 왜 이렇게 부산스럽니?

학생: 샘, 여기 부산 아닌데요?

교사: 응. 여기 부산 아니지. 그러니까 선생님이 한 부산스럽다는 말은 지역을 말하는 게 아니라 지금 너희가 떠들썩하고 어수선하다는 뜻이야.

중학생이 알아듣기에는 너무 어려운 단어였을까. 당황한 마음을 애써 누르고 수업을 이어나갔지만, 아직도 그 상황이 선명하다. 한국어(모국어)도 단어 공부가 필요하다. 학교도서관에서 가장 책의 수가 적은 분류를 생각해 보면 종교(200)와 언어(700)일 것이다. 언어의 경우 한자나 외국어 학습을 돕기 위한 책들을 들여오기 때문에 많아 보일 수 있지만 의외로 한국어에 관련된 책은 사서교사인 나에게도 오래되어 보인다거나 좀처럼 표지가 열리지 않는 책들뿐이었다. 문해력이 강조되는 시대에 어휘의 중요성은 아무리 강조해도 지나치지 않을 터, 어떤 책이 나와 있을까 검색하다가 이 책을 발견하게 되었다.

학습만화의 형식을 빌려 등장인물이 있고, 본문을 들어가기 전에 그 등장인물들이 어휘가 사용되는 상황을 그려내며 이해를 돕는다. 총 3개 파트로 구분되어 있는데 저자의 표현을 그대로 옮기자면 첫째, 모르면 부끄러운 요즘 필수 맞춤법(기초 다지기 편) 둘째, 교과서와 시험에 꼭 나오지만 헷갈리는 맞춤법(어휘력 향상 편) 셋째, 알수록 독해가 쉬워지는 문해력 필수 어휘 TOP 21(독해력+문해력 완성 편)이다.

문장 역시 옛날처럼 '마땅히 ~라고 해야 한다'라는 느낌이 아니라 선생님이 옆에서 설명해 주는 듯한 구어체를 사용하고 있기 때문에 책을 읽을 때 좀 더 친밀한 느낌을 주고 책을 한 장 더 읽을 수 있는 힘을 줄 수 있지 않을까 기대한다. 여기에 본문 끝에 한 줄 요약과 퀴즈를 첨가하여 학생들이 자신의 이해 정도를 간단히 점검해 볼 수 있도록 마련되어 있다.

부록에 실린 맞춤법 100선과 틀린 맞춤법 찾기는 바로 학생들과 해 볼 수 있어서 유용했다. 맞춤법 100선에 실린 단어를 주고 학생들에게 올바른 표현을 맞춰보게 한 다음 틀린 표현이 있으면 문장으로 다시 한번 써 보게 지도했다. 틀린 맞춤법 찾기는 아직 수업에 활용한 적은 없으나 어휘 학습이 어느 정도 반열에 오르면 적용해 보아도 좋겠다.

이제는 모국어도 습득이 아니라 외국어만큼 학습이 필요한 시대가 되었다. 언어도 이제 한국어와 외국어가 점점 더 많이 혼용될 것이고, 내 나라의 언어를 풍부하고 품격있게 사용할 수 있도록 교육하는 것이 중요해지지 않을까 생각한다.

#문해력 #맞춤법 #어휘 #한국어

교육과정(독서활동) 연계
1. [9국04-06] 한글 맞춤법의 기본 원리와 내용을 이해하고 국어생활에 적용한다.
2. [9국04-07] 세대·분야·매체에 따른 어휘의 양상과 쓰임을 분석하고 다양한 집단과 사회의 언어에 관용적 태도를 지닌다.

함께 볼 만한 콘텐츠
- [책] 『맞춤법에 진심인 편』 차민진 글, 이혜원 그림. 풀빛. 2024. 208쪽.
- [책] 『(요즘 어른을 위한) 최소한의 맞춤법』 이주윤 글·그림. 빅피시. 2023. 243쪽.
- https://korean.go.kr/kornorms/regltn/regltnView.do#a (국립국어원 한국어 어문규범(한글 맞춤법))

토의 질문
1. 맞춤법을 지켜야 하는 이유는 무엇일까?
2. 나의 언어생활을 평가해 보자.
3. 어느 집단이나 세대에서 일정 기간 동안 널리 쓰이는 단어에 대해 어떻게 생각하는가?

| 초1 | 초2 | 초3 | 초4 | 초5 | 초6 | 중1 | **중2** | **중3** | **고1** | **고2** | **고3** | **성인** |

"정치? 나랑 상관있어!"
— 한지희

(변호사 아빠와 떠나는) 민주주의와 법 여행 | 양지열 지음 | 특별한서재 | 2025 | 280쪽 | 17,500원

정치 관련 뉴스를 접할 때 배경지식이 부족해 내용을 이해하기 어려운 청소년들이 많다. 『변호사 아빠와 떠나는 민주주의와 법 여행』은 그런 독자들에게 한국의 정치와 법 제도에 대한 기본기를 제공하는 책이다. 변호사 아빠와 딸 민주가 9일에 걸쳐 법과 제도가 만들어지는 공간을 여행하는 구성은 흥미롭고 신선하다. 현실의 문제를 궁금해하는 딸이 질문하고, 변호사인 아버지가 답변하는 대화체 서술 방식은 내용의 진입 장벽을 낮춰준다. 각 장의 시작에는 중·고등학교 교과와 연계된 단원이 안내되어 있어, 수업과 연계한 독서 활동 자료로도 적합하다. 사회나 정치와 법 수업 시간의 '한 학기 한 권 읽기' 도서로도 추천할 만하다.

이 책의 강점은 구성의 세심함에 있다. 청소년의 흥미를 유도하기 위해 다양한 장치를 활용했다. 목차부터 눈에 띄는데, '우리 손으로 나라를 만든다면?', '떡볶이 속 민법 맛보기', '양치기 소년은 억울하다?' 등 재치 있는 제목이 호기심을 자극한다. 본문은 '오늘의 대화' 형식으로 내용을 짧고 간결하게 정리하며, 컬러 삽화와 네 컷 만화를 배치해 독서 피로도를 낮췄다. '오늘의 방문' 코너에서는 실제 장소를 소개하며 체험 중심 학습으로의 확장 가능성도 열어둔다. 각 장의 마지막에는 '교과서 밖 생각' 코너를 통해 교과 과정에서 다루지 못한 현실적이고 중요한 논점을 제시하며, '생각거리' 질문과 답변 공간을 마련해 독자의 능동적 참여를 유도한다.

내용적으로는 민주주의, 헌법과 기본권, 정부 구조, 정치 참여, 선거 제도, 민법과 가족 관계, 형법, 노동자의 권리 등 폭넓은 주제를 다룬다. 최근 정치 이슈도 언급되지만, 특정 성향에 치우치지 않고 개념 중심의 설명에 집중해 편향 없이 읽을 수 있다.

특히 16세부터 정당 가입이 가능하고, 18세부터 선거권이 주어진다는 사실은 청소년을 정치적 주체로 인식하게 만든다. 제20대 대통령 선거 당시 18~19세 유권자가 약 98만 명이었고, 실제 당락 차이가 24만 표였다는 점은 한 표의 영향력을 실감하게 한다. 정치는 '어른의 문제'가 아니라 '우리의 문제'라는 사실을 자연스럽게 각인시킨다.

이 책은 민주주의와 법이 완성된 시스템이 아니라, 구성원의 관심과 참여를 통해 발전해가는 과정이라는 점을 강조한다. 지금 우리가 누리는 권리가 과거 누군가의 노력과 헌신 위에 있다는 사실은, 독자에게 감사와 동시에 책임 의식을 느끼게 만든다. 『변호사 아빠와 떠나는 민주주의와 법 여행』은 청소년에게 민주주의의 가치와 법의 역할을 이해시키고, 스스로 주체적인 시민으로 성장할 수 있도록 돕는 유익한 입문서이다.

#민주주의입문 #법과정치쉽게배우기 #정치는우리의이야기

교육과정(독서활동) 연계
1. [9사(일사)03-01] 공동체 생활에 필요한 정치의 역할을 탐색하고, 다양한 정치 사례를 통해 민주주의의 의미와 필요성을 도출한다.
2. [9사(일사)03-02] 민주주의의 발전 과정을 검토하고, 이를 토대로 민주주의 이념과 기본 원리를 도출한다.
3. [9사(일사)03-03] 현대 민주주의의 특징과 과제를 검토하고, 우리나라 민주주의의 발전을 위한 제도적 방안과 시민의 역할에 대해 토의한다.
4. [9사(일사)05-01] 법의 의미와 특징을 설명하고, 일상생활에서 접하는 법의 사례를 통해 법의 목적을 도출한다.

함께 볼 만한 콘텐츠
- [책] 『우리 곁에 있어야 할 법 이야기』 최정규 지음. 철수와영희. 2024. 180쪽.
- [책] 『청소년이 정치를 꼭 알아야 하나요?』 미리암 르보 달론 지음. 글담출판. 2019. 135쪽.
- [영상] 「방구석 민주현장체험_민주주의 시간여행」(40분). 경기평진원.

토의 질문
1. 우리가 스스로 법을 만들 수 있다면 어떤 법을 만들고 싶은가요? 그 법은 어떤 문제를 해결하려는 건가요?
2. 정당 가입은 16세부터, 투표는 18세부터 가능한 이유는 무엇일까요? 청소년에게 선거권이 더 확대되어야 할까요?

후속 활동
1. 근로기준법 기준으로 청소년의 근로계약서(알바 계약서) 작성해보기. [참고] 청소년 노동인권 길라잡이. 경기도평생학습포털GSEEK지식. https://www.gseek.kr/user/course/online/view?s_sbjct_sn=3527&s_sbjct_cycl_sn=1. 130분.

| 초1 | 초2 | 초3 | 초4 | 초5 | 초6 | 중1 | **중2** | **중3** | **고1** | 고2 | 고3 | 성인 |

한 사람의 인생이 한 점의 명화가 되기까지
— 윤은정

명화의 탄생, 그때 그 사람 | 성수영 지음 | 한경arte | 2024 | 343쪽 | 21,000원

　기자로서 매주 미술 칼럼을 써온 저자는 난해한 미술 작품 앞에서 고민하는 독자의 마음을 꿰뚫기라도 한 듯 '어렵고 먼 예술'이 아닌 '살아 있는 사람들의 이야기'로 작품과 관람객 사이 거리를 메워간다. 이 책은 마르크 샤갈, 르네 마그리트, 클로드 모네, 빈센트 반 고흐, 앙리 루소 등 27명 서양화가의 인생과 가치관, 그들의 작품에 영향을 주고받은 주변 인물들의 이야기, 대표작의 탄생과 작품 세계의 평가를 재미있게 엮어 예술가적 삶과 작품의 의미를 이해하도록 돕는다. 평소 미술 작품이 어렵게만 느껴지던 사람 혹은 예술 작품 한 점에 담긴 삶과 철학을 사유하며 영감과 위로를 받고 싶은 사람들에게 이 책을 추천하고 싶다.

　『명화의 탄생, 그때 그 사람』은 작가의 삶과 작품 세계를 관통하는 사랑, 헌신, 고난, 일상 네 가지 주제로 각각의 장이 구성된다. 예술적 영감에서 빼놓을 수 없는 사랑, 그림에 대한 열정으로 끊임없이 시도하고 필사적으로 그리는 헌신적 마음, 예술적 승화의 원천이 된 시련과 고난, 흔히 지나치는 것에서 발견되는 일상의 소중함을 다룬 작가들의 삶과 작품 세계를 흥미진진하게 풀어내며 미술에 문외한인 사람도 흠뻑 빠져들게 한다.

　타인의 곱지 않은 시선 속에 순탄치 않은 사랑을 했던 프레더릭 레이턴의 작품을 조용히 보고 있노라면 애절한 사랑이 고스란히 담겨 있는 작가의 애틋한 시선을 경험하게 된다. 또한, 천재적인 재능에 안주하지 않고 궁극의 노력으로 빛과 색채의 본질적 아름다움을 표현하는 경지에 오른 윌리엄 터너, 미술계 왕따였으나 포기하지 않고 시체를 해부하며 해부학을 공부하고 끈기와 노력으로 베네치아의 전설이 된 틴토레또, 흙수저에 늦은 나이 독학으로 그림을 그리며 사람들의 비웃음과 가난에도 포기를 몰랐던 앙리 루소… 이들의 인생과 미술에 대한 열정, 노력은 고된 삶에 지친 우리에게도 위로와 공감을 선사한다. 그리고 예술은 고고한 영역이 아니며 수많은 실패와 고독한 외로움 속에서도 자기 길을 묵묵히 걸어간 숭고한 예술가들의 삶이었음을 깨닫게 된다.

화려한 명화의 탄생에는 치열했던 작가의 삶이 있었다. 작품 안에 담긴 작가의 인생은 작품을 바라보는 시야를 넓혀주고 우리의 삶과 연결되어 예술을 통해 세상을 바라보는 힘과 위로와 공감의 힘을 길러줄 것이다.

#미술 #작가의삶 #작품이해 #인문

교육과정(독서활동) 연계
1. [9미01-04] 삶과 미술의 관계를 이해하고 다양한 분야와의 연결 방안을 모색할 수 있다.
2. [9미02-04] 자신과 타인의 작품을 존중하며, 다양한 방법으로 공유하고 소통할 수 있다.
3. [9미03-01] 미술의 시대적, 지역적, 사회적 맥락을 이해하고 설명할 수 있다.
4. [9미03-04] 미술의 다원성에 대한 존중을 바탕으로 미술 감상 경험을 삶과 연결하고 공동체 문화에 기여할 수 있다.

함께 볼 만한 콘텐츠
- [책] 『미술관에 간 인문학자』 안현배 지음. 어바웃어북. 2022. 427쪽.
- [영화] 〈미야자키 하야오: 자연의 영혼〉(1:26:00). 레오 파비에. 2025.
- [영화] 〈러빙 빈센트〉(1:30:00). 도로타 코비엘라, 휴 웰치맨. 2017.

토의 질문
1. 예술가의 삶이 반영된 작품을 찾고, 작품 속에서 발견되는 인문학적 가치를 논하세요.
2. 당대 사회 통념상 도덕적 가치관과 예술적 가치 사이의 딜레마는 어떻게 극복할 수 있는가?
3. 시대적, 지역적, 사회적 특성을 반영한 미술 작품을 소개하고 작품에 담긴 특성을 찾아보세요.

| 초1 | 초2 | 초3 | 초4 | 초5 | 초6 | 중1 | 중2 | 중3 | 고1 | 고2 | 고3 | 성인 |

노래 한 곡, 메시지를 담을 시간
— 이혜은

요즘 아이들을 위한 요즘 K-pop 작사 수업 | 안영주 지음 | 더디퍼런스 | 2024 | 207쪽 | 15,000원

수련활동 레크리에이션 시간이었다. 어떤 학생이 사회자를 향해 맹렬하게 자신에게 발언권을 달라고 누구보다 높이 손을 들었다. 2~3초 정도 음악을 듣고 무슨 노래인지 맞히는 게임을 했는데 그 학생은 모든 노래에 손을 들었다. 평상시에는 말수도 적고 수업에 적극적으로 반응하는 학생도 아니었던 터라 적지 않게 놀랐다. 좋아하는 것은 많이 알게 되고, 많이 아는 것은 자신감을 갖게 한다는 사실을 다시 한번 깨닫는 순간이었다.

거리에서 블루투스 이어폰을 끼고 음악을 듣는 사람들을 어렵지 않게 볼 수 있다. 안전이 걱정되기는 하지만 노이즈 캔슬링이라는 기능을 통해 주변 소음을 원천 차단하면서까지 노래를 듣고 싶어한다.

이 책은 '작사가인 동시에 현재 시점 대학생, 중학생의 학부모'이기도 한 저자가 강사로 초빙되어 학생들을 만나본 경험을 바탕으로 '청소년 전용 작사 기본 개념서'로 쓴 책이다. 작사의 기초 지식, 작사와 학교 공부의 연관성('학교 공부가 작사에 꽤 도움이 된단다'), 실습을 위한 예시 가사와 활동지 양식, 작사가가 되기 위한 진로 상담(Q&A) 등의 내용이 실려있어 읽고 나면 밀도 있는 초청 강연을 듣고 난 듯한 느낌을 받을 수 있다. 강연은 기록하거나 녹화하지 않으면 다시 내용을 재생하기 어렵지만, 책은 덮었다가도 생각나면 다시 열어볼 수 있다는 아주 큰 장점이 있다.

요즘 세대는 생산과 소비가 거침없다고들 하는데 곁에서 아이들을 지켜보면 소비하고 받는 것에는 익숙하지만 스스로의 필요성에 의해 생산하고 창작하는 모습은 그렇지 않은 듯하다. 생산 또는 창작에서의 지적 자극을 느낄 수 있도록 하는 방법에는 어떤 것들이 있을까?

짧은 글에는 운문(시)이 있고 긴 글에는 산문이 있다. 그리고 그 둘 사이 어딘가에 가사(노랫말)가 존재한다. 운문보다는 약간 더 길고 산문 형식에 가깝지만, 산문보다는 더 짧고 운문처럼 내용에 의미를 함축하는 경향을 보인다. 굉장히 매력적인 재료가 아닐 수 없다.

이야기 장르가 아닌 단행본의 장점은 차례를 훑어보고 원하는 부분을 집중적으로 선택하여 읽을 수 있다는 것이다. 작사가라는 직업이 궁금한 학생은 'class4'를, 작사의 기초 지식을 공부하고 싶다면 'class1'을, 내가 지금 하고 있는 공부가 진로를 위해 어떤 도움이 되는지 느끼고 싶다면 'class2'를 읽어보라고 추천한다. 요즘 학교에서는 다양한 직업인과 진로 탐방을 위해 많은 프로그램을 운영하고 있는데, 번번이 체험활동을 나갈 수 없고, 또 학생들이 희망하는 모든 직업에 대해 운영할 수 없기 때문에 이럴 때 활용할만하다.

#작사 #글쓰기 #진로

교육과정(독서활동) 연계
1. [9음03-01] 음악적 의도나 아이디어를 여러 매체나 방법에 적용하여 자기 주도적으로 창작한다.
2. [9국03-01] 대상의 특성에 적합한 설명 방법을 활용하여 글을 쓴다.

함께 볼 만한 콘텐츠
- [책] 『언젠가 이 밤도 노래가 되겠지』 옥상달빛 지음. 위즈덤하우스. 2023. 247쪽.
- [책] 『(나를 숨 쉬게 하는) 보통의 언어들』 김이나 지음. 위즈덤하우스. 2020. 263쪽.
- [영상] JTBC ENTERTAINMENT. 「피가 되고 살이 되는 현직 작사가 3인방의 [작사 입문 조언](2:42) 〈배달가요-신비한 레코드샵(recordshop)〉 8회 | JTBC 210312 방송」. 2021.3.12.

토의 질문
1. 평소에 어떤 장르의 음악을 좋아하는가? 이유는 무엇인가?
2. 자신이 말하고 싶은 메시지를 담은 노래를 찾아 가사를 조사해보고, 다른 사람들에게 소개 해 보자.
3. 어린이를 위한 동요를 만들기로 했다. 어떤 점을 신경 써야 할까? 다른 친구가 만든 노랫말을 읽고 조언을 적어 보자.

| 초1 | 초2 | 초3 | 초4 | 초5 | 초6 | **중1** | **중2** | **중3** | **고1** | **고2** | **고3** | 성인 |

지금 당장 운동하고 싶어지는 책
— 한지희

내 몸 쓰는 법 | 김보미 지음 | 서해문집 | 2024 | 153쪽 | 14,500원

머리를 잘 쓰라는 말은 흔히 들지만, 몸을 잘 쓰란 말은 들어본 적이 별로 없다. 몸이란 단어를 들으면 몸매나 다이어트 같은 말이 먼저 생각난다. 『내 몸 쓰는 법』은 '보이는 몸이 아닌 기능하는 몸을 위한 스포츠 이야기'라는 부제를 가지고 있다. 이 책은 독자들의 시선을 외형적인 몸에서 '움직이는 몸', '기능하는 몸'으로 돌려놓는다. 아름다운 몸매보다 중요한 것은 잘 기능하는 몸이고, 이를 위해 나만의 인생 운동을 찾고 스포츠의 재미를 느낄 수 있도록 다양한 운동 종목을 소개하고 있다. 이 책은 체육 시간에 한 학기 한 권 읽기로 함께 읽기에 적합하다. 책에 소개된 운동을 실제로 체험해 보고, 나만의 인생 운동을 찾아 '나의 인생 운동 실행 보고서'를 작성해 보면 어떨까? 몸의 변화를 직접 실감하면 운동을 좋아하지 않던 학생도 스스로 몸을 움직이게 될 것이다.

이 책은 두껍지 않은 분량과 컬러풀한 삽화 덕분에 누구나 쉽게 읽을 수 있다. 구어체로 편하게 쓰여 있어, 읽는 내내 흥미가 끊이지 않는다. 특히 유명 연예인 인터뷰나 예능 속 스포츠 이야기, 글쓴이의 개인적 경험을 통해 독자의 관심을 끌어낸다. 1, 2장을 읽으며 건강하게 기능하는 몸을 갖고 싶다, 그런데 어떻게 해야 하지? 하는 생각이 들 때쯤 3장에서 운동을 하는 이유와 비교적 쉽게 경험해 볼 수 있는 뉴스포츠를 소개한다. 기존 스포츠를 변형해 모두가 편하게 참여할 수 있게 만든 뉴스포츠를 학교 체육시간에 이미 경험해 본 학생도 있을 것이다. 3장에서는 또한 스포츠 관련 전공과 직업, 미래 스포츠를 만드는 기술까지 소개하며 관련 진로를 고민하는 학생들에게도 유익한 정보를 제공한다.

책의 핵심은 독자들이 자신만의 인생 운동을 찾도록 돕는 것이다. 4장에서는 나의 운동취향을 찾을 수 있도록 혼자 하는 운동, 함께하는 스포츠, 승부하는 운동, 배우는 운동으로 나누어 각각의 운동을 먼저 해본 사람들의 수기를 소개한다. 읽다 보면 이게 나한테 맞을 것 같다, 이것부터 시작해볼까 하는 생각이 든다.

한 가지 수정이 필요한 부분이 있다. 3장의 대한체육회 '학생 심판 양성 프로그램'은 예산 문제로 2025년부터 중단되었다. 교내 시합, 학교 대항 스포츠 클럽 대회 등에서 학생들이 심판과 운영요원으로 활동할 수 있었던 좋은 프로그램이었는데, 프로그램 종료가 매우 아쉽다.

흠뻑 땀을 흘린 뒤 느끼는 상쾌함, 오래도록 걷거나 뛰어도 숨이 차지 않는 나! 그렇게 잘 기능하는 몸을 만들다 보면, 보기 좋은 몸은 자연스럽게 따라오는 법. 건강한 몸과 건강한 마음은 떨어져 있지 않다는 메시지를 전하며 지금 당장 운동하고 싶어지는 이 책을 추천한다.

#몸과마음 #인생운동찾기 #운동의즐거움

교육과정(독서활동) 연계
1. [9보01-03] 건강한 수면, 식습관, 신체활동에 대해 알아보고 건강생활습관을 계획하고 실천한다.
2. [9체01-02] 체력 관리의 의미를 이해하고 원리를 분석한다.
3. [9체01-04] 자신의 체력을 진단하고 적합한 체력 관리 방법을 실천한다.

함께 볼 만한 콘텐츠
- [책]『쫌 이상한 체육 시간』최진환 지음. 창비교육. 2022. 236쪽.
- [책]『하이큐』(1~45권). 후루다테 하루이치 글·그림. 대원씨아이. 2020. 192쪽.
- [영화] 〈머니볼〉(133분.). 베넷 밀러 감독. 소니 픽쳐스 릴리징 브에나 비스타 영화㈜. 2011.
- [예능] 시켜서 한다! 오늘부터 운동뚱. 서현도 기획. iHQ. 2020.
- [노래] 〈사람들이 움직이는 게〉(3:53). 악동뮤지션. 2016.

토의 질문
1. 보이는 몸보다 기능하는 몸이 더 중요한 이유는 무엇일까요?
2. 이 책에서 제시된 운동 중 실천해보고 싶은 운동이 있나요?
3. 인생운동을 찾고 운동을 습관화하는 데 가장 중요한 요소는 무엇일까요?
4. 이 책에서 제시된 '뉴스포츠'와 같은 새로운 운동은 어떤 역할을 할까요?

| 초1 | 초2 | 초3 | 초4 | 초5 | 초6 | **중1** | **중2** | **중3** | 고1 | 고2 | 고3 | 성인 |

다양한 예시로 풀어낸 창작의 설계도
― 조은혜

세계관 만드는 법 | 이지향 지음 | 유유 | 2023 | 170쪽 | 12,000원

『세계관 만드는 법』은 소설이나 이야기를 창작하고자 하는 경우, 또는 '세계관'이라는 단어에 호기심이 생겨 그것이 무엇인지 알고 싶어하는 경우에 추천하기 좋은 책이다. 창작에 대한 흥미와 구체적인 세계 구축 방법에 대한 궁금증을 모두 만족시켜 줄 수 있는 책으로, 이야기의 배경과 인물을 깊이 있게 이해하고자 하는 독자에게도 유익하다.

책은 총 3장으로 구성된다. 1장에서는 세계관의 개념과 그것이 이야기 속에서 어떤 역할을 하는지를 설명하고, 이를 잘 활용한 국내외 콘텐츠를 예시로 소개한다. 이어지는 2장에서는 세계관을 구성하는 주요 요소들(캐릭터, 시공간, 톤 앤드 무드, 설정)을 항목별로 나누어 구체적이고 체계적으로 설명한다. 마지막 3장에서는 하나의 세계관이 단일 콘텐츠를 넘어 다양한 매체로 확장되어 슈퍼 IP(Intellectual Property, 지식재산)로 발전해 가는 과정과 예시를 다룬다. 특히 팬덤의 형성과 문화까지도 함께 다루면서, 세계관이 단순한 설정을 넘어서 지속 가능한 생명력을 갖추는 과정까지 설득력 있게 풀어낸다.

이 책의 장점은 세 가지로 정리할 수 있다. 첫 번째는 풍부한 예시를 통해 이해를 돕는 점이다. 다양한 국내외 콘텐츠들을 예시로 들어 설명함으로써, 개념이 생소한 독자라도 쉽게 이해할 수 있다. 동시에 이미 알고 있는 익숙한 콘텐츠들을 세계관의 구성 요소 관점에서 다시 바라볼 수 있어 흥미를 더한다.

두 번째는 친근하고 편안한 문체다. 자칫 방대하고 어렵게 느껴질 수 있는 세계관이라는 개념을 현업에서 활동 중인 저자가 이야기하듯 풀어내며 설명하기 때문에, 독자에게 부담 없이 다가온다.

세 번째는 요소별 설명의 유형화와 실용성이다. 단순히 개념을 나열하는 것이 아니라, 각 요소의 다양한 유형을 구분하여 제시함으로써 독자가 자신만의 창작물에 적용해 볼 수 있도록 안내한다. 실제 창작 도구로 활용 가능한 설명이라는 점에서 실질적인 도움이 된다.

물론 아쉬운 부분도 있다. 저자가 특정 스토리 프로덕션에 소속된 스토리PD이다 보니, 해당 회사에서 제작한 콘텐츠가 예시로 자주 등장한다. 이들 작품이 대중적으로 잘 알려지지 않은 경우, 독자에게는 낯설게 느껴질 수 있고, 그로 인해 이해도나 몰입도가 떨어질 여지도 있다. 간략한 설명이 곁들여 있긴 하지만, 보다 보편적인 예시가 함께 소개되었더라면 더욱 효과적이었을 것이다.

그럼에도 『세계관 만드는 법』은 '세계관'이라는 개념을 단순한 설정의 나열이 아닌, 각 요소가 어떻게 적용되는지 알 수 있게 만들어주는 책이다. 창작에 관심 있는 청소년은 물론, 이야기의 구성요소를 이해하고 싶은 모든 이들에게 도움이 될 수 있는 책이다. 세계관이란 무엇인가에 대해 막연한 궁금증을 품고 있는 독자라면, 이 책을 통해 작가가 만든 질서 있는 상상의 세계를 만나는 경험을 할 수 있을 것이다.

#세계관 #창작법 #IP

교육과정(독서활동) 연계
1. [12문학01-06] 문학 작품에서는 내용과 형식이 긴밀하게 연관됨을 이해하며 작품을 수용한다.
2. [12문학01-09] 다양한 매체로 구현된 작품의 창의적 표현 방법과 심미적 가치를 문학적 관점에서 수용하고 소통한다.

함께 볼 만한 콘텐츠
- [책] 『창작자를 위한 지브리 스토리텔링』 이누해 지음. 동녘. 2024. 288쪽.
- [기사] 「대전의 꿈이 자란다… 꿈씨패밀리 열풍」. 이심건. 충청투데이. 2025.
- [영상] 「잘 나가는 브랜드의 필수 요소! 브랜드 세계관의 모든 것」(12:53). 생활변화관측소. 2022.9.2.

토의 질문
1. 책에서 나오지 않은 세계관을 활용한 콘텐츠는 무엇이 있을까?
2. 나라면 세계관 필수요소들을 무슨 순서로 정했을까?
3. 자신이 좋아했던 콘텐츠 중 세계관을 활용한 콘텐츠는 무엇이 있을까?

| 초1 | 초2 | 초3 | 초4 | 초5 | **초6** | **중1** | **중2** | **중3** | 고1 | 고2 | 고3 | 성인 |

사회 속에서 나의 의견을 분명히 해야 하는 이유
— 허정

하리하라의 과학배틀 | 이은희 글 | 구희 그림 | 비룡소 | 2024 | 95쪽 | 12,000원

이 책은 과학을 쉽고 재미있게 전해주는 것으로 유명한 작가가 청소년들의 과학적 사고력과 탐구력을 위해 만든 토론서이다. 일상과 밀접한 사회 문제를 토론 주제로 삼아 찬반 의견과 함께 마인드맵과 만화로 구성해 흥미와 이해도를 높였다. 찬반으로 나뉜 주장에는 어떤 과학적 근거가 있는지 짚어주며, 가장 핵심이 되는 문장에는 형광펜으로 표시까지 해 두었으니 정말 친절한 과학책이 아닐 수 없다.

총 11가지 주제를 배틀 형식으로 구성하여 찬반 의견에 대한 근거를 과학적으로 쉽게 설명하고 있어 지식을 다룬 책이 어렵게 느껴진다면 이 책을 살펴보면 좋을 듯 하다. 토론의 첫 시작으로는 흙수저로 한창 논란이 되었던 계층 대물림 현상을 동물사회 연구를 통해 설명하고 있으며, 이후 남녀 차이를 유전과 환경 중 어느 쪽 영향으로 볼 것인지에 관한 주제와 쓰레기 분리배출의 효용성, 코로나19와 같은 바이러스에 관한 내용을 토론 주제로 다루고 있다. 또한 컨베이어시스템과 같은 동일한 분업이 현재 사회에서 과연 효율적인지와 외모로 인한 차별 금지법이 꼭 필요한지에 대해서도 다루고 있다. 그밖에도 기후위기와 관련하여 육류 섭취가 인류에 미치는 영향과 에코백과 텀블러 사용이 환경에 도움이 되는지에 대한 문제, 사회의 다양성을 위해 성별 구분을 사회적 성 역할로 구분해야 한다는 주장, 그리고 현재 가장 핫한 이슈인 인공지능의 쓰임과 역할에 관한 문제도 다루고 있다. 마지막 11라운드에서는 '거울 신경 세포'라는 과학적 사실을 바탕으로 장애인 배려가 비장애인에게는 역차별이라는 논쟁과 함께 이 사회가 갖고 있는 배제 시스템의 문제점을 다루고 있다.

평소 사회 문제에 관심을 갖고 있는 청소년이라면, 그리고 이런 문제들을 한 번쯤 되짚어 보고 싶은 독자라면 이 책이 도움이 될 것이다. 아는 만큼 보이는 것처럼 우리 주변에서 일어나고 있는 크고 작은 현상은 결국 나의 생활과 무관하지 않다. 그렇다면 우리는 왜 이러한 사회 문제에 관심을 갖고 목소리를 내야 할까?

이 질문에 대해 작가는 '자신의 의견을 분명히 하는 것은 어른으로 성장하기 위한 과정이며, 이런 나의 의견을 뒷받침할 수 있는 근거를 들어 나의 견해를 단단하게 다지는 방법을 배우는 과정이 과학적 사고력을 키우는 방법(저자의 말)'이라고 전한다. 또한 "미래 사회에서 가장 중요한 가치는 공존이며, 이를 위해 필요한 것은 상대의 입장에서 생각하고 서로를 이해하는 것"(209쪽)이라고 말해 이 책에서 다룬 11가지 논제들이 공존을 위해 우리가 한 번쯤은 고민해 봐야 할 문제들로 선별한 게 아닌가 싶다.

사회 구성원으로서 함께 살아가기 위해 조금은 불편하고 느릴지라도 함께 가는 것, 그리고 그렇지 않은 사람들에게 이런 나의 견해를 밝히고 논리적으로 설득할 수 있다면 우리 사회는 점점 더 건강한 사회로 발전할 수 있지 않을까 싶다.

#과학토론 #토론주제 #사회문제

교육과정(독서활동) 연계
1. [9사(일사)01-03] 우리 사회에 나타나는 다양한 갈등과 차별의 사례를 조사하고, 이에 대철하는 시민의 자질에 대해 토의한다.
2. [9사(일사)12-02] 오늘날의 주요한 사회문제를 조사하고, 이러한 사회문제가 우리 생활에 미치는 영향에 대해 토의한다.
3. [9과01-01] 과학적 탐구 방법을 이해하고, 일상생활의 문제에 대한 과학적 해결 방안을 제안할 수 있다.

함께 볼 만한 콘텐츠
- [책] 『미래를 읽다 과학이슈 11』 원호섭 외 지음. 동아엠앤비. 2025. 206쪽.
- [책] 『EBS 지식채널e × 기후시민』 지식채널ⓔ 제작팀 지음. EBS BOOKS. 2023. 256쪽.
- [책] 『청소년을 위한 과학 인문학』 김호연 외 지음. 지노. 2024. 208쪽.

토의 질문
1. 11가지의 주제 중 청소년기인 지금 나에게 가장 관심 있는 주제는 무엇인가요?
2. 11가지의 주제 중 현재 우리나라 상황에서 가장 중요한 사안은 무엇이라고 생각하나요?
3. 찬반 의견 중 논리적인 설득이 다소 부족했던 분야는 무엇이라고 생각하나요?

| 초1 | 초2 | 초3 | 초4 | 초5 | 초6 | 중1 | 중2 | 중3 | 고1 | 고2 | 고3 | 성인 |

과학적 사고로 기후 변화 바라보기
— 윤은정

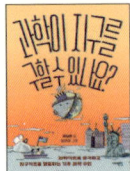

과학이 지구를 구할 수 있나요? | 목정민 글 | 도아마 그림 | 서해문집 | 2024 | 191쪽 | 14,800원

　빙하 붕괴, 산사태, 기록적 폭우, 폭염, 산불, 기후난민, 식량위기, 멸종위기… 이것은 디스토피아 영화 이야기가 아니다. 세계 곳곳에서 기후 변화가 몰고 온 문제가 심각하다. 기후위기가 총체적으로 지구 생태계를 위협하고 있다.

　2000년, 노벨화학상 수상자인 파울 크뤼천은 산업혁명 이후의 지질시대를 '인류세'라 명명하며 사실상 지구 환경이 급변한 주요 원인이 인류에게 있음을 주장했다. 이후 2020년 국제사회는 파리기후변화협정에서 기후 변화에 대응하기 위해 '산업화 이전 대비 지구 평균기온 상승을 2도(℃)보다 상당히 낮은 수준으로 유지, 1.5도 이하로 제한하기 위해 노력'할 것을 합의하였다. 하지만 2025년, 세계기상기구(WMO)는 향후 5년 안에 적어도 전 지구 평균기온 상승폭이 1.5도를 돌파할 가능성이 86퍼센트에 달한다고 발표했다. 이는 우리가 그 어느 때보다 기후위기의 심각성을 잘 인지하고 있으나, 아이러니하게도 현재의 편리한 삶을 지구를 위해 양보할 준비가 덜 되어있음을 의미한다.

　『과학이 지구를 구할 수 있나요?』는 기후위기에 따른 문제를 과학적 방법으로 접근하며 그 질문에 답한다. 총 6장으로 구성되어 있고, 객관적인 데이터를 근거로 기후 변화가 가져온 문제점과 그 문제를 해결하기 위한 다양한 과학적 노력을 비교적 구체적으로 소개한다. 이 책은 인류의 발전이 가져온 지구의 위태로운 상황을 제시하면서 기후위기에 대한 경각심을 이야기한다. 기후 변화, 에너지위기, 식량위기와 환경오염, 생물다양성 위기를 주제로 각각의 문제가 발생한 원인과 지구를 살리는 과학기술을 함께 소개한다. 기후 변화와 지구온난화를 해결하기 위한 탄소포집활용저장 기술과 태양광 지구공학 기술, 화석 연료에 대한 딜레마와 신재생에너지 기술에 대해 알리고, 식량위기와 쓰레기 문제와 해결하기 위한 기술, 멸종위기 생물을 복원하기 위한 생물종 복원 기술 등을 소개한다. 그리고 마지막 장에서는 과학기술의 양면성과 그럼에도 과학적 사고의 필요성을 강조한다.

IPCC 6차 보고서는 지구 온도 상승의 주요 원인이 인간 활동이며 기후 변화의 심각성을 경고하고 즉각적인 행동을 촉구하였다. 그러나 여전히 기후위기를 음모론으로 보며 회의적인 시각이 있다. 그렇기에 어떤 주장에 휘둘리기보다 과학적 근거를 바탕으로 스스로 합리적인 판단을 내릴 수 있어야 할 것이다. 작가의 말처럼 우리가 지금 당장 지구를 살리기 위한 결심과 실천에 나서지 않는다면, 2100년도 청소년들은 생존이냐 멸종이냐를 두고 공부할지도 모른다. 이 책을 읽고 나면, 기후위기를 어떻게 받아들이고 행동할지 판단하는 데 도움을 얻을 것이며, 지구에 대한 책임감을 느낄 것이다. 기후위기의 심각성에 책임감을 느끼지 못하고 있거나 막연히 과학기술이 기후위기를 해결할 것이라 믿는 사람들에게 이 책을 권한다. #기후위기 #기후문해력 #기후기술 #과학적사고

교육과정(독서활동) 연계
1. [9도03-07] 현대 과학기술과 관련된 윤리적 쟁점의 분석을 통해 과학기술의 유용성과 한계를 인식하고, 과학기술의 바람직한 활용에 관한 관심과 책임 의식을 기른다.
2. [9과01-03] 인류의 지속가능한 삶을 위한 과학기술의 중요성과 역할에 대해 토의하고, 개인과 사회 차원의 활동 방안을 찾아 실천할 수 있다.
3. [9기가03-01] 기술의 의미와 특성을 이해하고 기술의 발달에 따른 사회의 변화를 파악하며, 미래의 기술과 사회의 변화를 평가하고 예측함으로써 기술에 대한 가치를 인식한다.
4. [9기가04-13] 긍정적이고 공감하는 문제 해결 태도를 바탕으로 지속가능한 발전과 혁신을 위해 융합기술 문제를 해결하고 과정과 결과를 평가한다.

함께 볼 만한 콘텐츠
- [책] 『궁금해! 지구를 살리는 미래과학 수업』 박재용 지음. 청어람미디어. 2023. 177쪽.
- [영상] EBS다큐멘터리. 「날씨의 시대 2부 경고하는 지구」.(1:00:00). 2024.2.20.
- [영화] 〈캔 아이 겟 위트니스?〉(1:50:00). 앤 마리 플레밍. 2024.

토의 질문
1. 기후 위기와 관련 과학기술의 양면성을 소개하고 바람직한 활용 방법을 제안하세요.
2. 기후 위기와 도덕적 딜레마 예시를 찾고 두 가지 이상의 입장을 제시하세요.
3. 기후변화와 관련하여 지속가능한 삶을 위한 개인과 사회 차원의 활동 방안을 논하세요.

중학교 과학

| 초1 | 초2 | 초3 | 초4 | **초5** | **초6** | **중1** | **중2** | **중3** | **고1** | 고2 | 고3 | 성인 |

스마트폰, 스마트하게 사용하고 있나요?

— 한지희

10대를 위한 뇌 과학 수업 | 안데르스 한센·맛스 벤블라드 지음 | 판퍼블리싱 | 2024 | 176쪽 | 15,000원

시간 가는 줄 모르는 경험을 예전보다 자주 한다. 스마트폰만 들고 있으면 눈 깜짝할 새 한 시간, 두 시간이 훅 지나간다. 마치 가위로 시간을 싹둑 잘라낸 것 같다. 스마트 기기는 왜 이렇게 매력적일까?『10대를 위한 뇌 과학 수업』은 스마트폰과 같은 디지털 기기의 과도한 사용이 우리 뇌에 미치는 영향을 설명하며, 이를 어떻게 절제할 수 있는지에 대한 해법을 제시하는 책이다. 스마트폰이 일상적으로 사용되면서 그 영향을 쉽게 느낄 수 있는 청소년 독자들에게 뇌의 작용을 기반으로 한 스마트폰 과다 사용의 문제와 해결 방법을 알려준다.

이 책은 2021년 일본 베스트셀러 1위였던『인스타 브레인』을 청소년의 눈높이에 맞게 다시 쓴 것이다. 책은 가상의 청소년 캐릭터들을 통해 스마트폰 사용의 문제를 소개한다. 각각의 인물들(집중력 부족에 시달리는 지오, 시간 관리에 어려움을 겪는 재이, SNS 중독인 주니, 그리고 스마트폰 사용으로 피로가 쌓인 태오)의 하루를 통해 독자들이 자신을 투영할 수 있도록 한다.

이 책은 뇌의 기능에 대해 분석하며 스마트폰의 매력을 설명한다. 스마트폰은 뇌가 도파민을 쉽게 분비하게 하는 특성을 가지고 있어, 사용자가 계속해서 기기를 손에 들고 싶게 만든다. 스마트폰이 근처에 있으면 집중력이 떨어지고, 알림과 계속해서 스크롤되는 SNS는 시간을 낭비하게 만든다. 또한, SNS는 사람들의 '최고의 모습'만 보여줘 정신적인 스트레스를 유발한다. 태오의 경우, 늦은 시간까지 스마트폰을 사용해 블루라이트 영향으로 수면에 문제를 겪는다. 이 모든 문제가 스마트폰이라는 공통된 원인에 의해 발생한다는 점에서 심각성을 느낄 수 있다.

 이 책은 문제점뿐 아니라 이를 해결할 방법도 제시한다. 스마트폰 사용의 부정적인 영향을 인식하고, 문제를 겪는 친구를 돕는 방법과 자신이 직면한 문제를 실질적으로 해결할 수 있는 방법이 소개된다. 이를 통해 청소년 독자들은 스마트폰을 스마트하게 사용하는 방법을 배운다.

 책의 구조는 조금 산만하게 느껴질 수 있다. 여러 사례와 전하고자 하는 내용이 각각의 장으로 소개되는데, 사례를 중심으로 네 개의 큰 장으로 묶고 그 아래에 관련된 내용을 소목차로 나누었다면 더 명확하고 체계적인 흐름을 만들 수 있었을 것 같다.

 이 책은 학교나 가정에서 스마트폰 문제로 갈등이 있을 때 활용하기 좋은 자료다. 가정에서 스마트폰 사용 문제로 자녀와 마찰이 있을 때, 학교에서 스마트폰 수거 문제로 학생자치회와 교사회에 갈등이 있을 때 이 책을 함께 읽고 이야기 나눠보면 어떨까? 스마트 기기를 스마트하게 사용하면 도둑 맞았던 일상의 한 부분을 되찾을 수 있을 것이다.

#도파민중독 #SNS중독 #건강한스마트기기사용

교육과정(독서활동) 연계
1. [9과01-01] 과학적 탐구 방법을 이해하고, 일상생활의 문제에 대한 과학적 해결 방안을 제안할 수 있다.

함께 볼 만한 콘텐츠
- [책] 『인스타 브레인』 안데르스 한센 지음. 동양북스. 2020. 296쪽.
- [책] 『도둑 맞은 집중력』 요한 하리 지음. 어크로스. 2023. 464쪽.
- [책] 『불안 세대』 조너선 하이트 지음. 웅진지식하우스. 2024. 528쪽.

토의 질문
1. 나는 스마트폰을 어떻게 사용하고 있나요? 스크린 타임을 확인해 봅시다.
2. 스마트폰 사용의 긍정적인 면과 부정적인 면을 비교해 봅시다. 스마트폰 사용 시간을 어떻게 관리하면 좋을까요?
3. 스마트폰 사용 습관을 개선할 수 있는 실천 방법에는 무엇이 있을까요?
4. 등교시 스마트폰을 걷는 것에 대해 어떻게 생각하나요? 그 이유는 무엇인가요?

| 초1 | 초2 | 초3 | 초4 | 초5 | 초6 | 중1 | **중2** | **중3** | **고1** | 고2 | 고3 | 성인 |

일상에서 시작하는 환경 수업
— 조은혜

나를 위한 첫 번째 환경수업 | 황동수 등 지음 | 더퀘스트 | 2024 | 232쪽 | 17,000원

『나를 위한 첫 번째 환경수업』은 환경 문제에 관심을 갖기 시작한 청소년이나 일상에서 실천할 수 있는 환경 보호 방법을 알고 싶은 독자에게 딱 맞는 책이다. 저자는 환경문제가 지구의 문제가 아닌 나, 바로 인간의 문제라고 말하며 올바른 환경위기 개선 방법을 다양한 주제를 통해 이야기하고 있다.

이 책은 환경문제를 얘기할 때 빠지지 않고 나오는 이산화탄소와 같은 거시적 관점부터 먹고 마시고 입는 것과 같이 일상생활 속 마주하는 개인적 차원의 환경문제까지 다루고 있다. 특히 환경문제에 대해 잘못 알고 있었던 사실을 과학적 근거를 바탕으로 바로잡고 환경에 도움이 되는 선택을 올바르게 할 수 있도록 안내한다.

이 책의 돋보이는 점은 환경 문제를 산업 구조나 정책처럼 개인에게 멀게 느껴질 수 있는 주제에 집중하지 않고, 개인이 일상에서 반복적으로 하는 선택들을 중심으로 소개한다는 점이다. 예컨대 패션업계에서 자주 등장하는 그린 워싱의 사례로 친환경 소재로 알려진 '비건레더'와 '리사이클링 옷'의 이면을 알리며 친환경 제품이라는 말에 가려진 불편한 진실을 드러낸다. 먹거리의 경우도 마찬가지다. 유기농 제품이 무조건 친환경이라는 인식에 의문을 던지며 생산성과 운송 과정에서의 온실가스 배출량 등 다양한 변수들을 짚어내어 우리가 몰랐던 사실들을 과학적으로 설명한다.

또한 '물발자국', '제품탄소발자국(PCF)', '전과정평가(LCA)' 와 같은 구체적인 개념을 통해, 우리가 일상에서 이용하는 제품이 물과 에너지를 얼마나 소비하고 있는지, 탄소를 얼마나 배출하고 있는지를 수치로 보여주며 신뢰성을 높였다. 친환경 제품인지 알아보기 위해 그 제품 자체만이 아니라 그 제품과 관련된 모든 과정을 포함하여 판단하는 기준을 알려주어 덕분에 독자는 환경을 단편적인 시각이 아닌 전과정적 관점에서 이해하게 되고, 보다 실질적인 실천으로 이어질 수 있는 토대를 마련하게 된다.

마지막으로 저자는 환경위기를 해결하는 방안을 매우 현실적으로 제안한다. "주어진 환경에 감사해 하며 문명의 편의를 누렸으면 합니다. 다만 생활 속에서 환경을 위해 우리가 할 수 있는 작은 실천을 해나가면 좋겠습니다. 어렵지 않습니다(224쪽)"라고 말한 저자는 리사이클링 옷을 사기보다는 산 옷을 오래 입고, 육식을 줄이고, 음식 쓰레기를 잘 처리하는 등 개인이 현실에서 어렵지 않게 실천할 수 있는 방법을 제시하고 있다.

『나를 위한 첫 번째 환경수업』은 환경에 관심을 갖기 시작한 독자뿐만 아니라, 기존에 알고 있던 환경 지식이 단편적인 차원에 머물러 있던 사람들에게도 새로운 시각을 제공한다. 이 책의 독자는 이제 더 이상 방관자가 아닌, 환경을 지키는 작지만 중요한 실천자로서의 첫발을 내딛게 될 것이다.

#환경 #온실가스 #그린워싱

교육과정(독서활동) 연계
1. [9과01-03] 인류의 지속가능한 삶을 위한 과학기술의 중요성과 역할에 대해 토의하고, 개인과 사회 차원의 활동 방안을 찾아 실천할 수 있다.
2. [9기가02-10] 의식주 생활자원의 생산과 폐기과정을 탐색하고, 일상생활에서 의식주 생활자원을 선택한 과정과 그 결과를 성찰한다.
3. [9기가03-10] 친환경 에너지 자원의 특성을 이해하고, 종류와 활용 사례를 조사하여 친환경 에너지 개발의 중요성을 인식한다.

함께 볼 만한 콘텐츠
- [책] 『지구를 위한 소비 수업』 선보라 등 지음. 대안사회교사모임. 2023. 224쪽.
- [기사] 「공정위, 자라·미쏘·스파오 등 패션업계 '그린워싱 잇단 제재」. 이대희. 연합뉴스. 2025.
- [영상] 「이왜친? 스타벅스 친환경 이벤트에 소비자들이 실망한 이유」(4:36). 스브스뉴스. 2021.10.1.

토의 질문
1. 최근에 알아갔던 환경문제와 관련된 오해는 무엇이 있는가?
2. 책에 나오는 내용 중 학생 신분으로 실생활에 적용할 수 있는 건 무엇이 있을까?
3. 환경문제가 심화되면서 개인이 느끼는 불편함과 변화는 무엇이 있을까?

| 초1 | 초2 | 초3 | 초4 | 초5 | 초6 | **중1** | **중2** | **중3** | 고1 | 고2 | 고3 | 성인 |

경기장 속 과학 탐험
— 조은혜

지붕 뚫고 홈런 스포츠 과학 | 고호관 지음 | 휴머니스트 | 2024 | 212쪽 | 16,700원

『지붕 뚫고 홈런 스포츠 과학』은 스포츠를 좋아하는 학생은 물론, 과학이 일상에 어떻게 적용되어 있는지 궁금해하는 학생에게도 흥미롭게 읽힐 책이다. 건축가인 화자가 독자에게 가상공간인 스포츠과학센터를 안내하는 독특한 형식으로 구성되어 있으며, 이를 따라가다 보면 수학적 원리와 물리, 첨단기술 등의 과학 원리가 자연스럽게 녹아든 스포츠 세계를 알 수 있다.

이야기는 각 장마다 하나의 스포츠 경기장을 소개하며 진행된다. 하나의 스포츠와 해당 종목에 담긴 과학 원리를 엮어 설명하는 방식이다. 독자는 마치 박람회장을 누비듯 다양한 종목의 경기장을 차례로 둘러본다. 야구, 축구 같은 익숙한 종목은 물론, 펜싱이나 바둑처럼 다소 낯선 종목까지 등장해 각각에 담긴 과학적 원리를 흥미롭게 풀어낸다.

이 책의 장점은 크게 세 가지로 꼽을 수 있다. 첫 번째는 정보전달 책이지만 큰 부담없이 재미있게 읽을 수 있다는 점이다. 총 12개 스포츠 종목을 다루고 있어 내용이 단조롭지 않고, 한 종목을 다루는 설명이 과하게 길지도 않다. 그리고 어려운 용어나 심화 개념이 나오지 않아 전체적인 내용의 난이도도 중학생에게 적절하고, 다루고 있는 정보의 양도 적당하여 읽기에 부담이 적고 흥미롭게 읽을 수 있다.

두 번째 장점은 스포츠라는 활동적인 주제를 통해 과학 개념을 설명함으로써 독자의 흥미를 자연스럽게 유도한다는 것이다. 과학을 주제로 한 책들이 종종 딱딱하고 설명 중심적인 것과 달리, 이 책은 스포츠의 생동감을 잘 살려 경쾌한 분위기 속에서 과학을 이해하게 만든다. 생동감 있는 설명과 일러스트는 지루함을 덜어주고 독자의 몰입도를 높여준다.

마지막 세 번째 장점은 교육 현장에서의 활용도가 높다는 점이다. 전문적인 과학 용어나 복잡한 개념을 지양하고, 쉬운 단어와 귀여운 일러스트로 내용을 풀어내어 체육 교과 수업에서 활용하기에도 무리가 없다. 또한 각 장이 스포츠 종목별로 나뉘어 있어 관심 있는 종목을 중심으로 부분 활용이 가능하다. 과학 수업에서는 개념 설명이나 실제 사례 제시를 위한 보조 자료로도 유용하다. 교과 간 융합 수업 자료로도 손색이 없으며, 다양한 방식으로 수업을 풍성하게 만들어줄 수 있는 콘텐츠다.

『지붕 뚫고 홈런 스포츠 과학』은 과학이 스포츠에서 어떻게 구현되는지를 쉽고 재미있게 풀어낸다는 점에서 분명한 가치가 있는 책이다. 이 책을 통해 독자는 스포츠를 바라보는 새로운 시각을 얻게 되고, 과학이라는 학문이 얼마나 폭넓게 우리 삶에 적용되고 있는지 체감하게 된다. 특히 체육을 좋아하는 학생들은 과학과 같은 이론 과목을 어려워하는 경향이 있는데, 그런 학생들도 흥미롭게 과학 개념을 접할 수 있는 책이라는 점에서 더욱 추천할 만하다.

#축구장 #경우의수 #과학의적용

교육과정(독서활동) 연계
1. [9과01-01] 과학적 탐구 방법을 이해하고, 일상생활의 문제에 대한 과학적 해결 방안을 제안할 수 있다.
2. [9수03-17] 삼각비를 활용하여 여러 가지 문제를 해결할 수 있다.
3. [9체02-04] 기록형 스포츠의 역사와 특성을 탐색하고 비교한다.

함께 볼 만한 콘텐츠
- [책] 『군침이 꼴깍 맛집 과학』 정윤선 지음. 휴머니스트. 2025. 204쪽.
- [책] 『한입에 쏙싹 편의점 과학』 이창욱 지음. 휴머니스트. 2022. 244쪽.
- [기사] 「"3D 동작 분석 도입"… 대한수영연맹, AI 다이빙 훈련 시스템 구축 → 스포츠 혁신 예고」 권재훈. 톱스타뉴스. 2025.

토의 질문
1. 과학기술이 접목되면 더 도움이 될 것 같은 스포츠 상황에는 무엇이 있을까?
2. 가장 흥미로웠던 내용과 이유는?
3. 책의 내용을 실제 스포츠 활동 시 적용할 수 있는 방법은?

| 초1 | 초2 | 초3 | 초4 | 초5 | **초6** | **중1** | **중2** | **중3** | 고1 | 고2 | 고3 | 성인 |

식물에게 배우는 인간의 생존 전략
— 허정

식물의 신기한 진화 | 이나가키 히데히로 글 | 심수정 옮김 | 북스토리 | 2024 | 95쪽 | 12,000원

이 책은 '잡초 연구가'이자 식물학자인 저자가 짧게 압축해서 쓴 식물 진화에 관한 이야기이다. 나무로 대표할 수 있는 원시식물인 겉씨식물에서 '속씨식물'로 진화가 일어났고, 이런 속씨식물들의 대표적인 예가 '풀'이라고 하니 책표지에 등장하는 질문인 '나무가 풀이 되었다는 게 진짜일까?'는 놀랍게도 사실인 듯하다. 동물도 싫고, 과학도 싫고, 지식을 다룬 책은 무조건 싫다는 학생이 있다면 한 번쯤은 도전해 볼만한 과학책이다. 95페이지의 짧은 분량 속에 식물에 관한 지식과 정보가 어렵지 않은 글과 이해를 돕는 삽화로 이루어져 있다.

책을 보면 식물은 크게 줄기가 단단하고 큰 '나무'와 줄기가 부드럽고 작은 '풀'로 나뉜다고 한다. 크게 자라는 나무가 더 진화한 형태 같지만 실은 그 반대라고 한다. 복잡한 나무에서 단순한 풀이 태어나 얼핏보면 '퇴화'한 것처럼 보이지만 크고 복잡해지는 것만이 진화는 아니라고 저자는 전한다. 과거 인간의 몸에 있던 꼬리가 진화하면서 사라진 것처럼 말이다. 생존을 위해 끊임없이 변화하는 식물들 또한 동물들과 마찬가지로 고도의 지능을 갖춘 생명체가 아닐까 싶다. 초식동물들로부터 살아남기 위해 줄기 맨 위에 있던 생장점을 밑동으로 자리하도록 진화한 볏과 식물, 때와 장소에 맞는 씨앗을 틔우기 위해 '빠른둥이' 씨앗과 '느릿둥이' 씨앗을 함께 지니고 있는 '도꼬마리' 식물, 꽃가루를 옮길 때 가장 가성비 좋은 조력자 '등에'를 택한 민들레까지. 식물 세계에서 보여지는 그 유연함과 다양함에 감탄하지 않을 수 없다.

'약육강식'으로 대표되는 자연계 법칙이 식물계에서는 어떻게 작용할까? 저자는 이 질문에 대해 식물이 사는 세상에는 여러 '강자'가 존재한다고 말한다.

식물계 속 강자는 한마디로 나타낼 수 없으며, 각자 다른 모습의 강자가 무궁무진하게 존재한다. 빠른 씨앗이 좋은 건지 느린 씨앗이 좋은 건지는 섣불리 판단할 수 없다. 환경에 맞는 적절한 씨앗을 틔우기 위해서는 둘 다 소중한 씨앗들이고 이를 아는 식물들은 이 두 씨앗을 모두 품고 있는 것이다. 그래서 이들 세상에는 '다양성'과 '개성'이 무엇보다 중요하다.

책에서 전하는 식물들의 진화 방식과 생존 방식은 우리에게 시사하는 바가 크다. 얇은 분량의 작은 책 속에서 식물학자인 저자가 전달하는 메시지는 큰 울림이 있다. 작고 연약하게만 느껴졌던 잡초에서 느껴지는 위대함, 자연 속에서 한없이 작아지는 인간의 모습과 그로 인해 배우게 되는 삶에 대한 자세. 과학과 자연스럽게 연결되는 철학적 메시지가 궁금하다면 이 책을 읽어보자.

#식물 #잡초 #다양성 #개성

중학교 과학

교육과정(독서활동) 연계
1. [6과11-03] 여러 가지 식물의 특징을 설명하는 자료를 만들어 공유할 수 있다.
2. [9과02-05] 생물다양성 보전의 필요성을 이해하고, 생물다양성 유지를 위한 방안을 조사하고 실천할 수 있다.
3. [9과12-02] 식물의 호흡과 광합성의 관계를 이해하고, 호흡과 광합성 과정에서 출입하는 에너지와 물질의 변화를 분석할 수 있다.

함께 볼 만한 콘텐츠
- [책] 『전략가, 잡초』 이나가키 히데히로 글. 더숲. 2021. 524쪽.
- [사이트] 「농사로」 농촌진흥청. https://www.nongsaro.go.kr
- [블로그] "『전략가, 잡초』의 저자 '이나가키 히데히로'를 만나다". 더숲. 2021.4.26.

토의 질문
1. 식물의 진화 과정을 한 문장으로 설명해 보자.
2. 식물과 동물의 관계는 서로에게 어떤 존재라고 생각하나요?
3. 식물의 진화 과정에서 가장 인상적인 부분은 어디일까요?
4. 식물의 생존 방식 중 인간에게 가장 필요한 부분은 무엇이라고 생각하나요?
5. 책 속에서 저자가 말한 '다양성'과 '개성'이 사람에게도 꼭 필요할까요?
6. '다양성'과 '개성'이 중요시 되는 사회는 어떤 모습일지 예를 들어 발표해 보자.

| 초1 | 초2 | 초3 | 초4 | 초5 | 초6 | 중1 | 중2 | 중3 | 고1 | 고2 | 고3 | 성인 |

우리가 아직 시랑 헤어질 수 없는 이유: 시와 문해력
— 권은정

시랑 헤어지고 싶지만 만난 적도 없는 너에게 | 김경민 지음 | 우리학교 | 2023 | 172쪽 | 14,500원

편견일 수 있지만, 많은 교사가 학창 시절 교과서를 쉽게 이해하고 성적이 우수했던 경험을 바탕으로 교육 현장에 서 있다. 그래서 학생들이 시나 문학 작품을 어려워하는 이유를 충분히 공감하지 못할 때도 있다. 저자 김경민의 『시랑 헤어지고 싶지만 만난 적도 없는 너에게』는 이러한 간극을 메워주는 책이다. 시를 멀게 느끼는 학생뿐만 아니라, 그들을 이해하고 돕고자 하는 교사와 학부모 모두에게 유용한 안내서다.

저자는 고등학교 국어 교사이자 학부모로서의 경험을 바탕으로, 시 교육의 필요성과 가능성을 설득력 있게 풀어낸다. 우선 1장에서는 학생들이 시를 어렵게 느끼는 이유를 교과서에 자주 등장하는 시 작품(예: 「산유화」, 「간」, 「꽃」과 함께 설명한다. 시가 낯설게 다가오는 주요 이유로 낯선 감성, 부족한 배경지식, 고정 관념을 흔드는 관점, 일상과 다른 언어 등이 제시된다. 2장에서는 시가 감성 표현을 넘어 복잡한 감정을 이해하고 공동체의 아픔을 공감하며, 정제된 언어와 상상력을 기르는 데 기여함을 강조한다. 3장에서는 제목, 주제, 화자, 리듬, 비유 등 시의 구성 요소를 중심으로 시 읽기의 구체적인 전략을 제시한다.

"시와 마침내 헤어질 결심을 할 때쯤이면 시뿐만 아니라 다른 글도 잘 읽을 수 있게 될 거예요.(7쪽)"라는 저자의 말처럼, 이 책은 시 읽기를 통해 문해력 전반을 끌어올릴 수 있음을 보여준다. 시는 언어를 일상과 다른 방식으로 사용하고, 당연한 것을 당연하지 않게 받아들이게 하거나 다른 관점으로 생각하도록 하며 세상의 여러 진실을 담고 있다. 따라서 시를 단순히 보는 것(see)이 아니라 읽고 이해하기(read) 위해서 우리는 추론 능력과 맥락 해석 능력, 즉 높은 문해력을 갖추어야 한다. 이런 문해력은 시 읽기를 통해 향상될 수 있고, 교과 학습 이해력, 비판적 사고력, 공감 능력으로도 확장된다.

책에서 제안하는 감상 전략은 질문 중심 수업, 토론, 독서 활동 등 다양한 방식으로 전환 가능해 수업 활용도도 높다. 시 수업을 부담스러워하는 학생들에게 '시도해볼 만한 것'이라는 감각을 심어주는 접근 방식도 실용적이다.

이 책은 학생과 교사 모두에게 '시'라는 장르를 다시 보게 만든다. 시를 멀고 어렵게만 여기던 학생에겐 어려움을 이해받으면서 천천히 따라가는 새로운 문해 경험을 제공하고, 교사와 교육자에게는 문학 교육의 본질을 되묻는 계기가 될 수 있다. 시를 통해 자아를 성찰하고 타자와 소통하며 삶을 깊이 바라보게 하는 수업을 고민한다면, 이 책이 좋은 출발점이 될 것이다.

#시 #시는_왜_어려운지 #시를_왜_배워야 #문해력

교육과정(독서활동) 연계
1. [12문학01-01] 문학이 인간과 세계에 대한 이해를 돕고, 삶의 의미를 깨닫게 하며, 정서적·미적으로 삶을 고양함을 이해한다.
2. [12문학01-07] 작품을 공감적, 비판적, 창의적으로 감상하며, 다양한 방식으로 작품에 대해 비평한다.
3. [12문학01-10] 문학을 통하여 자아를 성찰하고, 타자를 이해하며 상호 소통한다.

함께 볼 만한 콘텐츠
- [책] 『시, 그게 뭐야?』 토마 비노 글. 마르크 마예프스키 그림. 이경혜 옮김. 북극곰. 2023. 48쪽.
- [책] 『국어 교과서 작품 읽기: 고등 시』 남호섭 외 엮음. 2024. 228쪽.
- [유튜브 채널] 『재능시낭송TV』 @TV-vg7qe

토의 질문
1. 책에서는 시가 어려운 이유를 4가지 측면으로 나누어 설명한다. 이 외에 내가 시를 읽기 어려운 이유로는 어떤 것이 있는가?
2. 시를 배워야 하는 이유는 무엇일까?
3. 시는 개인적 감정 표현의 도구일까, 사회적 생각이나 메시지를 전달하는 도구일까?

후속 활동
1. 다시' 읽기 프로젝트: 교과서 속 고전 및 근대 시를 책에서 제시된 읽기 전략을 활용해 읽어보고, 현대에 맞게 재해석하여 낭독하는 프로젝트. 재해석 과정에 학생들이 시에 대한 공감과 비판 지점을 고민하고 수정 이유를 함께 기록하기
2. 너에게 보내는 한 편의 시: 마니또처럼 한 사람씩 지정하여, 그 사람을 위한 시를 학교도서관 안에서 1편씩 선정하고 편지지에 필사하기
3. 시 수업을 설계하라!: 학생들이 직접 1시간 분량의 시 수업을 '시 선정, 활동 목표, 감상 활동, 평가 방법' 등을 포함해 설계하여 발표하기

| 초1 | 초2 | 초3 | 초4 | 초5 | 초6 | 중1 | 중2 | 중3 | 고1 | 고2 | 고3 | 성인 |

무엇이 우리를 숨쉬게 하는가?
— 권혜림

푸른 숨 | 오미경 지음 | 특별한서재 | 2023 | 240쪽 | 14,000원

지도를 펼쳐 제주 하도리를 찾아보자. 제주 동쪽 구좌읍에 위치한 하도리의 지형과 풍경을 살펴보면 우리가 이번에 읽게 될 소설의 장소와 배경이 더욱 생생하게 다가온다. 혹시 제주도를 다녀왔던 경험이 있다면 그때 사진을 꺼내 보는 것도 좋다. "읍을 중심으로 동촌은 서촌에 비해 땅이 척박했다(196쪽)"라는 문구를 통해 더욱 바쁘고 치열하게 살아갔던 하도리 해녀들의 삶을 상상해 볼 수 있다. 해녀 이야기를 담고 있는 소설로 청소년들과 함께 읽어보기에 참 좋은 작품이다. 어서 빨리 자세하게 살펴보자.

『푸른 숨』은 일제강점기를 역사적 배경으로 한다. 상군 해녀로 거듭나고 싶어 하는 영등이 친구 춘자, 연화 그리고 해녀 삼촌들과 함께 울고 웃으며 바다에서 삶을 일구어간다. 공동체로 이루어진 하도리 해녀들의 이야기를 따라가다 보면 그들의 기쁨과 슬픔, 놀라움과 안타까움에 함께 공감하게 된다. 특히 맏이로서 동생들을 챙기고 보살피는 영등의 모습에서는 깊은 배려심과 따뜻한 사랑을 느낄 수 있다. 무엇이든 동생들에게 더 해주고 싶은 마음이 컸던 영등이었다. 성실하고 책임감 있는 태도와 해녀로서의 재능을 지닌 영등은 까막눈이라는 한계로 인해 부당한 일을 겪은 후 공부의 필요성을 절실히 깨닫는다. 이후 야학에 다니기 시작하여 해녀들의 더 나은 여건과 대우, 권리를 지키기 위해 자신이 할 수 있는 일을 찾으며 용기를 내어 나아간다.

이 책은 제주어를 독자들이 읽기 쉽게 주로 어미에만 사용하여 가독성을 높였다. 낯선 단어의 뜻은 하단에 친절하게 설명이 되어 있어 제주 사람이 아닌 독자들도 어렵지 않게 읽을 수 있다. 후반부에 실린 '영등의 일기'에서는 주인공의 솔직한 마음까지 보여주며 긴 여운을 남긴다. 마지막 작가의 창작노트까지 빠짐없이 읽어본다면 이야기의 배경과 의도를 더 깊게 이해할 수 있다.

『푸른 숨』은 영등이라는 인물을 통해 한 시대를 살아간 사람들의 삶을 간접적으로 경험하게 해준다. 작가가 소설을 쓰는 내내 생각한 질문 '사람은 무엇으로 사는가?'에 대한 답을 찾기 위해 영등의 삶을 되돌아봤다. 바다를 사랑하는 마음, 해녀로서의 자부심, 동생들에 대한 책임감이 그녀의 삶을 이끈 힘이었을 것이다. 그렇다면 우리는 무엇으로 살아갈 수 있을까? 우리의 삶을 지탱하는 힘은 무엇일까? 이 책을 읽은 뒤 서로 생각을 나누어 본다면 더욱 의미 있는 시간이 될 것이다. 함께 읽고 이야기를 나눠보자.

#일제강점기 #해녀 #공동체 #삶의의미

교육과정(독서활동) 연계
1. [10한사2-01-04] 일제의 식민 통치로 인한 사회 및 문화의 변화와 대중운동의 양상을 파악한다.
2. [12현윤04-01] 직업의 의의와 다양한 직업군에 따른 직업윤리를 제시할 수 있으며 공동체 발전을 위한 청렴한 삶과 노동의 가치에 대한 사회적 존중의 필요성을 설명할 수 있다.
3. [12문학01-10] 문학을 통하여 자아를 성찰하고, 타자를 이해하며 상호 소통한다.

함께 볼 만한 콘텐츠
- [책] 『알로하, 나의 엄마들』 이금이 지음. 창비. 2020. 392쪽.
- [책] 『언젠가 우리가 같은 별을 바라본다면』 차인표 지음. 해결책. 2021. 240쪽.
- [드라마] 〈폭싹 속았수다〉. 넷플릭스. 2025.

토의 질문
1. 삶을 지탱해주는 힘이 뭐라고 생각하나요? 무엇으로 살아갈 수 있을까요?
2. 내가 속한 공동체(반, 친구들, 가족) 안에서 나는 어떤 역할을 하고 있을까요?
3. 만약 본인이 영등이라면, 제주에서의 삶을 선택했을까요? 아니면 공부를 더 하기 위해 일본으로 떠났을까요? 그리고 그런 선택을 한 이유는 무엇인가요?

| 초1 | 초2 | 초3 | 초4 | 초5 | 초6 | 중1 | 중2 | **중3** | **고1** | **고2** | 고3 | 성인 |

당신은 어떤 사람인가요?
— 김민경

페이스 | 이희영 지음 | 현대문학 | 2024 | 191쪽 | 15,000원

우리는 늘 '나는 어떤 사람인가'를 고민한다. 인생은 얼굴에서 드러난다는 말이 있듯이 얼굴은 나를 인식하고, 정의하는 수단이다. 그러나 얼굴이 보이지 않는다면 나를 어떻게 인식하고 정의 내릴 수 있을까?『페이스』는 자기 얼굴이 "안개에 싸여 있거나, 검게 물들어 있거나, 이상한 꽃이 만발하거나, 동그라미가 가득 차 있거나, 색색의 블록(73쪽)"형태로 보이는 시울의 이야기를 통해 자아정체성을 확립하는 모습을 보여준다.

『페이스』는 시울이 자기 얼굴이 보이지 않음을 고백하며 시작한다. 시울을 통해 보는 세상은 우리가 외적인 모습과 타인의 시선에 많은 신경을 쓴다는 점을 깨닫게 한다. 의사가 괜찮다고 하는데도 교정을 하고 싶다는 라미와 늙은 이가 카페와 이탈리안 레스토랑을 가도 되냐고 묻는 할머니의 모습에서 더욱 드러난다. 라미와 할머니는 타인의 시선을 의식해 자신을 그 기준에 맞추는 모습을 보여준다. 하지만 시울은 자기 얼굴이 보이지 않아서인지 타인의 시선보다는 내면의 모습에 초점이 맞춰져 있다. 그렇기에 타인의 좋은 점을 먼저 발견하고 인정하는 모습을 보인다.

라미와 할머니처럼 우리는 외적인 모습을 비교하며 살아간다. 자기 자신에게 집중해 자신이 무엇을 할 때 행복한지는 모르고, 어떻게 하면 타인의 눈에 예쁜지, 이상하게 보이지 않는지를 신경 쓴다. 작가는 자신이 어떤 사람인지는 모르고 타인에게 맞춰 살아가는 우리를『페이스』를 통해 꼬집는다.

자기 얼굴이 보이지 않을 뿐, 평범한 일상을 살고 있는 시울에게 큰 변화가 찾아온다. 같은 반 친구인 묵재가 던진 농구공에 맞고 이마에 상처가 난다. 스무 바늘 꿰맨 상처는 열여덟 살 시울의 인생에 처음으로 얼굴을 볼 수 있게 한다. 비록 흉터만 선명하게 보이고 나머지 얼굴은 여전히 매일 다른 형태로 보이지만 시울은 난생처음 보는 얼굴이 신기하기만 하다.

시울에게 흉터는 새로운 것을 볼 수 있게 한 매개체다. 흉터를 통해 얼굴을 볼 수 있는 것은 상처를 통한 성장을 보여준다. 성장한다는 것은 자신이 어떤 사람인지를 인식하는 것, 자아를 찾는 것이다. 자신을 찾아가는 일은 상처를 동반한다. 그러나 저자는 시울을 통해 결코 상처를 동반한 성장에는 아픔만 있지 않음을, "상처는 단단하고 굳은 심지가 되(190쪽)"는 것임을 말한다.

『페이스』는 주인공을 통해 상처 받고 힘들지만 건강하게 자아를 확립하는 모습을 보여준다. 비록 상처 받고 성장하는 과정에서 남은 흉터가 보기 싫기도 하겠지만 그것 또한 자신이라는 걸 인식하게 한다. 각자 다르게 가지고 있는 흉터들이 모여 현재를 살아가는 내가 된다. 이 책을 통해 흉터를 돌보고 인정하여 자신이 누구인지 확립하는 행동이 어려운 일이 아니라는 것을 알기를 바란다.

#자아정체성 #자존감 #성장 #인간관계

교육과정(독서활동) 연계
1. [12문학01-10] 문학을 통하여 자아를 성찰하고, 타자를 이해하며 상호 소통한다.
2. [12독토01-04] 인간의 삶에 대한 다양한 시각과 해석이 담긴 책을 읽고 독서 토론하고 글을 쓰며 자아를 탐색하고 타자와 세계를 이해한다.

함께 볼 만한 콘텐츠
- [책] 『데미안』 헤르만 헤세 지음. 민음사. 2000. 237쪽.
- [영상] 장동선의 궁금한 뇌. 「부캐의 시대! 당신의 삶에도 부캐가 필요하다? 뇌과학으로 보는 페르소나 | 자아정체성, 자아찾기」(10:09). 2021.7.7.
- [영상] 샾잉#ing. 「[#알쓸인잡]자아란 무엇일까? 나라는 존재를 증명하는 데에 많은 시간과 노력을 쓰지 않아도 되는 이유 | #샾잉」(9:13). 2023.1.30.

토의 질문
1. 할머니는 새로운 걸 접하고 좋아하는 게 무엇인지 알았습니다. 그렇다면 여러분은 어떤 것을 좋아하나요? 그리고 그걸 왜 좋아하나요?
2. 시울이 흉터가 선명하게 보이는 것은 상처로 인해 성장했다는 의미입니다. 나는 어떤 상황에서 성장한다고 생각하나요? 또, 성장했다고 느낀 경험이 있으면 이야기해 봅시다.
3. 당신은 어떤 사람이라고 생각하나요? 또, 다른 사람은 나를 어떻게 생각하는지 알아봅시다.

| 초1 | 초2 | 초3 | 초4 | 초5 | 초6 | 중1 | 중2 | **중3** | **고1** | **고2** | 고3 | 성인 |

관심이 필요한 문제들
— 김민경

말은 안 되지만 | 정해연 지음 | 자음과모음 | 2024 | 134쪽 | 13,000원

『말은 안 되지만』은 미스터리 장르를 통해 사회 문제를 담은 초단편 소설 3편을 보여준다. 자투리 시간에 읽기 좋은 짧은 단편으로 구성되어 있다. 짧은 이야기라고 간단한 주제만 담겨 있지는 않다. 각 단편은 돌봄, 욕심으로 인한 범죄 그리고 우리 사회에 만연한 차별을 다룬다.

첫 소설인「관심이 필요해」는 병원에 자주 입원하는 영우로부터 시작한다. 의사인 중혁은 어릴 때 당한 학대 경험으로 영우의 잦은 입원이 어머니의 학대라 생각한다. 중혁은 영우의 집을 찾게 되고, 영우의 입원 이유가 학대가 아니었음이 알게 된다.「관심이 필요해」는 중혁을 통해 경험을 바탕으로 편견을 가지고 성급하게 일반화하는 것이 부적절한 일임을 보여준다. 편견에 사로잡혀 판단하는 것은 오해를 부른다. 오해로 시작된 아동학대 의심은 결국 확신이 되었고, 증거를 찾기 위해 행동한다. 이런 의심의 결과는 아이가 잘못된 방법으로 애정을 갈구하게 만드는 돌봄 현실로 시선을 돌리게 한다. 사회적으로 소외된 계층 아이들의 정서적 건강 상태에 대한 우려와 사회적 지원을 바라게 된다.

「드림 카」는 인우의 드림 카인 '마이바흐'를 운전하는 장면으로 시작한다. 인우와 혜란은 불륜 관계이다. 혜란의 아이디어로 인우는 거금을 받게 되고 드림 카를 구입한다. 두 사람이 어떤 방식으로 돈방석에 앉게 되었는지는 구체적으로 언급되지는 않으나 파악이 가능하다.「드림 카」에서는 자기 욕심에 눈이 멀어 범죄를 저지르고, 법적인 처벌은 받지 않고 이득만 챙기는 모습을 보여준다. 본인을 위해 가족이라는 이름 아래서, 연인이라는 이름 아래 폭력에 노출되고 살인까지 일어나는 현실을 적나라하게 드러낸다.

표제작인 「말은 안 되지만」은 대부분의 사람이 돼지로 변하는 세상에 말로 변해버리는 이야기다. 세상 모든 것은 돼지에게 맞춰져 있고, 돼지가 아닌 다른 동물은 혐오하고 차별한다. 주인공은 말이라는 이유로 성형수술을 강요받고, 강제로 끊임없는 경쟁 속에 던져진다. 「말은 안 되지만」은 우리 일상에 깊이 들어와 있는 차별을 드러내며, '우리 사회에서 소수자는 어디로 가는가. 소수자를 어떻게 차별하고 있는가' 하는 질문을 던진다. 단지 나와 다르다는 이유로 타인을 차별하면 안 된다는 건 모두가 잘 아는 상식이다. 하지만 현실은 어떠한가? 다수가 소수를 차별하고, 소수에 해당하는 사람들은 그 이유 하나로 불쾌하다는 시선을 받으며 산다. 모든 사람은 자유롭게 삶을 살 권리가 있는 존재이다. 타인에 대한 혐오가 만연한 세상에서 어떠한 태도를 가져야 하는지 고민해야 한다.

우리는 홀로 살아갈 수 없는 사회적인 존재이기 때문에 사회적인 문제에 지속적인 관심이 필요하다. 늘 밝은 모습, 행복한 모습만이 있을 수는 없지만 함께 살아가는 사회에서 어두운 부분이 적어지기를 바란다.

#돌봄 #보험사기 #인권 #차별

교육과정(독서활동) 연계
1. [12현윤06-01] 다양한 사회적 갈등의 양상을 제시하고 동·서양의 윤리 이론을 바탕으로 사회통합을 위한 방안을 제시할 수 있으며, 바람직한 소통과 담론을 실천할 수 있다.
2. [12사탐04-01] 일상생활에서 경험하는 사회문제 중 하나를 선정하여 해당 문제에 대한 다양한 관점을 비교하고, 이를 바탕으로 문제 해결을 위한 탐구 계획을 수립한다.

함께 볼 만한 콘텐츠
- [책] 『이상한 정상가족』 김희경 지음. 동아시아. 2022. 308쪽.
- [책] 『이름이 법이 될 때』 정혜진 지음. 동녘. 2021. 252쪽.
- [책] 『선량한 차별주의자』 김지혜 지음. 창비. 2024. 244쪽.

토의 질문
1. 「관심이 필요해」에서 중혁이 영우의 입원을 아동학대라 판단한 것은 경험에서 이루어진 편견을 바탕으로 이루어졌습니다. 그렇다면 우리 사회에서 나타나는 각종 편견은 왜 생기는 걸까요? 이유를 생각해 봅시다.
2. 「말은 안 되지만」에서 돼지가 아닌 다른 존재를 배척하는 것처럼, 사람들은 왜 나와 다른 사람을 배척하고 차별할까요?
3. 단편 소설집 『말은 안 되지만』은 각종 사회 문제를 다루고 있습니다. 소설에서 드러나는 사회 문제를 제외하고 우리 사회에서 나타나는 문제는 무엇이 있을까요? 또, 그것을 해결하기 위해서는 어떤 노력을 해야 할까요?

고등학교 문학

| 초1 | 초2 | 초3 | 초4 | 초5 | 초6 | 중1 | 중2 | 중3 | 고1 | **고2** | **고3** | **성인** |

삶을 이어 나갈 용기
— 김민경

흐르는 강물처럼 | 셀리 리드 지음 | 김보람 옮김 | 다산북스 | 2024 | 450쪽 | 17,000원

　셀리 리드의 첫 작품인 『흐르는 강물처럼』은 출간과 동시에 많은 나라에서 인기를 끌었다. 저자의 고향을 배경으로 한 자전적 소설로 1970년대 수몰지구가 된 콜로라도의 역사적 사건을 배경으로 한다. 이 책은 주인공인 빅토리아가 자연에서 배운 회복력으로 삶을 살아내는 이야기이다. 아름다운 묘사들이 빅토리아의 강인함을 더욱 뚜렷하게 그려낸다. 빅토리아의 인생을 통해 우리의 남은 인생을 생각하게 하고 앞으로 나아갈 힘을 준다. 현재 어려운 상황에 마주한 사람들에게 읽어보길 추천한다.

　빅토리아는 달기로 유명한 낸시 복숭아 과수원집의 딸이다. 마음 둘 곳 없는 빅토리아는 마을에 나타난 이방인 윌과 사랑에 빠지게 되고, 윌이 주는 온전한 사랑을 받고 사랑으로 용감해질 수 있다는 걸 경험한다. 그러나 윌은 낯선 피부색이라는 이유로 마을에서 배척당하다 잔인한 방식으로 살해당한다. 빅토리아는 이 사건의 범인이 동생임을 직감하지만, 자신이 할 수 있는 일이 없다는 걸 깨닫고 좌절한다.

　피부색이 다르다는 이유로 마을 사람들이 윌을 배척하는 장면은 각종 차별과 혐오가 만연한 우리 사회를 떠올리게 한다. 전 세계적으로 이루어지고 있는 젊은 층의 극우화로 인해 혐오의 골이 더욱 깊어지고 있다. 이러한 차별과 혐오를 어떻게 해야 줄일 수 있을지 고민하게 한다.

　윌이 죽은 후 빅토리아는 배 속의 아이를 지키기 위해 깊은 산 속으로 도망가 홀로 아이를 낳는다. 갓난아이를 키울 수 없었던 빅토리아는 숲으로 나들이 온 부부의 차에 아기를 놓고 도망친다. 집으로 돌아왔지만, 아버지는 병으로 떠나가고 마을이 댐 건설 수몰지구로 선정되며 사라질 위기에 처한다. 이런 상황에서 빅토리아는 자신에게 남은 유일한 생명체인 복숭아나무를 지키고자 노력한다.

빅토리아는 "흐르는 강물처럼 살 거"(143쪽)라는 윌의 말을 마음속 깊이 새기고 다른 존재들과 작은 조각을 이어가며 살아간다. 무언가를 지키고자 하는 마음이 빅토리아를 살아가게 했다. 이런 빅토리아의 인생은 우리에게 아무리 어려운 상황이라 하더라도 굳건하게 지키며 조화롭게 인생을 살아가면 자신만의 과실을 맺는다는 것을 알려준다.

『흐르는 강물처럼』은 낸시 복숭아나무처럼 아이올라의 척박한 땅에서도 살아남았으며 새로운 땅에서도 단단히 뿌리를 내린 빅토리아의 삶을 보여준다. 작품에서 드러나는 각종 사회 문제들을 꼬집자면 많은 이야기를 나눌 수 있다. 그러나 빅토리아의 모습에서 보이는 생명력과 회복력, 용기와 희망에서 다양한 사회 문제가 깜깜해 보일지라도, 삶을 이어 나아갈 용기를 얻는다.

#회복탄력성 #사랑 #상실 #인종차별

고등학교 문학

교육과정(독서활동) 연계
1. [12사문04-02] 현대 사회에서 나타나는 다양한 사회 불평등 양상을 분석하고, 차별받는 사람들의 입장에 대한 공감을 바탕으로 다양한 불평등 현상에 대한 해결 방안을 모색한다.

함께 볼 만한 콘텐츠
- [책] 『회복탄력성』 김주환 지음. 위즈덤하우스. 2019. 268쪽.
- [책] 『스토너』 존 윌리엄스 지음. 알에이치코리아. 2020. 396쪽.
- [책] 『가재가 노래하는 곳』 델리아 오언스 지음. 살림. 2019. 464쪽.

토의 질문
1. 빅토리아는 윌과 보낸 짧은 시간이 살아갈 원동력으로 삼았습니다. 당신을 살게 하는 힘은 무엇인가요?
2. 제목인 '흐르는 강물처럼'이 의미하는 건 무엇이라 생각하나요?
3. 빅토리아가 교수님께 부탁하며 이전하여 심은 복숭아가 의미하는 건 무엇이라 생각하나요?

| 초1 | 초2 | 초3 | 초4 | 초5 | 초6 | 중1 | 중2 | 중3 | **고1** | **고2** | **고3** | **성인** |

삶을 움직이는 사소함의 힘
— 신형란

이처럼 사소한 것들 | 클레어 키건 지음 | 홍한별 옮김 | 다산책방 | 2023 | 131쪽 | 13,800원

『이처럼 사소한 것들』은 실제로 있었던 사건을 바탕으로 작가 클레어 키건이 전하는 짧지만 강렬한 울림을 지닌 소설이다. 1980년대, 아일랜드의 작은 도시에서 석탄을 파는 빌 펄롱은 직원들을 잘 챙기는 너그러운 사람이었고, 아내와 다섯 딸에게 다정한 남편이자 아빠였다. 그런 그가 어느 날 수녀원에 석탄을 배달하러 갔다가 무언가를 목격한 이후 인생이 달라지는데…. 보수적이고 종교 중심적인 아일랜드 사회를 배경으로, 주인공이 수녀원에서 벌어진 학대와 부당한 처우를 목격하면서 양심에 따라 행동하기로 결심하는 과정을 그린다.

이 작품의 매력은 바로 조용한 울림에 있다. 작가는 단 한마디의 과장도 없이, 주인공이 감지하는 불편함과 책임감을 섬세한 필체로 묘사한다. 독자는 펄롱의 결단을 보며 '과연 나였다면 어떤 선택을 할 수 있었을까'라는 자문을 하게 된다. 무엇보다 그 결단은 거창하거나 드라마틱하지 않지만, 사소해 보이는 행동 하나가 세상을 바꿀 수 있는 시작점이 될 수 있음을 보여 준다.

막달레나 세탁소는 18세기부터 20세기 말까지 이어졌는데, 그곳에서 그동안 얼마나 많은 여성과 아이가 은폐, 감금, 강제 노역을 당했는지 정확히 알 수 없다. 이렇게 오랜 기간 여자와 아이들의 인권을 유린할 수 있었던 이유는 무엇일까.

작품 전반에 흐르는 정서는 침묵에 대한 고발이자, 작은 행동의 가능성에 대한 신뢰다. 사회가 외면한 고통, 무관심으로 덮인 책임, 공동체 윤리의 실종 속에서, 개인의 윤리적 감수성과 행동이 얼마나 중요한지 이 작품은 은은하게 그러나 깊이 있게 전달한다. 작가는 침묵보다 말하는 용기가, 회피보다 직면하는 태도가 공동체를 변화시킨다고 믿는다. 작은 행동이 한 사람의 세상을 바꾼한다는 이야기가 깊이 있게 다가왔다.

"이 짧은 소설은 차라리 시였고, 언어의 구조는 눈 결정처럼 섬세했다. 잘못 건드리면 무너지고 녹아내릴 것 같았다. 그래서 독자들도 이 책은 천천히, 가능하다면 두 번 읽었으면 좋겠다. 그러면 얼핏 보아서는 보이지 않는 것들을 볼 수 있을 것이다."(홍한별 번역가 '옮긴이의 글' 중에서)

『이처럼 사소한 것들』은 도덕과 윤리, 사회 교과에서 딜레마 상황을 토론하거나 침묵과 책임, 연대의 의미를 탐구하는 활동에 활용하기에 적합하다. 특히 공동체 속에서 자신의 위치를 자각하고 윤리적 민감성을 키우고자 하는 청소년들에게 깊은 울림을 전해줄 것이다.

#도덕적딜레마 #사회공동체 #선택과책임 #도덕적침묵 #사회책임

교육과정(독서활동) 연계
1. [12도01-05] 일상에서 발생할 수 있는 도덕적 딜레마 상황을 탐색하고, 타인의 고통을 외면하지 않는 도덕적 민감성과 실천 의지를 기를 수 있다.

함께 볼 만한 콘텐츠
- [책] 『타인의 고통』 수전 손택 지음. 이후. 2004. 232쪽.
- [영화] 〈더 웨일(The Whale)〉(117분). 대런 아로노프스키. 2022.
- [영화] 〈이처럼 사소한 것들(Small Things Like These)〉(98분). 팀 밀런츠. 2024.

토의 질문
1. 사회가 개인에게 윤리적 책임을 강요할 수 있을까요? 그 기준은 어디에 두어야 할까요?
2. 나 역시 침묵하거나 외면했던 경험이 있나요? 그 상황에서 지금이라면 어떤 선택을 할까요?
3. 소설의 제목을 '이처럼 사소한 것들'이라고 지은 이유는 무엇일까요? 또 이 작품을 빌려 우리가 나눠보면 좋을 '사소한 것들'은 무엇이 있을까요?

| 초1 | 초2 | 초3 | 초4 | 초5 | 초6 | 중1 | 중2 | 중3 | 고1 | 고2 | 고3 | 성인 |

소리 내어 읽는다는 것은 마음을 나누는 일
— 신형란

낭독을 시작합니다 | 문선희 외 지음 | 페이퍼타이거 | 2023 | 280쪽 | 18,000원

　소리 내어 읽으면 많은 것이 달라진다. 『낭독을 시작합니다』는 단순히 글을 소리 내어 읽는 행위가 아닌, 감정과 사람, 마음을 연결하는 진정한 소통의 방식임을 조용히 증명하는 책이다. 이 책은 서로 다른 색깔을 가진 성우 일곱 명의 목소리, 말, 마음을 담았다. 저자들이 낭독을 통해 경험한 감정의 변화와 치유의 순간들을 에세이 형식으로 풀어낸다. 책 속에는 교실에서, 병원에서, 가족 안에서, 혹은 독서 모임이나 도서관에서 낭독이 어떻게 사람과 사람을 이어주는지를 보여주는 따뜻한 사례들이 가득하다. 특히 낭독이 소외된 사람들의 마음에 어떻게 위로와 생기를 불어넣는지를 섬세하게 묘사하며, 독자에게 낭독의 본질을 다시금 생각하게 만든다.

　저자들은 하나같이 낭독이 단순한 독서 활동이 아니라고 강조한다. 그것은 타인의 목소리에 귀 기울이고, 자신의 감정을 전달하는 '사람의 언어'이며, 각자가 소리로 공유하는 감정의 통로다. 글자를 넘는 목소리는 단어의 의미를 넘어 감정의 떨림을 전달하고, 듣는 사람에게는 그것이 위로된다. 책은 이러한 감정적 소통의 가능성을 낭독이라는 오래된 행위를 통해 복원하려 한다. 디지털 시대에 무뎌진 우리의 감각을 되살리는 데 낭독은 효과적인 매개가 된다.

　"낭독에 집중하다 보면 마음이 한없이 편안해집니다. 텅 빈 듯 고요한 상태가 계속되다가, 어느 한순간 지극히 몰두해서 책을 읽어 내려가는 멋진 목소리로 꽉 찬 광경에 놀랄 것입니다."

　이 책은 국어 교과서에 수록된 문학 작품을 낭독 수업의 텍스트로 삼거나,

학교도서관에서 학생 참여형 낭독 프로그램을 기획하는 데 실제적인 도움이 된다. 또한 자기표현 능력을 기르거나 감정을 언어화하는 능력이 부족한 학생들에게 낭독은 안전하면서도 효과적인 교육 방법이 될 수 있다. 더 나아가 가정 내 부모와 자녀 간 정서적 유대를 회복하거나, 고령자와 시각 장애인과 같은 낭독 수요자에게 '목소리의 위로'를 전달할 수 있다.

입을 떼서 소리를 내는 것만으로도 당신의 삶은 달라지기 시작한다. 책을 소리 내어 읽는다는 것은 누군가에게 마음을 천천히, 그러나 분명하게 전하는 행위이며, 이 책은 그 감정의 울림을 따뜻하게 안내한다. 중·고등학생은 물론이고 교사, 학부모, 그리고 소통과 감정 표현에 갈증을 느끼는 모든 이들에게 추천할 만한 책이다. 낭독은 삶을 되돌아보게 하고, 타인과 다시 연결되게 한다. 이 책을 읽고 나면, 당신도 누군가에게 한 구절을 소리 내어 읽어주고 싶어질 것이다.

#낭독 #독서의힘 #자기표현 #공감소통 #치유

고등학교 문학

교육과정(독서활동) 연계
1. [12도01-04] 문학 작품을 낭독하고 자신의 감정을 성찰하며 타인과 공감하고 소통하는 능력을 기를 수 있다.

함께 볼 만한 콘텐츠
- [책] 『낭독의 힘』 제프리 디버 지음. 북로드, 2014. 396쪽.
- [책] 『낭송의 달인 호모큐라스』 고미숙 지음. 북드라망, 2014. 208쪽
- [팟캐스트] EBS 라디오 문학관. 「낭독으로 만나는 한국단편소설」. EBS FM, 2022.

토의 질문
1. 낭독은 단순히 책을 읽는 것 이상의 의미가 있다고 합니다. 국어 수업에서 낭독 활동은 어떤 교육적 효과가 있을까요?
2. 우리가 친구들과 함께 시나 산문을 낭독한다면 공감과 소통의 관점에서 어떤 변화가 생길까요?
3. 디지털 시대에 오히려 '목소리'와 '천천히 읽기'가 주목받고 있을까요?

| 초1 | 초2 | 초3 | 초4 | 초5 | 초6 | 중1 | 중2 | 중3 | 고1 | 고2 | 고3 | 성인 |

질문하고 참여하는 미디어 리터러시가 필요해
— 권은정

왜 우리는 가짜 뉴스에 더 끌릴까 | 외르크 메르나르디 지음 | 이미옥 옮김 | 시금치 | 2024 | 205쪽 | 18,000원

학생들은 유튜브, SNS, 인터넷 기사 등 다양한 매체를 통해 하루에도 수십, 수백 개의 정보에 노출된다. 그야말로 '정보의 홍수' 속에서 살아가고 있으나, 그 정보를 모두 신뢰할 수 있는 것은 아니다. 정보 리터러시와 미디어 리터러시는 오늘날의 교육에서 반드시 다뤄야 할 핵심 역량이 되었다. 가짜 정보에 속지 않고, 정보를 비판적으로 해석하며, 더 나아가 주체적으로 판단하는 능력은 학생들의 과제 수행과 진로 발달에 필수적이다. 이 책『왜 우리는 가짜 뉴스에 더 끌릴까』는 바로 그 능력을 기르기 위한 출발점이 될 수 있다. 저자 외르크 메르나르디는 뉴미디어 시대에 필요한 가짜 정보의 유통 구조와 인간의 심리를 분석하며, 가짜 뉴스에 대해 깊이 있는 질문을 던지고 있다. '거짓말, 도발, 조롱, 혐오, 조작'이라는 키워드를 중심으로 가짜 뉴스가 어떻게 만들어지고 퍼지는지를 설명한 후, '감시하기, 저항하기, 참여하기'라는 실천적 태도를 제시하며 독자들이 미디어 환경에 주체적으로 대응할 수 있도록 돕는다.

책의 각 장은 '언론이 거짓말을 퍼트린다고?', '민주주의를 혐오할 수 있을까?' 와 같이 질문으로 시작한다. 이는 독자의 호기심을 자극하고, 스스로 생각하며 읽도록 유도하는 구성이다. 결론을 정해주는 것이 아니라 질문을 던지고 여지를 남긴다는 점에서, 학생들이 스스로 사고하고 탐구 주제를 정하는 데에도 큰 도움을 준다. 이러한 형식은 토론, 논술, 프로젝트 기반 수업에 활용하기에 적합하며, 미디어 리터러시 수업을 질문 중심 수업으로 구상하고 싶은 교사에게도 실용적인 참고 자료가 될 것이다. 청소년 눈높이에 맞춘 질문과 설명이 205페이지라는 짧은 분량에 담겨 있어, 책읽기를 부담스러워하는 학생들도 쉽게 읽을 수 있다는 점도 매력적이다. 다만 저자가 결론이나 정답을 내려주지 않고 사례와 질문을 중심으로 서술하기 때문에, 도서 활용 과정에 교사의 지도가 필요한 학생이 있을 수 있다.

이 책은 단지 가짜 뉴스를 비판하거나 정보의 진위를 판단하는 법을 알리는 데서 멈추지 않는다. 각 장마다 '사고실험'이라는 코너를 덧붙여 다양한 관점을 수용하며, 민주주의적 가치 안에서 책임 있는 시민으로 살아가는 데 필요한 태도를 직접 생각하도록 한다. 사고실험에서 제시된 질문들은 "의견은 사실에 기초해야 할까, 개인적인 경험에 기초해야 할까?"나 "혐오와 분노는 특정한 경우에 사회에 긍정적인 변화를 가져오나?"와 같이 뉴미디어 속 소통과 정보 판단의 과정에서 철학적으로 고민할 지점을 알려준다.

수많은 가짜 정보와 사실 정보가 뒤섞여 쏟아지는 디지털 세상에서, 우리는 무엇을 믿고 어떻게 행동할 것인가? 그 질문에 대한 실마리를 찾고 수업 속에서 미디어 리터러시를 다루고 싶다면, 이 책을 펼쳐보시길.

#가짜뉴스 #미디어리터러시 #민주시민 #표현의자유 #혐오 #참여

교육과정(독서활동) 연계
1. [10공국1-06-01] 사회적 의제를 다룬 매체 자료를 비판적으로 분석한다.
2. [10공국2-02-01] 복합양식으로 구성된 글이나 자료에 내재된 필자의 관점이나 의도, 표현 방법을 평가하며 읽는다.
3. [10공국2-02-02] 동일한 화제의 글이나 자료라도 서로 다른 관점과 형식으로 표현됨을 이해하며 읽기 목적을 고려하여 글이나 자료를 주제 통합적으로 읽는다.

함께 볼 만한 콘텐츠
- [책] 『가짜 뉴스의 모든 것』 신디 L. 오티스 지음. 박중서 옮김. 원더박스. 2023. 414쪽.
- [영상] 유튜브 「저널리즘 토크쇼 J」 KBS추적 게시(2025.5.30. 검색).
- [누리집] 「KOSIS 국가통계포털〉서비스 소개〉팩트체크 서비스」(2025.5.30. 검색).

토의 질문
1. 혐오 표현도 표현의 자유로 인정해야 하는가?
2. 정치적 올바름이 바르지 않을 수 있는가?
3. 가짜 뉴스에 저항하기 위해 학생들이 실천할 수 있는 방법은 어떤 것이 있을까?

후속 활동
1. 미디어 리터러시 체크리스트: [사고실험]에 등장한 질문을 활용해, 가치수직선 토론을 진행함. 토록 결과를 바탕으로 가짜 뉴스를 변별하기 위한 체크리스트를 제작해, 학생 게시판에 공유하기.
2. 가짜뉴스 메이커: 다른 사람을 설득할 수 있는 음모론을 활용한 가짜뉴스를 각자 만들어, 모둠별로 기준을 세워 판별해 보기.

| 초1 | 초2 | 초3 | 초4 | 초5 | 초6 | 중1 | **중2** | **중3** | **고1** | **고2** | **고3** | **성인** |

기념일로 열어 보는, 사람을 존중하는 수업
— 권은정

달력으로 배우는 인권 수업 | 인권재단 사람 지음 | 주니어태학 | 2024 | 288쪽 | 17,500원

학교는 단지 지식을 배우는 공간이 아니다. 학생들은 그곳에서 타인을 이해하고, 더불어 살아가는 방식을 익히며, 사회와 세계를 읽는 감수성을 키운다. 그러나 오늘날 교육 현장에서 '인권'을 다루는 시간은 여전히 부족하다. 교과서 속 추상적인 개념으로 인권을 익히거나, 사회적으로 민감한 주제를 피해 가는 경우가 적지 않다.

이 책은 이러한 한계에 응답한다. 인권재단 사람이 기획한『달력으로 배우는 인권 수업』은 1년 12달을 따라 구성된 31개 인권 기념일을 중심으로, 인권의 다양한 모습을 소개한다. 달력이라는 친숙한 형식을 바탕으로, 교사는 특정 기념일을 기준 삼아 인권 교육을 체계적으로 계획하고 실천할 수 있다.

각 기념일은 단순히 날짜순으로 나열되지 않는다. 역사, 여성과 성소수자, 평화, 다양성, 정의라는 다섯 가지 주제로 분류되어, 인권의 흐름을 따라가는 구성이다. 무엇보다 중요한 점은, 이 책이 기념일 정보를 나열하는 데 그치지 않는다는 것이다. 기념일이 된 배경에는 어떤 역사적 사건과 사회적 맥락이 있는지를 함께 짚어준다. 예를 들어 세계 인권 선언일, 일본군 '위안부' 피해자 기림의 날, 세계 여성의 날, 세계 산재 사망 노동자 추모의 날 같은 사례를 통해, 학생들은 과거와 현재를 연결하며 인권의 의미를 삶 속에서 구체화할 수 있다.

각 기념일에는 사건 설명 외에도 질문, 관련 영상, 기사, 도서 등의 자료가 함께 제시되어 있어 수업 설계에 유용하다. 국어, 사회, 도덕, 역사 등의 교과와 연계하거나, 창의적 체험활동·독서·토론 활동 등으로 확장도 가능하다. 학생은 주제를 깊이 탐구할 기회를 얻고, 교사는 실용적인 수업 자료로 활용할 수 있다.

무엇보다 인권을 '사람의 이야기'로 풀어낸다는 점이 인상 깊다. 사회에서 잘 보이지 않던 존재들, 쉽게 말하지 못했던 목소리들이 등장하고, 이를 통해 학생들은 공감과 연대의 감각을 익힐 수 있다. "왜 아직도 이런 일이 벌어지는 걸까?", "나는 무엇을 할 수 있을까?"와 같은 질문은 인권 문제를 단순한 정보가 아니라 자기 삶의 일부로 바라보게 만든다. '세월호 참사 기억의 날'에는 "왜 국가는 참사에 책임을 져야 할까요?", '국제 성소수자 혐오 반대의 날'에는 "동성애 혐오도 권리인가요?" 같은 질문을 통해 토론을 자연스레 유도하며 스스로 생각해 보도록 한다.

인권은 저절로 지켜지지 않는다. 우리는 그것을 기억하고, 말하고, 가르쳐야 한다. 매달 하나의 인권 기념일을 수업이나 대화 속에서 함께 이야기해 보자. 그 시작만으로도 우리 학생들의 인권 교육은 한 걸음 더 앞으로 나아갈 수 있다.

#인권 #인권_기념일 #권리 #차별 #소수자 #아동 #장애인 #청소년 #외국인

교육과정(독서활동) 연계
1. [10통사2-01-01] 근대 시민 혁명 등을 통해 확립되어 온 인권의 의미와 변화 양상을 이해하고, 현대 사회에서 주거, 안전, 환경, 문화 등 다양한 영역으로 인권이 확장되고 있는 사례를 조사한다.
2. [10통사2-01-03] 사회적 소수자 차별, 청소년의 노동권 등 국내 인권 문제와 인권지수를 통해 확인할 수 있는 세계 인권 문제의 양상을 조사하고, 이에 대한 해결 방안을 모색한다.
3. [10통사2-02-03] 사회 및 공간 불평등 현상의 사례를 조사하고, 정의로운 사회를 만들기 위한 다양한 제도와 시민으로서의 실천 방안을 제안한다.

함께 볼 만한 콘텐츠
- [책] 『청소년을 위한 인권 수업』 박혜영 외 지음. 보리출판사. 2023. 152쪽.
- [책] 『양지열의 국가기념일 수업』 양지열 지음. 다른. 2023. 276쪽.
- [누리집] 「국가인권위원회 인권교육센터 > 안내·자료실 > 교재·교육자료실」(2025.5.30. 검색)

토의 질문
1. 사회적 재난의 기준은 무엇이고, 사회적 재난의 책임자는 누구일까?
2. '유리천장'은 남아있는가?
3. 인종 차별을 없애기 위해 우리나라는 어떤 노력을 하고 있는가?

후속 활동
1. 인권 북큐레이션: 매월 인권기념일 1가지씩 선정해 관련 도서나 학술 자료, 영상을 정리한 패스파인더를 제작해, 학교 홈페이지에 공유하기.
2. 차별을 줄이기 위한 차별: 해외에서 차별을 줄이기 위해 역차별을 활용한 사례를 찾아보고, 우리나라에 적용할 수 있는 방안을 구상해 포스터로 표현하기.
3. 세계 속의 세계인권선언문: 한국 거주 외국인의 국적 순위를 파악하고, 순위가 높은 5개 국가의 언어로 '세계인권선언문'을 작성하기.

| 초1 | 초2 | 초3 | 초4 | 초5 | 초6 | 중1 | 중2 | **중3** | **고1** | **고2** | 고3 | 성인 |

이제는 나도 트렌드 읽는 사람
— 권혜림

청소년을 위한 김난도 교수의 트렌드 수업 1 | 김난도 지음 | 미래의창 | 2024 | 224쪽 | 15,000원

매년 가을, 서점과 온라인 서점의 베스트셀러 목록에 빠지지 않고 오르는 책이 있다. 바로 『트렌드 코리아』 시리즈다. 나 역시 '내년의 트렌드는 무엇일까?', '핵심 키워드는 뭘까?' 하는 궁금증으로 책장을 펼친다. 그런데 이런 호기심은 어른들만의 것이 아닐 것이다.

『청소년을 위한 김난도 교수의 트렌드 수업 1』은 대한민국 대표 트렌드 분석가 김난도 교수가 청소년도 쉽게 이해할 수 있도록 펴낸 책이다. 빠르게 변화하는 세상 속에서 어떤 직업을 가져야 할지, 어떻게 공부하고 어떤 삶을 살아야 할지 고민하는 청소년들에게 유용한 길잡이가 되어준다.

책은 총 8개 챕터로 구성된다. 1장에서는 '트렌드'란 무엇이며, 왜 알아야 하는지, 어떻게 파악할 수 있는지를 소개한다. 이어지는 7가지 키워드에서는 현대 사회의 다양한 변화를 다룬다. '분초사회', '평균실종', '호모 프롬프트', '언택트', '워라밸', '소확행', '공정사회' 등 우리가 뉴스나 일상에서 자주 듣지만 자세히 알지 못했던 개념들이 구체적인 예시와 함께 제시된다. 실생활과 연결된 사례 덕분에 공감하며 쉽게 이해할 수 있고, 나의 경험과 연결해 읽다 보면 몰입도도 높아진다.

디자인도 청소년 눈높이에 맞춰 구성됐다. 큰 글자와 넓은 줄간격, 형광펜처럼 강조된 핵심 문장, 중간중간 삽입된 그림과 그래프 등은 시각적인 흥미를 더한다. 특히 각 장 끝 '생각 나누기' 코너는 자신의 생각을 정리하고 친구들과 의견을 나누는 활동으로 이어질 수 있어, 독서 토론 수업이나 진로 수업과도 잘 어울린다.

김난도 교수는 "오늘날, 트렌드는 세상을 만나는 창문과도 같습니다(37쪽)"라고 말한다. 변화와 유행을 이해하는 일은 곧 나와 사회를 이해하는 일이다. 이 책은 청소년들이 현재를 분석하고 미래를 설계하는 데 좋은 출발점이 될 수 있다. 지금 이 책을 함께 읽고, 각자의 삶과 연결된 생각을 나눠보자. 우리가 살아가는 세상은 물론, 새로운 나 자신도 발견하게 될 것이다.

#트렌드 #청소년 #미래사회

고등학교 인문사회

교육과정(독서활동) 연계
1. [10통사2-05-03] 미래 사회의 모습을 다양한 측면에서 예측하고, 이를 바탕으로 세계시민으로서 자신의 미래 삶의 방향을 설정한다.

함께 볼 만한 콘텐츠
- [책] 『트렌드 코리아 2025』 김난도 외 지음. 미래의창. 2024. 400쪽.
- [책] 『도둑맞은 집중력』 요한 하리 지음. 어크로스. 2024. 464쪽.
- [영상] 넷플릭스. 「소셜 딜레마」(1:34:00). 2020.9.9.

토의 질문
1. 트렌드를 아는 것이 진로 선택에 어떤 도움이 될까요?
2. AI가 대체할 수 없는 나만의 강점은 무엇일까요?
3. 최근 내가 주도하거나 참여했던 유행이나 트렌드는 어떤 것이 있었나요?

| 초1 | 초2 | 초3 | 초4 | 초5 | 초6 | 중1 | **중2** | **중3** | **고1** | 고2 | 고3 | 성인 |

청소년을 위한 광고 길잡이
— 권혜림

광고의 모든 것 | 김재인 글 | 위수연 그림 | 도서출판 그림씨 | 2024 | 152쪽 | 15,000원

현대인들이 손에서 놓지 못하는 것 중 하나가 바로 스마트폰이다. 우리는 스마트폰으로 SNS를 보고, 정보를 검색하며 다양한 앱을 활용한다. 이 과정에서 자주 마주치는 것이 바로 광고다. 관심 있던 제품이 마치 내 마음을 읽은 듯 광고로 등장할 때, 우리는 문득 광고의 세계가 궁금해진다. 『광고의 모든 것』은 '자본주의의 꽃'이라 불리는 광고의 본질부터 역사, 산업, 윤리까지 쉽고 풍부하게 안내해 주는 책이다. 광고가 궁금한 청소년이라면 주목해볼 만하다.

이 책은 총 7장으로 구성되어 있다. 1장 '광고, 탄생에서 오늘날까지', 2장 '광고 매체의 탄생'에서는 광고의 시작과 매체의 발전을 역사적 흐름 속에서 설명한다. 3장 '광고대행사의 모든 것'에서는 광고 산업과 관련 직업들을 소개하며 진로 탐색에 도움을 준다. 4장 '광고 기법의 모든 것'에서는 캐릭터, 브랜드, PPL, 협찬 등 익숙한 사례들을 바탕으로 광고의 다양한 표현 기법을 알기 쉽게 설명한다. 특히 'TV 속 PPL 장면 찾아보기', '내가 광고주라면 어디에 광고를 넣을까?' 같은 활동은 사고를 확장하고 수업 자료로도 활용할 수 있어 유용하다. 5장과 6장은 광고의 현재와 미래를 다룬다. 소비자 심리, 뇌과학, 온라인 환경 등 현대 광고가 어떻게 진화해왔는지를 살펴본다. 마지막 7장 '세상을 지배하는 광고'에서는 광고의 윤리성과 사회적 영향에 대해 깊이 있는 질문을 던진다. 작가는 "광고의 진화 방향을 결정하는 것은 시민들의 태도"라고 강조하며, 청소년 독자에게도 광고를 비판적으로 바라볼 수 있는 시야를 제시한다.

책의 구성도 눈에 띈다. 말풍선을 활용한 만화형 글 구성, 광고 사례를 담은 다양한 그림 자료, 시선을 끄는 색상과 여백의 사용 등은 청소년이 부담 없이 흥미롭게 읽을 수 있도록 돕는다.

  광고의 과거, 현재, 미래를 함께 살펴볼 수 있는 『광고의 모든 것』. 광고에 관심 있는 청소년에게 추천하며, 광고 관련 수업을 준비 중인 교사에게도 훌륭한 자료이다. 예를 들어 '기억에 남는 광고 분석하기'나 '나를 소개하는 티저광고 만들기' 같은 수업 활동으로 확장해 보는 것도 의미 있는 시도일 것이다.

#광고 #마케팅

교육과정(독서활동) 연계
1. [12사문03-02] 미디어의 효과에 대한 이해를 바탕으로 미디어가 생산하는 메시지를 비판적으로 분석하고 대안적 메시지 생산에 능동적으로 참여한다.
2. [문콘 02-04-01] 광고 산업에 대하여 알아보고, 광고 산업의 특징에 대하여 설명할 수 있다.
3. [문콘 02-04-02] 광고 산업에 대하여 분석하고, 광고 산업의 현황과 전망에 대하여 설명할 수 있다.

함께 볼 만한 콘텐츠
- [책] 『미디어 리터러시 쫌 아는 10대』 금준경 지음. 풀빛. 2020. 164쪽.
- [책] 『꼬리에 꼬리를 무는 광고 이야기』 정상수 지음. 주니어태학. 2024. 176쪽.
- [책] 『쇼핑의 미래는 누가 디자인할까?』 황지영 지음. 휴머니스트. 2021. 180쪽.

토의 질문
1. 광고를 보고 적절한 기준을 가지고 나만의 신념을 지키는 법은?
2. 광고는 사회에 어떤 순기능과 역기능을 가지고 있나요?
3. 광고 산업에서 일하고 싶다면 어떤 직업이 흥미롭게 느껴지나요? 그 직업을 고른 이유는?

| 초1 | 초2 | 초3 | 초4 | 초5 | 초6 | 중1 | 중2 | 중3 | 고1 | 고2 | 고3 | 성인 |

반대라서 더 궁금하고 끌리는 도시 이야기
— 권혜림

도시 대 도시! 맞짱 세계지리수업 | 조지욱 글 | 송진욱 그림 | 주니어태학 | 2024 | 242쪽 | 16,800원

나는 가끔 내가 있는 곳에서 땅을 파고 들어가면 지구 반대편엔 어떤 나라, 어떤 도시가 있을지 상상하곤 했다. 날씨도 시간도 전혀 다를 그곳은 어떤 풍경일까? 『도시 대 도시! 맞짱 세계지리수업』의 저자 역시 이런 궁금증에서 이야기를 시작한다. 지구 반대편에는 누가 살고, 어떤 기후와 지형을 가진 도시가 있을까? 이 책은 그 질문에 시원하게 답해주는 지리 교양서다.

책은 총 3부로 구성된다. 1부는 '자연지리'로, 가장 추운 도시 vs 가장 더운 도시, 해발이 가장 높은 도시 vs 가장 낮은 도시 등 서로 반대되는 자연환경의 도시들을 비교한다. 2부 '인문지리'에서는 인구가 가장 많은 도시 vs 가장 적은 도시, 맥주의 도시 vs 금주의 도시처럼 문화와 사회 요소를 기준으로 도시를 짝지어 소개한다. 마지막 3부 '지리의 꿈, 힘, 상상'에서는 대통령의 도시 vs 왕의 도시, 노벨상을 주는 도시 vs 거부하는 도시처럼 정치와 역사적 상징성이 뚜렷한 도시들이 등장한다.

이 책을 추천하고 싶은 이유는 세 가지다. 첫째, 대비되는 도시를 짝지어 설명하는 구성 덕분에 내용이 흥미롭고 기억에 오래 남는다. 둘째, 익숙한 도시부터 생소한 도시까지 다양한 사례를 통해 지식의 폭을 넓힐 수 있다. 총 42개 도시가 등장하며, 한 도시를 이해하면 관련 도시로 관심이 자연스럽게 확장된다. 셋째, 위도·경도 같은 자연지리 개념부터 문화·정치 같은 인문 요소까지 수업 시간에 배운 내용을 떠올리며 읽기에 알맞다.

풍부한 시각 자료도 이 책의 강점이다. 일러스트와 실제 사진, 지도 정보가 함께 제공되어 이해를 돕는다. 특히 세계지도에 도시 위치와 쪽수가 함께 표시

되어 있어 궁금한 도시를 쉽게 찾아볼 수 있다. 단순한 정보 전달을 넘어 학습 효과까지 높이는 편집이 인상적이다.

'아는 만큼 보인다'는 말처럼, 이 책은 42개 도시를 통해 지리적 시야를 넓히고 세계를 입체적으로 바라보게 한다. 수업에서는 책 속 예시 외에도 학생이 직접 주제를 정하고 도시를 찾아 비교해보는 활동으로 확장할 수 있다. 지리를 재미있고 창의적으로 배우고 싶은 청소년에게 꼭 권하고 싶은 책이다.

#세계지리 #도시특징 #자연지리 #인문지리

교육과정(독서활동) 연계
1. [12세지02-01] 세계의 다양한 기후에 대한 이해를 바탕으로 기후를 활용하거나 극복한 사례를 찾아 인간 생활과의 관계를 탐색한다.
2. [12세지02-02] 세계 주요 지형과 인간 생활의 상관성을 파악하고, 지형의 개발과 보존을 둘러싼 갈등 사례를 통해 지속가능한 이용 방안을 토론한다.
3. [12세지02-03] 세계 주요 종교의 특징 및 종교 경관의 의미를 이해하고, 각 종교가 인간 생활에 미치는 영향을 탐구한다.
4. [12세지02-04] 세계의 다양한 음식과 축제를 지리적으로 설명하고, 문화 다양성을 보존하기 위한 방법을 모색한다.

함께 볼 만한 콘텐츠
- [책] 『세계시민을 위한 없는 나라 지리이야기』 서태동 외 지음. 롤러코스터. 2022. 324쪽.
- [책] 『십 대를 위한 영화속 지리인문학 여행』 성정원 외 지음. 팜파스. 2022. 200쪽.
- [책] 『지리의 힘』 팀 마샬 지음. 사이. 2016. 368쪽.

토의 질문
1. 책에 나온 주제 외, 서로 반대되는 성격을 가진 도시를 찾아 비교해 본다면?
2. 내가 지금 사는 도시와 가장 반대 성격의 도시를 고른다면 어디일까요? 왜 그렇게 생각했나요?
3. '가장 더운 도시'와 '가장 추운 도시' 중, 내가 살아야 한다면 어디를 선택할까? 그 이유는?

청소년에게 필요한 AI윤리 이야기

— 권혜림

인공지능은 선생님을 대신할까요? | 이영호·김하민 글 | 이다 그림 | 서해문집 | 2023 | 212쪽 | 14,000원

　미래 사회로 갈수록 인공지능의 중요성은 커지고 있다. 다양한 분야에서 AI가 빠르게 도입되며 그 변화는 우리 삶 곳곳에서 체감된다. 일상 속에서도 우리는 그 변화를 쉽게 발견할 수 있다.『인공지능은 선생님을 대신할까요?』는 기술적인 측면뿐 아니라 윤리적인 관점까지 함께 짚으며, 청소년에게 균형 잡힌 시각을 제시하는 책이다. 교육대학교 교수와 초등학교 교사가 공동 집필한 만큼, 학생 눈높이에 맞춘 쉬운 설명이 돋보인다. AI 시대를 살아갈 청소년이 꼭 한번 읽어보면 좋을 책이다.

　이 책은 프롤로그를 포함해 총 7장으로 구성되어 있다. 'AI와 함께 살기', 'AI와 공정성', 'AI의 위험성' 등 각 장마다 핵심 질문을 제시하고, OX 형식의 다양한 논점과 설명을 통해 자연스럽게 생각을 확장하도록 이끈다. 장의 도입부에는 영화나 소설 속 흥미로운 장면이 소개되어 몰입을 돕고, 어려운 개념은 본문 옆에 주석으로 친절히 설명되어 있다.

　시각 자료도 풍부하다. 일러스트로 표현된 핵심 개념은 정리에 효과적이고, 다양한 그림과 쉬운 설명은 독서를 어려워하는 학생에게도 부담 없이 다가갈 수 있게 한다. 각 장 말미에는 '더 생각해볼 문제'가 정리되어 있어 토의·토론 수업 자료로도 유용하다. 이 질문들을 바탕으로 추가 탐구나 확장 활동을 해보는 것도 좋은 독서 방법이 될 것이다.

　오늘날 AI를 어떻게 활용할지, 그 과정에서 발생할 문제에 대해 누가 어떤 책임을 져야 할지는 중요한 과제다. 이 책은 청소년들이 그러한 문제를 구체적으로 고민하고, 자신의 입장을 정리해보도록 도와준다. 미래를 이끌 세대인 청소년에게 AI는 더 이상 선택이 아닌 함께 살아갈 동반자다. 그렇다면 과연, 책 제목처럼 인공지능이 선생님을 대신할 수 있을까? 그 물음의 답은 책을 다 읽은 후, 함께 이야기 나눠보자.

#인공지능 #미래사회 # 윤리

교육과정(독서활동) 연계
1. [12현윤03-01] 과학기술 연구에 대한 다양한 관점을 조사하여 비교·설명할 수 있으며 이를 과학기술의 사회적 책임 문제에 적용하여 비판 또는 정당화할 수 있다.
2. [12현윤03-02] 정보통신 기술과 뉴미디어의 발달에 따른 윤리 문제들을 제시할 수 있으며 이에 대한 해결 방안을 정보윤리와 미디어 윤리의 관점에서 제시할 수 있다.
3. [12현윤03-03] 윤리적인 인공지능을 위하여 인간과 인공지능의 관계를 설명하고, 인공지능으로 인해 발생하는 윤리 문제의 해결 방안을 인공지능 윤리의 관점에서 제시할 수 있다.

함께 볼 만한 콘텐츠
- [책] 『멋진 신세계』 올더스 헉슬리 지음. 소담출판사. 2015. 400쪽.
- [책] 『넥서스』 유발 하라리 지음. 김영사. 2024. 684쪽.
- [영화] 〈알파고〉(90분). 그렉 코스 감독. 2017

토의 질문
1. 인공지능, 만들고 사용할 때 어떤 책임이 따를까요?
2. 인공지능, 과연 안전한 기술일까요?
3. 인공지능, 우리 사회의 문제를 해결할 수 있을까요?

| 초1 | 초2 | 초3 | 초4 | 초5 | 초6 | 중1 | 중2 | 중3 | **고1** | **고2** | **고3** | 성인 |

돈은 근접전이다
— 김민경

돈은, 너로부터다 | 김종봉·제갈헌열 지음 | 다산북스 | 2023 | 379쪽 | 19,000원

　보통 경제서라고 하면 정보 전달이라는 목적이 뚜렷한 책이기에 딱딱한 형식으로 작성되었다고 생각한다. 하지만 『돈은, 너로부터다』는 소설 형식을 취하고 있어 상대적으로 쉽게 부를 이루기 위한 태도를 학습할 수 있다. 사업을 통해 성공하고 싶은 사람들은 꼭 읽어보길 권한다.

　『돈은, 너로부터다』는 천억 자산가 인선의 강연에서 '커피 한 잔' 이벤트에 당첨된 두 사람이 "제게 가장 궁금한 것이 무엇이지요?(28쪽)"라는 질문을 받으며 시작한다. "선생님의 시간에서, 선생님을 여기까지 오게 만든 배움(36쪽)"이라고 대답하는 인우와 "돈을 끌어모으는 당신만의 비법(41쪽)"이라고 대답하는 배상. 질문에 대한 대답을 들은 두 사람이 서로 다른 길을 걸으며 부자가 되는 27가지 비밀을 보여준다.

　인우는 성실한 사람이다. 인선의 배움을 청하고 조언을 듣고 그 조언을 성실히 수행하기 위해 노력한다. 세차업을 하는 인우는 자기 직업에 대해 전문성을 키우고 적용하여 자기만의 브랜드를 만들어간다. 이처럼 인우는 인선과 대화를 통해 자신이 할 수 있는 일을 성실하게 고민하고 실행하며 부자가 되는 방법을 하나씩 터득해 나간다.

　배상은 부유한 집안에서 태어나 부족함 없이 자라 자신감이 넘치고 거만하다. 예의 없는 태도로 인선에게 부자가 된 비법을 묻고 사후 관리까지 당당하게 요구하는 모습에서 그러한 태도가 더욱 드러난다. 배상은 부자가 되는 확실한 방법을 인선에게 듣고도 여러 번 실패를 경험한다. 하지만 실패에도 배움이 있다. 또, 배상은 자신에 대한 자신감이 있기에 당시 시점에서 자기가 할 수 있는 일을 빠르게 파악하고 선택한다. 배상이 실패를 통해 배우고 성장하여 부를 이루어 가는 모습도 인상적이다.

돈의 본질에서 시작해 브랜딩을 구축하여 시스템을 만드는 과정을 인선은 인우와 배상 각자에게 알맞은 방식으로 전한다. 기나긴 시간 동안 끈질기게 학습하고 고민하는 주인공들의 모습을 보며 우리도 주인공들과 함께 단순히 돈을 모으기 위한 태도뿐만 아니라 삶을 살아가는 태도를 배우게 된다. 자신이 일하는 분야에서 성공하기 위해서는 끊임없는 자기 계발과 직업에 대한 고민이 필수임을 보여준다.

인선은 "부는 근접전이다(53쪽)"라고 말한다. 부는 멀리 있지 않다. 부는 내가 직접 고민하고 실패하고 실행하는 행동에서부터 쌓이게 된다고 말하고 있다.

인우와 배상을 부자로 만들어 준 인선으로부터의 배움은 두 사람이 우연히 찾아온 기회를 잡았기에 가능했다. 기회는 늘 우연히 찾아온다. 찾아오는 기회를 잡고 활용하여 자산으로 만드는 건 우리 몫이다. 인생을 바꿀 수 있는 질문을 할 기회가 온다면, 당신은 어떤 질문을 하고 싶은가?

#경제 #돈 #재력가 #태도

교육과정(독서활동) 연계
1. [12인경02-03] 혁신적 변화를 추구하는 기업가 정신의 의미를 실생활 사례를 통해 탐구한다.
2. [12금융02-01] 소득이 수입의 주요 원천임을 이해하고 소득에 영향을 미치는 다양한 요인을 탐구한다.

함께 볼 만한 콘텐츠
- [책] 『머니 트렌드 2025』 정태익 외 지음. 북모먼트. 2024. 420쪽.
- [책] 『부의 추월차선』 엠제이 드마코 지음. 토트. 2022. 392쪽.
- [영상] 세바시 강연 Sebasi Talk. 「(Kor,Chn)부자가 되려면 '돈 공부' 그만하세요(이하 영상 제목 생략)」.(17:30). 2023.8.14.

토의 질문
1. 당신에게 천억 자산가와 커피 한 잔의 기회가 생긴다면, 어떤 질문을 하고 싶은가요?
2. 인우가 노트에 적은 27가지 부를 향한 조언은 누구나 시도 할 수 있는 내용입니다. 그러나 부를 획득하지 못하는 사람들이 더 많습니다. 왜 그럴까요?
3. 우리의 주된 소득은 수입에서 나옵니다. 수입은 여러 방법으로 획득할 수 있어요. 여러분은 어떤 방법으로 수입을 이루어내고 싶은가요? 그 방법을 사용하기 위해서는 어떻게 미래를 설계해야 할까요?

| 초1 | 초2 | 초3 | 초4 | 초5 | 초6 | 중1 | 중2 | 중3 | **고1** | **고2** | **고3** | 성인 |

미래에 날 부르는 이름은 무엇일까?
— 신형란

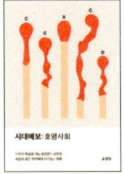

시대예보: 호명사회 | 송길영 지음 | 교보문고 | 2024 | 339쪽 | 22,000원

서로를 이름으로 불러주는 호명사회가 온다. 『시대예보: 호명사회』는 디지털 기술과 인간 감정의 경계에서 우리는 누구로 살아가고 있는지를 묻는 사회학적 성찰서다. 저자 송길영은 빅데이터 분석가이자 사회 분석가로, 우리가 일상적으로 접하는 SNS, 알고리즘, 광고 시스템 등이 어떻게 개인을 호출(호명)하고, 그 삶의 방향성과 정체성에 영향을 주는지를 날카롭게 분석한다. '호명'이라는 개념은 단순한 이름 부르기가 아니라, 현대 사회에서 한 개인을 특정한 역할과 위치로 정의하고 고정하는 사회적 힘이다. 저자는 우리가 모두 이미 누군가의 타깃이 되어 살아가고 있으며, 그 사실을 인식하지 못한 채 살아간다는 점에서 문제의식이 시작된다.

책은 여러 사례를 통해 이 개념을 구체적으로 설명한다. 예를 들어, 유튜브 알고리즘이 사용자의 취향을 파악하고 끊임없이 추천 영상을 제공하는 방식은 우리를 무수한 '호명'의 연쇄 속으로 밀어 넣는다. 친구가 많이 달린 SNS 계정, 많이 본 기사, 추천 상품 등은 모두 데이터 기반의 감정 소비를 유도하며, 사용자는 자발적으로 선택했다고 느끼지만 시스템에 의해 유도된 선택일 수 있다. 이 과정에서 개인의 자율성과 정체성은 위협받고, 우리는 무형의 사회적 감시 속에서 살아가게 된다. 그런 의미에서 이 책은 디지털 사회의 사용자가 아닌 '주체'로서 살아가기 위해 꼭 필요한 인식 전환을 촉구한다.

이 책은 고등학생뿐 아니라 교사와 학부모, 디지털 시대를 살아가는 모든 성인 독자에게도 깊은 울림을 줄 수 있다. 통합사회, 진로, 미디어 리터러시 수업과도 긴밀히 연계할 수 있으며, 특히 청소년 독자들이 자신의 정체성을 구성하는 과정에서 어떤 요소들이 영향을 미치는지를 자각하는 데 유익하다. 저자는 "당신은 누구로 불리고 있는가?"라는 질문을 던짐으로써, 독자 스스로가 외부의 호명에 끌려가기보다 주체적으로 자신의 삶을 정의할 수 있어야 함을 강조한다. 이는 진로 선택과 사회적 관계 형성에도 중요한 기준이 된다.

『시대예보: 호명사회』는 단순한 디지털 비판서가 아니다. 이 책은 '호명'이라는 개념을 통해 우리가 어떤 이름으로 살아갈 것인지, 누구의 시선으로 자기를 구성할 것인지를 묻는다. 이 질문은 단지 정보 사회에 대한 분석이 아니라, '나'라는 존재를 둘러싼 모든 관계와 선택을 성찰하는 출발점이 된다. 우리는 이제 남들이 정해주는 이름이 아니라, 스스로 선택한 이름으로 살아갈 수 있어야 한다. 이 책은 바로 그 '자기 이름 짓기'의 시작이 되는 책이다.

#정체성 #자립 #미래사회 #미래직업

교육과정(독서활동) 연계
1. [10통사2-02-03] 현대 사회의 불평등 문제와 디지털 시대의 감정 소비 현상을 분석하고, 정의로운 공동체 형성을 위한 방안을 탐색할 수 있다.

함께 볼 만한 콘텐츠
- [책] 『감정 자본주의』 에바 일루즈 지음. 돌베개. 2012. 448쪽.
- [다큐멘터리] 넷플릭스. 「The Social Dilemma」(94분). 제프 올로우스키. 2020.
- [팟캐스트] 김영하의 책읽는 시간. 「데이터 시대의 인간」. 2023.5. https://www.podbbang.com

토의 질문
1. 호명되는 시대, "진짜 나"란 무엇이라고 정의할 수 있을까요?
2. 데이터와 감정이 결합한 사회는 인간관계에 어떤 영향을 미치고 있을까요?
3. SNS와 디지털 광고는 우리의 선택에 어떤 영향을 미치나요? 통합사회에서 배운 '개인과 사회' 개념과 연결지어 토의해 봅시다.

고등학교 인문사회

| 초1 | 초2 | 초3 | 초4 | 초5 | 초6 | 중1 | 중2 | **중3** | 고1 | 고2 | 고3 | 성인 |

어색한 내 문장을 구해줄 우리말 처방전
— 이유진

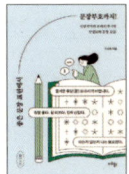

좋은 문장 표현에서 문장부호까지! | 이수연 지음 | 마리북스 | 2024 | 292쪽 | 18,000원

　카카오톡, 소셜 미디어 게시물 작성부터 학교 리포트까지, 우리는 매일같이 글을 쓴다. 하지만 어딘가 모르게 어색하고 매끄럽지 못한 자신의 문장 때문에 답답했던 적이 한두 번이 아니다. 분명히 전달하고 싶은 내용은 있지만, 막상 글로 옮기면 부자연스러워 한숨을 쉬게 되는 경우도 많다. 『좋은 문장 표현에서 문장부호까지!』는 바로 그러한 고민을 가진 이들을 위한 친절한 문장 교실이다. 국립국어원 온라인가나다를 담당하는 이수연 선생님이 사람들이 가장 헷갈려 하는 우리말 표현들을 신중하게 골라 정리했다. 이 책은 교과서처럼 딱딱한 문법 규칙을 나열하기보다는, 실제로 글을 쓰면서 '이 표현이 올바른가?' 하고 고민되는 순간들을 명쾌하게 해결해주는 실용적인 안내서이다.

　이 책은 총 네 개 장으로 구성되어 있으며, 우리말 규칙을 익히는 데 흥미를 더하는 방식을 취한다. '든지'와 '던지', '로써'와 '로서', '등'과 '외'처럼 평소 헷갈리기 쉬운 표현들의 차이를 명확하게 정리해 주어, 그동안의 혼란을 해소할 수 있다. 또한 '것'과 같은 특정 단어의 과도한 사용으로 어색해진 문장을 자연스럽게 고치는 방법, 쉼표를 비롯한 문장부호의 올바른 쓰임, 그리고 상황과 상대방에 맞는 적절한 높임 표현 사용법까지 체계적으로 다룬다. 수행평가나 탐구보고서를 작성할 때 표현 문제로 고민하는 학생들에게 학업 능력 향상에 실질적인 도움을 줄 수 있다.

　이 책의 가장 큰 매력은 바로 세심한 설명에 있다. 단순히 '이것은 틀리고 이것은 맞다'라고 단정하는 대신, 왜 그러한지 그 이유를 친절하고 쉽게 설명해 준다. 문법 용어 사용은 최소한으로 줄이고, 예문은 일상 대화처럼 친근하게 제시되어 부담 없이 술술 읽히는 것이 이 책의 장점이다. 저자가 독자들이 가장 헷갈려 하는 내용들을 엄선했기에, 마치 개인 과외를 받는 듯한 학습 경험을 제공한다. 특히 소셜 미디어에 익숙한 학생들에게는 온라인에서 자주 틀리는 표현들을 정확하게 구분하는 문해력을 기르는 데 효과적일 것으로 보인다.

실용성 또한 빼놓을 수 없는 강점이다. 목차만 보아도 학생들이 자주 헷갈려 하는 표현들이 거의 모두 담겨 있어, 글을 쓰다가 막히는 순간마다 든든하게 펼쳐볼 수 있는 유용한 참고 도구가 되어줄 것이다. 저자는 우리말을 아끼고 존중하는 마음으로, 조금만 더 관심을 가지면 글쓰기가 결코 어렵지 않다고 독자들을 격려한다. 글쓰기에 자신감을 얻고 싶은 학생, 수행평가에서 더 매끄러운 글을 쓰고 싶은 학생이라면 주저 없이 이 책을 펼쳐 보길 권한다. 자신의 직감을 믿고 국어사전과 함께 이 책을 참고한다면, 어느새 글쓰기 실력이 한 단계 성장한 자신을 발견하게 될 것이다.

#문장표현 #글쓰기 #우리말 #문법 #문장부호 #높임표현

고등학교 인문사회

교육과정(독서활동) 연계
1. [12화언01-04] 단어의 짜임과 의미, 단어 간의 의미 관계를 중심으로 어휘를 이해하고 담화에 적절히 활용한다.

함께 볼 만한 콘텐츠
- [누리집] 「국립국어원 온라인가나다」. https://www.korean.go.kr
- [영상] Gwana. 「맞춤법 절대 안 틀리는 노래」.
- [영상] 디글: Diggle. 「내 문해력은 어느 정도일까? 가정통신문을 잘못 이해한 사람들이 많다고?! 느슨해진 문해력에 긴장감을 주는 방법」.

토의 질문
1. 같은 내용도 어떻게 표현하느냐에 따라 전달력이 달라질까요?
2. SNS 시대에 정확한 우리말 사용이 왜 중요할까요?

자신을 지키면서 관계를 유지하는 방법 '경계 존중'
— 이유진

나는 나를 지킵니다 | 박진영 지음 | 우리학교 | 2024 | 180쪽 | 14,000원

    치열한 경쟁과 복잡한 인간관계 속에서 청소년들은 때로 길을 잃은 듯 헤매곤 한다. 학업의 무게와 친구 관계에서 오는 미묘한 스트레스는 자신을 갉아먹는 듯 느껴지기도 한다. 성적 부담과 또래 관계의 어려움 속에서 지쳐가는 이들에게 『나는 나를 지킵니다』는 자신을 소중히 여기며 건강한 관계를 맺는 방법을 제시하는 실용적인 길잡이가 된다. 미국 듀크대학교에서 사회심리학을 연구하는 박진영 저자가 전작 『나는 나를 돌봅니다』에 이어 선보이는 이 책은, 학업과 관계 스트레스에 시달리는 청소년들이 자기만의 경계를 설정하고 이를 단단히 지켜나가는 지혜를 알려준다.

    학생들이 가장 많이 겪는 고민 중 하나는 바로 '눈치 보기'이다. 친구들이 어떻게 생각할지, 혹시 따돌림당하지는 않을지 걱정하며 자신의 진짜 마음을 숨기는 경우가 비일비재하다. 저자는 이러한 상황에서 "모든 관계에는 저마다 건강한 거리가 있으며 서로의 경계를 존중할 때 나란히, 다정히 행복할 수 있다"고 말한다. 친구라는 이름으로 모든 것을 공유하거나 항상 함께해야 하는 것은 아니라는 메시지는, 관계 속에서 지쳐가는 많은 이들에게 깊은 위로와 공감을 전한다.

    이 책의 강점 중 하나는 학생들이 학교생활에서 실제로 마주할 법한 상황들을 매우 구체적으로 짚어준다는 점이다. 편의점에서 간식을 고를 때도 자신의 자율성을 침해하는 친구, 원치 않는 스킨십을 강요하며 도리어 죄책감을 느끼게 만드는 관계, 가까운 사이가 아닌데도 사적인 이야기나 비밀을 털어놓는 친구 등 청소년들이 현실에서 겪는 다양한 장면들을 예시로 든다. 이러한 상황에서 자신을 지키면서도 관계를 유지하는 방법, 즉 '아니요'라고 말하는 현명한 방식을 구체적으로 제시한다.

공부에 대한 압박감이 클수록 친구 관계에서도 쉽게 여유를 잃기 마련이다. 성적 때문에 예민해져 친구의 말 한마디에도 상처받거나, 반대로 무의식중에 친구에게 상처를 주기도 한다. 저자가 강조하는 '경계 존중'은 이러한 상황에서 더욱 필수적이다. 자신이 스트레스를 받는다고 해서 타인의 경계를 함부로 넘어서는 안 되며, 반대로 타인이 자신의 경계를 침범할 때는 분명하게 표현해야 한다고 조언한다.

각 장 마지막에 마련된 '해 보기' 코너는 책의 내용을 실제 삶에 적용해 볼 수 있도록 돕는다. 자신의 경계를 탐색하고 점검할 수 있는 체크리스트를 통해 학생들이 자신의 관계 패턴을 돌아보게 한다. 특히 "내가 이 관계에서 원하는 바가 무엇인지 나를 중심으로 먼저 생각하라"는 메시지는 타인의 시선에 쉽게 흔들리는 청소년들에게 중요한 지침이 된다.

저자의 따뜻하고 공감적인 어조는 다소 이론적으로 느껴질 수 있는 내용을 부드럽게 전달한다. 이 책은 나를 지키는 행위가 결코 이기적인 것이 아니라, 건강하고 지속적인 관계를 위한 필수적인 첫걸음임을 일깨워준다. 자신의 마음을 돌보고 세상 속에서 자기 자리를 굳건히 할 용기가 필요한 모든 청소년에게, 이 책은 따뜻한 지침서가 될 것이다. #인간관계 #경계존중 #친구관계 #스트레스관리

교육과정(독서활동) 연계
1. [12심리04-03] 행복의 의미에 대한 탐색에 기초하여 자기 자신의 행복관을 정립하고 개인과 사회 수준에서 행복을 증진할 수 있는 방안을 탐색하고 실천한다.
2. [12인윤02-01] 관계 속에서 살아가는 나에 대한 성찰을 통해 상호성을 만끽하는 삶을 모색하고 실천할 수 있다.

함께 볼 만한 콘텐츠
- [책] 『나는 나를 돌봅니다』 박진영 지음. 우리학교. 2022. 160쪽.
- [영화] 〈리틀 포레스트〉 2018. 임순례 감독.
- [웹툰] 『소녀의 세계』 모랑지 작가. 네이버웹툰.

토의 질문
1. 친구 관계에서 "No"라고 말하기 어려운 이유는 무엇일까요?
2. 나만의 경계선은 어디까지이고, 어떻게 표현할 수 있을까요?
3. 학업 스트레스가 친구 관계에 어떤 영향을 끼칠까요?

| 초1 | 초2 | 초3 | 초4 | 초5 | 초6 | 중1 | 중2 | **중3** | **고1** | **고2** | **고3** | **성인** |

낯선 클래식, 익숙한 감정으로 들어보자
— 권은정

선율 위에 눕다 | 송지인 지음 | 자음과모음 | 2024 | 252쪽 | 16,000원

'클래식'이라는 단어는 때때로 낯설고 고루하게 느껴진다. 전통적인 명품 가방, 각진 고급 차량, 묵직한 공연장의 분위기, 혹은 교과서 속 정적인 음악. 많은 이들에게 클래식은 여전히 먼 장르로 남아 있다. 나 역시 대중가요나 아이돌 음악에 익숙한 사람으로 클래식 음악을 감상하는 일은 다소 부담스럽게 느껴졌다. 그래서일까. 『선율 위에 눕다』를 펼쳤을 때, "음악에 대해 잘 몰라도 괜찮다"는 말이 위로가 되었다.

이 책은 클래식 전문 기자로 활동한 저자가, 일상 속 감정의 결을 따라 클래식 음악을 소개하는 에세이다. 감정의 흐름에 따라 '위로, 사랑, 만남과 휴식, 희망'이라는 네 가지 주제로 14곡을 골라, 곡과 함께 자신의 경험을 진솔하게 풀어낸다. 예를 들어 리스트의 〈위안〉에서는 복잡한 감정 속 위로의 순간을, 로시니의 〈방금 들린 그대 음성〉에서는 사람과의 연결이 주는 안온함을 이야기한다. 작곡가의 삶과 시대의 정서를 함께 엮어내며 감정·음악·경험이 자연스럽게 얽힌다.

이 책의 흥미로운 부분은 음악을 '분석'하거나 '해석'하지 않고, 감정을 매개로 함께 '느끼는' 방식으로 안내한다는 점이다. 감정이 선명한 순간과 곡을 나란히 제시하니, 자연스레 음악에 대한 호기심이 생긴다. 나 역시 쇼팽의 〈녹턴〉에 얽힌 저자의 이야기에 깊이 공감해 책장을 덮고 곡을 재생해 듣기도 했다. 이처럼 책이 제안하는 감상 방식은 독서 이후 일상으로 자연스럽게 이어진다.

구체적인 구성도 교육적 활용을 고려한 듯 실용적이다. 각 장 말미에는 감상곡에 해당하는 QR코드가 삽입되어 있어 독자들이 스마트폰으로 음악을 들으며 책 내용을 따라갈 수 있다. 이 책의 감상 구조는 수업 활동으로도 쉽게 확장 가능하다. '나의 감정에 어울리는 클래식 곡'을 찾고 그 이유를 서술하게 하거나, 특정 곡을 듣고 감정 에세이를 써보는 과제로 전환해 보는 등 감정과 음악을 연결하는 활동으로 이어질 수 있다.

한편 곡에 얽힌 감정을 섬세하게 풀어내는 방식이 이 책의 장점인 동시에, 감상의 온도 차를 느끼는 이들에게는 거리감으로 작용할 여지도 있다. 그러나 저자는 이 간극마저도 감정과 음악이라는 공통 언어로 천천히 좁혀간다.

우리 삶은 늘 음악과 닿아 있다. 『선율 위에 눕다』는 클래식 음악이 단순히 어려운 예술 장르가 아니라, 감정을 어루만지고 표현하는 또 하나의 언어임을 자연스럽게 보여준다. 감정이라는 익숙한 창으로 음악을 바라보게 하는 이 책을 통해, 학생들 일상에도 클래식 한 곡이 자연스레 스며들기를 기대한다.

#클래식 #음악 #감상

교육과정(독서활동) 연계
1. [12음02-04] 생활 속에서 음악을 들으며 감성, 정체성, 가치를 내면화하고 향유한다.
2. [12감비01-04] 생활 속에서 음악을 찾아 들으며 자신의 음악적 취향을 발견하고, 감상 경험을 공유하며 상호 존중하는 태도를 갖는다.
3. [12감비02-03] 생활 속 음악의 가치와 영향력을 이해하고 여러 분야와 연계하여 음악을 활용한다.
4. [12감비02-04] 감상자와 비평자의 관점에서 음악을 듣고 비평하며 삶 속에서 향유하는 태도를 갖는다.

함께 볼 만한 콘텐츠
- [책] 『이럴 땐 이런 음악: 클래식편』 김수연 지음. 편앤아트. 2023. 136쪽.
- [책] 『송사비의 클래식 음악야화』 송사비 지음. 1458music. 2021. 376쪽.
- [유튜브] 「클래식좀들어라」 @ClassicZomListen

토의 질문
1. 이 책에서는 여러 클래식 음악을 소개하고 있다. 그렇다면 클래식 음악의 범주는 무엇일까? K-pop도 언젠가 클래식이 될 수 있을까?
2. 도서에 나온 클래식 음악가들의 삶과 나의 삶에는 어떤 유사성이 있을까?
3. 우리는 왜 일상 속에서 음악을 듣거나 연주할까?

후속 활동
1. 북앤뮤직 큐레이터: 위로, 사랑, 만남과 휴식, 희망 중 1가지씩 주제를 선택하여 북큐레이션을 하기. 북큐레이션한 도서를 읽으며 듣기 좋은 클래식 음악 플레이리스트를 만들어 보기.
2. 너의 플리를 알려줘!: 음악 플레이리스트를 소개하는 아코디언북/소책자를 만들어 전시하기.
3. 나도 음악 비평가!: 클래식 음악을 1곡 선정해, 음악적 특성과 악곡의 분위기, 사회적 역할을 기준으로 비평하기.

| 초1 | 초2 | 초3 | 초4 | 초5 | 초6 | 중1 | 중2 | 중3 | 고1 | 고2 | 고3 | 성인 |

그림 속 나무들이 마음을 품다
— 신형란

화가가 사랑한 나무들 | 앵거스 하일랜드, 켄드라 윌슨 지음 | 김정연·주은정 옮김 | 오후의서재 | 2023 | 164쪽 | 21,000원

『화가가 사랑한 나무들』은 예술과 자연의 교차점에서 탄생한 감성적이고도 철학적인 예술 에세이다. 앵거스 하일랜드와 켄드라 윌슨이 함께 쓴 이 책은 단순히 나무를 소개하는 식물도감이 아니라, 나무를 사랑하고 그림으로 표현한 화가들의 시선을 통해 인간과 자연, 예술의 관계를 섬세하게 들여다보는 작품이다. 저자들은 고흐, 클림트, 호퍼, 프리다 칼로 등 세계적인 예술가들의 대표 작품을 중심으로 그들이 사랑했던 나무와의 교감, 그 나무가 지닌 상징성과 감정적 의미를 독자에게 전한다.

명화로 만나는 101가지 나무 이야기이다. 각 나무는 예술가들의 삶 속에서 어떤 역할을 했는지를 미술 작품과 함께 풀어낸다. 자작나무는 러시아의 문학과 회화에서 고독과 내면 성찰의 상징이었고, 밤나무는 프랑스 인상주의 화가들의 작품에서 따뜻한 빛과 그림자의 대비로 표현된다. 고흐에게는 사이프러스 나무가 불안과 열망의 정서를 담는 도구였고, 클림트에게 올리브나무는 생명력과 재생의 이미지를 부여하는 자연의 표상이었다. 나무가 시대와 작가에 따라 다채롭게 해석되며, 독자는 이를 통해 예술 감상에 깊이를 더할 수 있다.

이 책의 가장 큰 특징은 나무라는 자연물을 통해 예술가의 내면을 투영하고, 동시에 독자 자신의 감정과 연결할 수 있게 만든다는 점이다. 나무는 단지 자연의 일부가 아니라, 기억과 감정, 상징이 얽혀 있는 존재로 다가온다. 예술가가 나무를 그릴 때, 그들은 자연을 묘사하는 것이 아니라, 자기 내면을 투영하고 치유하며, 세상과의 관계를 재정립하는 행위를 하는 것이다. 이 책은 그런 점에서 나무를 통해 '자연을 그리는 것'이 '자연을 이해하고 사랑하는 방식'이라는 메시지를 전한다.

　미술 수업, 예술 동아리 활동, 창의적 체험활동 등 다양한 교육 현장에서 활용할 수 있는 탁월한 자료이다. 예비 미술 전공자에게는 색채와 구도, 상징성에 대한 감각을 기르는 데 도움이 되고, 감성적 독서를 지향하는 학생들에게는 자연에 대한 관찰력과 공감 능력을 키울 수 있는 기회를 제공한다. 또한 이 책은 예술을 통해 생태 감수성을 기를 수 있는 융합 교육의 훌륭한 예시로서, 생태·환경 수업과도 연결될 수 있다.

　이 책은 독자에게 질문을 던진다. 당신이 사랑하는 나무는 무엇이며, 그 나무는 당신에게 어떤 의미를 갖는가? 당신은 자연을 어떤 시선으로 바라보고 있는가? 이 책은 예술가의 감성을 빌려 우리에게 자연의 아름다움과 인간 내면의 풍요로움을 동시에 전해준다. 자연과 예술을 사랑하는 사람에게 적극 추천한다.

#예술과자연 #식물관찰 #감성미술 #나무

교육과정(독서활동) 연계
1. [12미감01-02] 자연을 주제로 한 작가와 작품을 감상하고 자신의 삶과 관련지어 공감하며 진로와 연결할 수 있다.

함께 볼 만한 콘텐츠
- [책] 『식물도감, 그러나 예술도감』 프랑수아 코스테 지음. 월북. 2021. 232쪽.
- [영화] 〈러빙 빈센트(Loving Vincent)〉(94분). 도로타 코비엘라, 휴 웰치먼. 2017.
- [영상] EBS 다큐프라임. 「세상에 나쁜 나무는 없다」. 2019.10.10. (52:13). https://www.ebs.co.kr

토의 질문
1. 미술 수업에서 나무 또는 식물을 소재로 한 창작 활동을 한다면 어떤 주제를 선정하면 좋을까요?
2. 다양한 화가들이 나무를 표현한 방식을 비교하며, 예술은 어떻게 자연에 대한 인식이나 감정을 변화시킬 수 있을까요?
3. 나에게 특별한 의미가 있는 '자연물'이 있다면 그것은 무엇이며, 그 이유는 무엇인가요?

| 초1 | 초2 | 초3 | 초4 | 초5 | 초6 | 중1 | 중2 | 중3 | 고1 | 고2 | 고3 | 성인 |

다름을 통해 배우는 '진정한 봄'
— 이유진

눈이 보이지 않는 친구와 예술을 보러 가다 | 와우치 아리오 지음 | 김영현 옮김 | 다다서재 | 2023 | 432쪽 | 22,000원

우리는 흔히 '본다'는 행위를 눈으로 대상을 인지하는 것이라 여긴다. 하지만 진정한 '봄'이란 과연 무엇일까? 예술 작품 앞에서 무엇을 보아야 할지 모르겠다고 막막해하는 학생들과, 다양성과 포용의 진정한 의미를 고민하는 이들에게 『눈이 보이지 않는 친구와 예술을 보러 가다』는 신선한 통찰을 전한다. 논픽션 작가 가와우치 아리오가 선천적 전맹인 시라토리 겐지와 함께 일본 전역의 미술관을 방문하며 예술을 감상한 2년간의 기록으로, 2022년 서점대상 논픽션 부문 대상을 수상하며 큰 화제를 모은 이 책은 시각장애인과 미술 감상이라는 언뜻 역설적인 조합을 통해 예술을 바라보는 완전히 새로운 관점을 열어 보인다.

시라토리 겐지는 눈이 보이지 않지만 20여 년간 미술관을 다니며 작품을 '본다'. 그의 방법은 독특하면서도 단순하다. 동행하는 사람이 작품을 시각적으로 상세히 설명해주면, 그 설명을 바탕으로 함께 대화를 나누며 작품을 감상하는 것이다. 흥미로운 점은 이 과정에서 눈이 보이는 사람들이 오히려 더 많은 것을 '보게' 된다는 사실이다. 시라토리에게 설명하기 위해 작품을 더 깊이 관찰하고, 평소라면 무심히 지나쳤을 세부사항들을 발견하며, 서로 다른 해석을 나누는 과정을 통해 작품에 대한 이해는 놀랍도록 깊어진다. 이는 뉴욕 현대미술관에서 제창하는 대화형 감상과 유사한 방식으로, 시라토리가 자연스럽게 터득한 감상법이 전 세계적으로 주목받는 교육 방법과 일맥상통한다는 점에서 더욱 의미 있다.

이 책의 진정한 가치는 예술 감상을 넘어서는 삶의 성찰에 있다. 저자는 시라토리와의 여정을 통해 장애와 정상성, 공감과 이해의 한계 등 현대사회의 중요한 쟁점들을 깊이 있게 다룬다. '장애인이니까 더 노력해야 한다'는 사회적 통념에 대한 시라토리의 반문은 우리가 당연하게 여겨온 가치관을 흔들어 놓는다. 그는 "'할 수 있다'와 '할 수 없다'는 플러스와 마이너스가 아니다"라고 말하며, 능력주의 사회에서 쉽게 간과되는 존재 자체의 가치를 일깨워준다. 또한 "우리는 다른 누구도 될 수 없다"는 메시지를 통해 진정한 공감의 의미와 그 한계를 성찰하게 한다.

교육적 관점에서 이 책은 다양한 교과와 연계하여 활용할 수 있는 풍부한 소재를 제공한다. 미술 시간에는 작품 감상의 새로운 방법을 탐구하고, 사회 시간에는 사회적 소수자와 다양성에 대해 깊이 있는 토론을 펼칠 수 있다. 특히 대화형 감상 방식을 교실에 도입하면 학생들이 서로의 관점을 존중하고 나누며 더욱 깊이 있는 학습 경험을 할 수 있을 것이다. 책에서 제시하는 질문들, 즉 '보인다는 것은 무엇인가?', '다름을 어떻게 받아들일 것인가?' 등은 청소년들의 가치관 형성에 중요한 화두를 던진다.

시라토리의 솔직하고 때로는 날카로운 발언들은 독자들을 미소 짓게 하면서도 동시에 깊은 생각에 잠기게 한다. 예술과 장애, 소통과 이해라는 주제를 통해 우리 사회의 편견과 고정관념을 되돌아보게 해준다.

#시각장애 #미술감상 #다양성

교육과정(독서활동) 연계
1. [12미I03-01] 미술의 시대적, 지역적, 사회·문화적 변천 과정을 이해하고 작품을 감상하며 자신의 견해를 논리적으로 표현할 수 있다.
2. [12미I03-03] 미술 작품 감상과 비평의 관점을 활용한 소통으로 미술 문화의 다원적 가치를 이해하고 존중할 수 있다.

함께 볼 만한 콘텐츠
- [책] 『마이너리티 디자인』 사와다 도모히로 지음. 김영현 옮김. 다다서재. 2022. 304쪽.
- [영상] On Land. 「한국어 더빙 | 가와우치 아리오 감독 인터뷰 | 제14회 서울배리어프리영화제 「눈이 보이지 않는 시라토리 씨, 예술을 보러 가다」.
- [영화] 〈사운드 오브 메탈〉(120분). 다리우스 마더. 2020.

토의 질문
1. 시각장애인이 미술 작품을 감상한다는 것은 어떤 의미일까요?
2. 누구나 예술과 문화를 향유할 수 있으려면 우리사회 어떤 변화가 필요할까요?
3. 우리는 나와 다른 사람을 어떤 방식으로 이해해야 할까요?

| 초1 | 초2 | 초3 | 초4 | 초5 | 초6 | 중1 | 중2 | 중3 | 고1 | 고2 | 고3 | 성인 |

변화의 역사, 과학의 흐름
— 권은정

화학의 역사 | 와윌리엄 H. 브록 지음 | 김병민 옮김 | 교유서가 | 2023 | 256쪽 | 16,000원

화학은 곧 '변화의 과학'이라고 한다. 물질의 본성을 탐구하고, 보이지 않는 원자와 분자의 세계를 그려내며, 우리 일상과 산업을 떠받치는 실용적 토대를 제공한다. 그러나 학교 교육에서 화학은 종종 어렵고 멀게만 느껴진다. 공식과 실험 결과, 반응식을 암기하는 과목으로 받아들여질 때, 화학의 살아 있는 이야기와 맥락은 교실 밖으로 밀려나기 쉽다. 윌리엄 H. 브록의 『화학의 역사』는 이러한 화학 교육의 틈을 채워주는 유용한 도서다. 이 책은 화학의 탄생부터 현대의 전자기기 분석기술에 이르기까지, 방대한 역사를 따라가며 화학이 어떻게 변화의 중심에서 과학의 한 축으로 자리잡았는지를 촘촘히 그려낸다.

『화학의 역사』는 고대 연금술에서 시작해 19세기 과학 전문화 시대를 지나, 20세기 정밀분석기기와 합성기술의 발달에 이르기까지 화학의 흐름을 연대기적으로 정리한다. 기체의 성질 연구, 원자론의 정립, 원소의 주기성과 같은 과학적 개념뿐 아니라, 과학자들이 어떤 질문을 던져왔고, 어떤 사회적·문화적 배경 속에서 발견과 이론이 나왔는지를 함께 조망한다. 예를 들어, 영국의 학자 윌리엄 휴얼이 '과학자'라는 용어를 만든 맥락, 독일의 케쿨레가 화학의 정의를 제시한 일화, 화학이 물리학·생물학·공학과 뒤얽히며 경계를 넘나드는 과정 등은 단순한 지식 이상의 시사점을 준다. 이러한 서사는 학생들에게 화학이 살아 있는 학문이며, 인류가 물질을 이해하고 삶을 바꿔온 여정이라는 사실을 자연스럽게 보여준다.

이 책은 중·고등학생의 탐구 주제를 넓히고, 과학사적 맥락을 함께 공부하려는 교사에게 훌륭한 참고서가 될 수 있다. 특히 과학 과목이 융합형 교육으로 재편되는 흐름 속에서, 이 책은 화학을 사회, 역사, 철학 등과 연결지어 생각할 수 있도록 돕는다. 진로를 탐색 중인 학생들에게는 화학과, 화학교육과, 또는 융합과학 분야로의 관심을 촉진할 수 있는 기초 도서로 추천할 만하다.

『화학의 역사』는 화학이라는 학문이 단지 실험실의 기술이 아니라, 인간의 인식과 사회 발전을 이끌어온 긴 여정이라는 사실을 알려주는 자료다. 이 책을 마주한 독자들이 책을 읽고 나서 '화학은 우리에게 왜 필요한가'라는 질문에 더 풍부하게 답할 수 있기를 기대한다. 또한 학생들이 화학을 단순히 시험을 쳐야 하는 과목이 아닌, 세상을 변화시키는 힘으로 바라보는 화학 수업이 이어지기를 바란다. #화학 #입자 #물질세계 #물질_변화

교육과정(독서활동) 연계

1. [10통과1-02-02] 우주 초기의 원소들로부터 태양계의 재료이면서 생명체를 구성하는 원소들이 형성되는 과정을 통해 지구와 생명의 역사가 우주 역사의 일부분임을 해석할 수 있다.
2. [10통과1-02-03] 세상을 구성하는 원소들의 성질이 주기성을 나타내는 현상을 통해 자연의 규칙성을 도출하고, 지구와 생명체를 구성하는 주요 원소들이 결합을 형성하는 이유를 해석할 수 있다.
3. [12과사01-02] 고대 그리스 철학자의 과학적 사고나 주장 등을 조사하고, 그리스 문명이 고대에서 현대에 이르기까지 인간의 삶에 미친 영향을 설명할 수 있다.
4. [12과사01-03] 중세 시대 유럽과 중동 지역을 중심으로 종교나 문화가 과학에 기여한 바를 이해하고, 고대 그리스의 과학과 중세 과학의 특징을 비교할 수 있다.
5. [12과사01-04] 르네상스와 과학혁명이 일어난 사회문화적 배경을 조사하고, 과학과 예술 사이의 융합적 사례를 설명할 수 있다.
6. [12과사01-05] 과학 지식의 형성 과정에서 과학자의 신념이나 세계관이 영향을 준 사례를 조사하여 발표할 수 있다.

함께 볼 만한 콘텐츠
- [책] 『화학의 발자취를 찾아서』 오진곤 지음. 전파과학사. 2019. 298쪽.
- [책] 『사라진 스푼』 샘 킨 지음. 이충호 옮김. 해나무. 2011. 500쪽.
- [누리집] 「케미러브 화학사랑」 https://chemielove.krict.re.kr(2025.5.30. 검색)

토의 질문
1. 화학은 왜 과학 중에서도 '변화의 학문'이라 불릴까?
2. 역사적으로 화학의 경계는 왜 명확하지 않았을까?
3. 오늘날 학생이 화학을 배워야 하는 이유는 무엇인가?

후속 활동
1. 화학자 인물카드 만들기: 책에 등장하는 주요 화학자들을 선정하여, 시대적 배경, 주요 업적, 학문적 영향 등을 정리한 인물 카드 제작하기.
2. 화학자 vs 과학자 역할극: 19세기 이전 '자연철학자'에서 오늘날 '과학자'로 정체성이 변화한 과정을 이해하기 위해, 가상의 화학자와 과학자가 대화하는 형식의 짧은 연극이나 대본 만들기.
3. '화학의 발견 연표' 포스터 제작: 책의 내용을 바탕으로 주요 화학 이론이나 물질의 발견을 연도별로 정리한 타임라인 포스터 제작하기.

| 초1 | 초2 | 초3 | 초4 | 초5 | 초6 | 중1 | 중2 | 중3 | **고1** | **고2** | **고3** | 성인 |

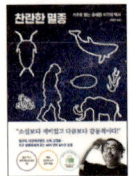

멸종이 찬란한 이유
— 김민경

찬란한 멸종 | 이정모 지음 | 다산북스 | 2024 | 351쪽 | 21,000원

『찬란한 멸종』, 멸종은 두렵고 안타까운 일인데 찬란하다니. 제목부터 호기심을 자극한다. 저자는 멸종이란 "새로운 생명 탄생의 찬란한 시작(9쪽)"이라고 말한다. 지구에서 살아가는 생명체들은 끊임없이 멸종하고 재탄생하며 지금까지 이어오고 있다. 이 책은 2150년 인공지능이 인류 멸종 이야기를 전하면서 처음 생명이 시작된 미토콘드리아까지 시대를 역행하며 지구에서 치열한 삶을 살았던 존재들이 화자가 되어 우리에게 이야기를 전해준다.

『찬란한 멸종』은 3부로 구성되어 있다. 1부는 인류의 멸종 위기를 다루고 있다. 2150년형 인공지능과 2100년 화성 로봇이 인류의 멸종을 이야기한다. 2024년 범고래가 전해주는 지구 온난화, 산호가 말하는 산호 멸종, 지구가 말하는 인류세를 통해 기후 위기와 여섯 번째 대멸종이 시작되었음을 상기시키고 경각심을 준다.

2부는 대멸종으로 공룡이 사라지고 호모 사피엔스가 최고 포식자로 군림하는 과정을 보여준다. 인류는 무리로 생활하며 채집과 사냥으로 삶을 이어간다. 인류의 사냥으로 인해 매머드가 멸종하고, 동물의 서식지를 파괴하여 스밀로돈이 멸종한다. 그렇게 인류는 포식자의 위치에 있는 동물들을 차례로 밀어내며 최상위 포식자를 차지한다.

그러나 인류도 멸종에서 자유롭지 못하다. 네안데르탈인의 멸종을 보면 우리도 멸종할 수 있다는 두려운 감정이 든다. 진화와 발전, 발견을 지속적으로 이루어내는 인류의 다양한 종 중 적응하지 못하고 도태되는 종은 멸종한다. 우리 생태계가 그러하듯.

마지막 3부는 생명의 시초인 미토콘드리아에서 눈이 생기게 된 삼엽충을 지나, 포스토수쿠스까지 자신보다 진화한 존재들에게 멸종을 통해 자기 자리를 내어주는 모습을 보여준다. 특히 네 번의 대멸종을 이겨내고 지금까지 살고 있는 백상아리를 통해 환경에 적응하는 것이 살아남는 길이라는 것을 명확하게 설명한다.

『찬란한 멸종』은 지구의 46억 년 역사를 역행하며 이야기하는 점이 과거부터 이어져 온 이야기에 익숙한 우리에게는 어색함을 준다. 예상되는 미래에서 이미 일어난 과거까지 멸종 이야기를 읽고 있으면 왜 저자가 책 제목을 『찬란한 멸종』으로 결정했는지 이해된다. 자연의 섭리로 다음 포식자에게 자연스럽게 자리를 내어주는 것, 이 얼마나 찬란한 멸종인가. 그러나 현재 진행되고 있는 여섯 번째 대멸종은 자연스러운 활동이 아니라는 점도 깨닫게 된다. 자연스러운 과정이 아닌 인간의 태도로 인해 진행되는 대멸종에 경각심을 가져야 한다.

우리 인류도 언젠가는 최고 포식자 자리를 내어주고 물러나야 할 시기가 올 것이다. 그 시기가 찬란하고 자연스러운 멸종이기를 바란다.

#대멸종 #기후위기 #환경 #진화

교육과정(독서활동) 연계
1. [12기환02-04] 기후변화 시나리오에 따른 미래 생태계 변화 예측 보고서를 찾아보고, 미래의 기후와 생태계의 변화 양상을 추론할 수 있다.
2. [12생환04-02] 생물다양성 감소와 삶의 질 저하 등 기후변화로 인한 영향과 피해의 구체적인 사례를 탐구하여 기후변화 취약성, 기후정의와 연결지어 인식한다.

함께 볼 만한 콘텐츠
- [책] 『침묵의 봄』 레이첼 카슨 지음. 에코리브르. 2024. 504쪽.
- [책] 『다정한 것이 살아남는다』 브라이언 헤어·버네사 우즈 지음. 디플롯. 2021. 396쪽.
- [영상] 디글 클래식: Diggle Classic. 「지구 평균 온도가 1.2도 오르면 지구에 벌어지는 일ㄷㄷ 과학자들이 말하는 지구 온난화의 위험성」(14:35). 2024.4.21.

토의 질문
1. 『찬란한 멸종』에서는 다양한 생명체들이 자신의 이야기를 하고 있습니다. 가장 인상 깊은 생명체는 무엇이며, 그들로부터 배울 수 있는 점은 무엇인가요?
2. 여섯 번째 대멸종을 저지하기 위해서 여러 방법이 나오고 있습니다. 그런데, 왜 우리는 그 방법을 적극적으로 실천하지 않을까요?
3. 환경을 위해 내가 실천할 수 있는 가장 작은 방법을 생각해 보고 공유해봅시다. 그리고 일주일만 실천해 봅시다.

| 초1 | 초2 | 초3 | 초4 | 초5 | 초6 | 중1 | 중2 | 중3 | **고1** | **고2** | **고3** | 성인 |

바다는 하나의 생명체다
— 신형란

플래닛 아쿠아 | 제러미 리프킨 지음 | 안진환 옮김 | 민음사 | 2024 | 406쪽 | 28,000원

물의 행성! 인류가 직면한 기후 위기의 본질이 '물'이라는 점을 날카롭게 짚어 낸 환경서다. 제러미 리프킨은 해양 생태계의 위기와 그로 인해 야기되는 사회·경제적 파장을 생태학적, 사회학적 관점에서 통합적으로 조망한다. 그는 바다를 단순한 자연환경이 아닌 하나의 '살아 있는 유기체'로 규정하고, 인류가 물이라는 매개를 통해 그 안에서 공존하고 의존하는 존재임을 강조한다. 해수면 상승, 해양 산성화, 해류 변화, 생물 다양성 감소 등 복합적인 위기들이 어떻게 서로 연결되어 있는지를 통계 자료와 생생한 사례로 설명하며 독자들에게 명확한 위기의 실체를 전달한다. 이 책은 해양 생태계 파괴가 단순한 환경 문제가 아닌 인류 생존의 문제임을 경고하며, 해양의 위기는 곧 우리의 위기임을 강하게 주장한다. 특히 물 부족 문제와 바다 생물의 멸종, 그리고 이에 따라 야기되는 식량 위기와 사회 불안, 국제 분쟁 가능성까지 고찰한다.

이 책은 단지 비관적 전망에 머물지 않는다. 저자는 위기의식에서 출발하되 해결책을 함께 제시한다. 생태 전환을 위한 다양한 실천 방안과 기술적 접근, 제도적 변화, 윤리적 성찰의 필요성을 강조하며 독자들이 각자의 삶 속에서 실천할 수 있는 작고 구체적인 방법들을 소개한다. 물 절약, 탈탄소 기반의 소비문화, 재생에너지로의 전환, 공동체 기반 생태 교육 등이 그 예다. 그는 시민 개개인의 인식 전환이 정책 변화와 산업 전환의 출발점이 될 수 있다고 강조한다. 물의 순환과 생태계를 하나의 유기적 시스템으로 보고, 각 요소의 균형이 무너질 때 인류에게 어떤 재앙이 닥칠 수 있는지를 설득력 있게 풀어낸다.

이 책은 고등학생 이상의 독자에게 추천한다. 과학, 지리, 통합사회, 환경 동아리 등의 융합 독서 활동 자료로도 적합하다. 독후 활동으로는 기후 변화 시뮬레이션, 해양 쓰레기 문제 토론, 다큐멘터리 감상, 지역 하천 조사 프로젝트 등을 연계할 수 있다. 물이라는 키워드를 통해 지구 환경의 현재와 미래를 성찰하게 만드는 이 책은 단지 환경서를 넘어선 철학적 메시지를 담고 있다.

『플래닛 아쿠아』는 우리에게 묻는다. 우리는 바다와 물을 어떻게 대하고 있는가? 생명체로서의 바다라는 관점은 인간 중심의 사고방식을 흔들고, 새로운 생태 감수성과 윤리를 요구한다. 이 책은 환경 문제에 대한 근본적 인식 전환을 촉구하는 동시에, 인류 문명이 나아가야 할 지속 가능성의 방향을 조용하지만 단호하게 제시한다. 지금 우리가 바다를 살리는 것은 곧 우리 자신을 살리는 일이며, 이 책은 그 첫걸음을 내딛게 만드는 강력한 동기를 제공한다.

#기후위기 #물부족 #지속가능성 #해양환경 #생태계 #공존

교육과정(독서활동) 연계
1. [과08-02] 해양 생태계의 특징과 인간 활동이 미치는 영향을 설명할 수 있다.
2. [9과23-02] 인간의 활동이 지구 생태계에 미치는 영향을 탐색하고, 생태 전환을 위한 삶의 방식을 설계하고 실천할 수 있다.

함께 볼 만한 콘텐츠
- [책] 『물의 미래』 세스 M. 시겔 지음. 생각의힘. 2019. 408쪽.
- [영상] National Geographic, 「Before the Flood | Full Documentary Featuring Leonardo DiCaprio」(1:35:11). 2016.10.30. https://youtu.be/zbEnOYtsXHA
- [기사] 한겨레 기후변화팀. 「기후위기 시대, 지구는 물을 잃고 있다」. 2023.07.15. https://www.hani.co.kr

토의 질문
1. 기후위기 속 물 부족 문제는 개인의 삶에 어떤 방식으로 영향을 줄 수 있을까요? 기후위기 해결을 위해 개인이 할 수 있는 실천은 무엇일까요?
3. '생태전환교육'의 일환으로 우리는 어떤 실천 프로젝트를 만들 수 있을까요?
3. 환경 문제 해결은 선진국의 책임이 크다는 주장에 대해 어떻게 생각하나요?

| 초1 | 초2 | 초3 | 초4 | 초5 | 초6 | **중1** | **중2** | **중3** | **고1** | **고2** | **고3** | 성인 |

작은 실천으로 시작하는 기후 행동 가이드북
— 이유진

지금 우리가 할 수 있는 일 | 에두아르도 가르시아 글 | 사라 보카치니 메도스 그림 | 송근아 옮김 | 청어람미디어 | 2023 | 250쪽 | 16,000원

몇 해 전부터 전 세계적으로 기후위기에 대한 목소리가 높아지고 있다. 학생들은 "환경 오염이 심각해요!"라고 말하지만 정작 무엇을 해야 할지 모른다고 답답해하고, 환경 수업을 준비하는 교사들 역시 구체적인 실천 방안을 찾는 데 어려움을 겪곤 한다. 이러한 고민을 가진 이들에게 이 책은 명확하고 친절한 기후 행동 가이드가 되어줄 것이다.

저자인 에두아르도 가르시아는 《뉴욕 타임스》의 환경 칼럼니스트답게 "기후위기는 실존적 위협이지만, 해결책은 의외로 간단하다"는 메시지를 던진다. 막연하게만 느끼는 환경 의식에서 벗어나, 우리 일상에서 바로 실천할 수 있는 구체적인 방법들을 안내하며 독자들이 쉽게 첫발을 내디딜 수 있도록 돕는다.

이 책은 '두 번째 지구는 없다', '전원 가동', '기후 친화적인 식생활', '친환경 교통', '너무 아까운 쓰레기' 등 다섯 가지 큰 주제로 나뉘어 있다. 마치 환경 실천의 길잡이와도 같다. 에어컨 없이도 집을 시원하게 하는 법, 자동차 연비를 높이는 꿀팁, 음식물 쓰레기로 퇴비 만들기까지, 당장 오늘부터 적용 가능한 실용적인 내용들이 가득하다. 단순히 "플라스틱을 줄이자"는 구호에 그치지 않고, 어떻게, 얼마나, 왜 줄여야 하는지를 과학적인 데이터와 함께 설명하여 충분한 설득력을 제공한다.

저자는 "2050년까지 탄소중립에 도달하지 않는 한, 암울한 미래 세계와 직면하게 될 것(34쪽)"이라는 경고와 함께, 정부나 기업이 알아서 해결해 줄 것이라고 기대하며 아무것도 하지 않는 것은 폭력적인 생각이라고 일갈한다. 환경 문제를 바라보는 우리의 관점을 근본적으로 전환할 것을 요구하는 것이다. 거대한 시스템의 문제만을 탓하며 개인의 책임을 회피하기보다는, 각자의 자리에서 할 수 있는 최선을 다해야 한다는 저자의 주장은 큰 울림을 준다.

책에 등장하는 벌새 우화는 이러한 저자의 메시지를 잘 보여주는 부분이다. 산불이 난 숲에서 다른 동물들이 망연자실할 때, 벌새 한 마리가 작은 부리로 물을 날라 불을 끄려 한다. 다른 동물들이 "그깟 물 몇 방울로 뭘 하겠다고?"라며 비웃을 때 벌새는 말한다. "나는 내가 할 수 있는 최선을 다하는 거야." 크리스티아나 피게레스의 말처럼 "우리 모두가 기후 변화에 기여했고, 모든 사람이 배출량을 줄인다면 집단으로 기후 변화에 대응할 수 있다"는 희망적인 메시지가 독자의 마음에 와 닿는다.

FSC 인증 친환경 종이로 제작되고, 수익금의 일부를 환경단체 '와이퍼스'에 기부하는 등 책 자체도 친환경적인 메시지를 실천하고 있다. 환경 문제 앞에서 막막함을 느끼는 학생들에게 "이것부터 시작해보자"는 구체적인 첫걸음을 제시하며, 작은 실천들이 모여 결국 큰 변화를 만들어낼 수 있다는 희망을 심어준다.

#기후위기 #환경실천 #탄소중립 #지속가능발전 #생태교육

교육과정(독서활동) 연계
1. [12생환05-03] 음식, 주거, 교통, 생산과 소비 등에서 지속가능한 삶의 양식을 조사하고, 환경 정의 측면에서 지역, 국가, 국제 수준의 연대와 협력 활동을 살펴보며, 지속가능한 미래를 위한 개인적·사회적 차원의 활동에 주체적으로 참여한다.

함께 볼 만한 콘텐츠
- [책] 『기후변화 쫌 아는 10대』 이지유 지음. 풀빛. 2020. 176쪽. 13,000원
- [영상] KBS 다큐. 「올여름 최악의 더위가 온다? 두바이 홍수, 미국 가뭄 등 지구가 인류에게 보내는 경고의 신호」
- [누리집] 「기후변화홍보포털」 http://www.gihoo.or.kr

토의 질문
1. 환경문제를 해결하기 위한 과제로 개인의 환경 실천과 정부·기업의 정책 변화 중 어느 것이 더 중요할까요?
2. 우리 학교에서 실천 가능한 탄소 중립 활동에는 어떤 것들이 있을까요?
3. 친환경 실천이 경제적 부담을 수반할 때, 어떻게 균형을 맞춰야 할까요?

| 초1 | 초2 | 초3 | 초4 | 초5 | 초6 | 중1 | 중2 | 중3 | 고1 | 고2 | 고3 | 성인 |

ChatGPT가 대신 써준 글, 정말 내 글일까?
— 이유진

인공지능은 나의 읽기-쓰기를 어떻게 바꿀까 | 김성우 지음 | 유유 | 2024 | 516쪽 | 25,000원

생성형 인공지능이 등장한 오늘날, 청소년들은 새로운 고민에 빠진다. 학교 리포트나 에세이를 쓸 때 인공지능에게 물어보면 순식간에 그럴듯한 글이 나오는데, 과연 이렇게 글을 쓰는 것이 옳은 방향일까? 이렇게 계속하다 보면 자신의 글쓰기 실력은 어떻게 될까 하는 의문이 들기도 한다. 응용언어학자인 저자 김성우는 단순히 인공지능 활용법을 알려주는 것을 넘어, '인공지능과 함께 살아가는 시대에 인간의 읽기-쓰기는 어떤 의미를 갖는가'라는 근본적인 질문을 던진다.

이 책은 인공지능 시대의 문해력을 개인의 능력이 아닌 관계적 역량으로 새롭게 정의한다. 문해력이란 다양한 주체와 관계를 맺는 과정에서 발현되는 역동적 실천이다. 이는 단순히 인공지능을 잘 활용하는 기술을 익히는 것을 넘어, 인공지능이 우리 삶과 사회에 미치는 영향을 비판적으로 성찰하는 능력을 의미한다. 저자는 인간의 읽기-쓰기와 인공지능의 읽기-쓰기가 어떻게 다른지 구체적으로 분석한다. 인간이 글을 쓸 때는 자신의 경험과 감정, 상황적 맥락이 모두 녹아들지만, 인공지능은 통계적 패턴에 따라 단어를 배치할 뿐이라는 점이 핵심이다. 인간의 언어에는 침묵과 주저함, 끝맺지 못한 문장과 떨림이 있지만, 인공지능의 언어는 매끄럽고 완벽해 보이면서도 진정한 체험이 없다는 차이점을 강조한다.

특히 주목할 만한 부분은 '프롬프트 엔지니어링'에 대한 저자의 비판적 관점이다. 요즘 학생들 사이에서는 질문만 잘하면 인공지능이 모든 것을 해결해 준다는 생각이 퍼지고 있다. 그러나 저자는 이를 환상이라고 지적한다. 좋은 질문은 해당 분야에 대한 깊은 지식과 경험이 있어야 가능하며, 질문 자체도 사회적 관계 속에서 형성되는 것이라는 점을 강조한다. 이는 학생들에게 독서의 중요성을 다시 한번 일깨워주는 계기가 된다. 또한 이 책은 인공지능이 생성한 텍스트와 인간이 쓴 텍스트를 비교하며, 각각의 특성과 한계를 직접 체험해볼 수 있는 토론 주제로도 활용할 수 있다.

이 책의 가장 큰 가치는 인공지능 시대에도 변하지 않는 읽기-쓰기의 본질을 짚어준다는 점이다. 저자는 '생성(generation) 없는 생성(becoming)'을 경계해야 한다고 말한다. 즉, 인공지능이 아무리 빠르게 텍스트를 생성하더라도, 그 과정에서 인간적인 성장과 깨달음이 없다면 진정한 의미의 '생성'이 아니라는 것이다. 글쓰기는 단순히 결과물을 만들어내는 행위가 아니라, 쓰는 과정에서 자신의 생각을 정리하고 새로운 깨달음을 얻는 과정성이 중요하다는 메시지가 인상 깊다.

다소 두껍고 학술적인 내용이 많아 청소년들이 혼자 읽기에는 부담스러울 수 있으나 인공지능 시대를 살아갈 학생들에게 진정한 리터러시가 무엇인지 성찰하게 하는 귀중한 책이다.

#인공지능 #문해력 #리터러시

고등학교 과학

교육과정(독서활동) 연계
1. [12매의01-01] 매체의 기능과 역할에 대한 이해를 바탕으로 시대별 매체 환경과 소통 문화의 변화 과정을 탐색한다.

함께 볼 만한 콘텐츠
- [책] 『미래 언어가 온다 - AI 시대 언어 혁명, 미래에 필요한 디지털 문해력』 조지은 지음. 북트리거. 2024. 316쪽.
- [영상] EBS 뉴스 「AI 시대에 필요한 문해력… 어떻게 키울까?」
- [기사] KBS 뉴스 「생성형 AI가 3초 만에 자료 작성… 공직 사회도 AI」

토의 질문
1. AI가 대신 써준 글과 내가 직접 쓴 글의 차이는 무엇일까요?
2. 미래에 AI가 더 발달하면 인간의 글쓰기 능력은 필요 없어질까요?
3. AI 시대에 '읽는다'는 것은 어떤 의미일까요?

추천도서 목록

	책제목	지은이	출판사	출판년도
1	사자마트	김유 글	이명호 그림	한솔수북	2023
2	수영을 할 수 있게 되면	잭 웡 글·그림	보물창고	2024
3	호호호호박	한연진 글·그림	사계절	2024
4	해든 분식	동지아 글	윤정주 그림	문학동네	2024
5	감정 호텔	리디아 브란코비치 글·그림	책읽는곰	2024
6	불안구슬	한솔 글·그림	노란돼지	2024
7	생쥐 소소 선생	송미경 글	핸짱 그림	주니어RHK	2025
8	그래도, 용기	강정연 글	간장 그림	주니어RHK	2024
9	난독의 계절	고정순 글·그림	길벗어린이	2024
10	우리는 괴롭힘을 이겨낼 거야!	코니 라 그로테리아 글	마리나 사에스 그림	상수리	2023
11	작은 죽음이 찾아왔어요	키티 그라우더 글·그림	논장	2025
12	마트에 간 햄스터	신현경 글	김소희 그림	킨더랜드	2023
13	내 친구 도감	김원아 글	주쓰 그림	창비	2025
14	멋진 민주 단어	서현, 소복이, 한성민 글·그림	사계절	2024
15	나는 소고기입니다	김주연 글	경혜원 그림	씨드북	2023
16	피노키오에게도 미디어 리터러시가 필요해	하리라 글	홍기한 그림	꿈꾸는섬	2024
17	사람이 사는 미술관	박민경 글	서예원 그림	그래도봄	2025
18	인생의 규칙	다카하마 마사노부 글	하야시 유미 그림	올드스테어즈	2024
19	시스티나 성당 천장화	박수현 글·그림	국민서관	2023
20	초밥이 여행을 갔어요	타나카 타츠야 글·그림	토토북	2024
21	플라스틱은 왜 지구를 해칠까요?	클라이브 기포드 글	한나 리 그림	바나나BOOK	2024
22	반딧불이 정원의 어느 밤	안 크로자 글·그림	시금치	2023
23	얼음산 빙수 가게	정현진 글·그림	올리	2024
24	자, 맡겨 주세요!	이소영 글·그림	비룡소	2023
25	나무는 자라서 나무가 된다	샤를 베르베리망 글·그림	키위북스	2024
26	반가워요, 여신님!	양정화 글	홍선주 그림	봄볕	2023
27	고백 시대	정이립 글	김정은 그림	미래엔 아이세움	2023
28	제로의 비밀수첩 쉿!	강정연 글	보람 그림	사계절	2024
29	암행어사 박아지	천효정 글	호산 그림	비룡소	2024
30	선감학원의 비밀	오혜원 글	신진호 그림	보랏빛소 어린이	2023
31	열세 살 우리는	문경민 글	이소영 그림	우리학교	2023
32	언제나 다정 죽집	우신영 글	서영 그림	비룡소	2024
33	배송 완료	율리아 뒤르 글·그림	우리학교	2024
34	변호사 어벤저스	고희정 글	최미란 그림	가나출판사	2024

	책제목	지은이	출판사	출판년도
35	생각 실험실	김경일·마케마케 글 | 고고핑크 그림	돌핀북스	2023
36	스포츠 인문학 수업	강현희 지음	클랩북스	2024
37	일제 강점기 최초의 여성 노동 운동가 강주룡	김미승 글 | 클로이 그림	청어람주니어	2024
38	재밌게 걷자! 경복궁	이시우 글 | 서평화 그림	주니어RHK	2024
39	편의점에서 경제도 파나요?	정연숙 글 | 고양이다방 그림	책읽는곰	2023
40	예술이 왜 필요할까?	사라 월든 글 | 케이티 루스 그림	봄마중	2023
41	왜 유명한 거야, 이 그림?: 한국미술	이유리 글 | 어현경 그림	우리학교	2025
42	아는 만큼 보이는 세계명화	서유진 글 | 이창우 그림	이룸아이	2023
43	오케스트라가 궁금해	메리 올드 글 | 엘리사 파가넬리 그림	키위북스	2024
44	4번 달걀의 비밀	하이진 글·그림	북극곰	2023
45	라면 공부책	정원 글 | 박지윤 그림	초록개구리	2024
46	김대식 교수의 어린이를 위한 인공지능	김대식·이현서 글 | 이강훈 그림	동아사이언스	2023
47	서울대 교수와 함께하는 10대를 위한 교양 수업 8	이용남·황근기 글 | 신병근 그림	아울북	2024
48	매머드 매쓰	데이비드 맥컬레이 지음	크래들	2023
49	선생님, 탄소 중립을 이루려면 어떻게 해야 해요?	최원형 글 | 백두리·장고딕 그림	철수와영희	2023
50	열두 살 궁그미를 위한 지구과학	안나 클레이본 글 | 알렉스 포스터 그림	니케주니어	2024
51	라이프 재킷	이현 지음	창비	2024
52	이중 하나는 거짓말	김애란 지음	문학동네	2024
53	기념일의 무게	이송현 지음	마음이음	2024
54	남남	백온유 글 | joggen 그림	창비	2024
55	연남동 빙굴빙굴 빨래방	김지윤 지음	팩토리나인	2023
56	나의 열여섯 살을 지켜준 책들	곽한영 지음	해냄	2023
57	너의 마음이 부를 때	탁경은 지음	푸른숲주니어	2024
58	순일중학교 양푼이 클럽	김지완 지음	자음과모음	2024
59	십 대를 위한 기후 수업, 나는 풍요로웠고 지구는 달라졌다	호프 자런 지음	김영사	2024
60	나는 캐나다의 한국인 응급구조사	김준일 글	한겨레출판	2024
61	나의 첫 지정학 수업	전국지리교사모임 지음	탐	2023
62	혐오, 나는 네가 싫어	한세리·신지현·강지예 글 | 송효정 그림	천개의바람	2024
63	괜찮아?!	이남석 지음	우리교육	2024
64	요즘 10대를 위한 최소한의 맞춤법	이주윤 글·그림	빅피시	2024
65	(변호사 아빠와 떠나는) 민주주의와 법 여행	양지열 지음	특별한서재	2025
66	명화의 탄생, 그때 그 사람	성수영 지음	한경arte	2024
67	요즘 아이들을 위한 요즘 K-pop 작사 수업	안영주 지음	더디퍼런스	2024

	책제목	지은이	출판사	출판년도
68	내 몸 쓰는 법	김보미 지음	서해문집	2024
69	세계관 만드는 법	이지향 지음	유유	2023
70	하리하라의 과학배틀	이은희 글 | 구희 그림	비룡소	2024
71	과학이 지구를 구할 수 있나요?	목정민 글 | 도아마 그림	서해문집	2024
72	10대를 위한 뇌 과학 수업	안데르스 한센·맛스 벤블라드 지음	판퍼블리싱	2024
73	나를 위한 첫 번째 환경수업	황동수 등 지음	더퀘스트	2024
74	지붕 뚫고 홈런 스포츠 과학	고호관 지음	휴머니스트	2024
75	식물의 신기한 진화	이나가키 히데히로 지음	북스토리	2024
76	사랑 헤어지고 싶지만 만난 적도 없는 너에게	김경민 지음	우리학교	2023
77	푸른 숨	오미경 지음	특별한서재	2023
78	페이스	이희영 지음	현대문학	2024
79	말은 안 되지만	정해연 지음	자음과모음	2024
80	흐르는 강물처럼	셸리 리드 지음	다산북스	2024
81	이처럼 사소한 것들	클레어 키건 지음	다산책방	2023
82	낭독을 시작합니다	문선희 외 지음	페이퍼타이거	2023
83	왜 우리는 가짜 뉴스에 더 끌릴까	외르크 메르나르디 지음	시금치	2024
84	달력으로 배우는 인권 수업	인권재단 사람 지음	주니어태학	2024
85	청소년을 위한 김난도 교수의 트렌드 수업1	김난도 글	미래의창	2024
86	광고의 모든 것	김재인 글 | 위수연 그림	도서출판 그림씨	2024
87	도시 대 도시! 맞짱 세계지리수업	조지욱 글 | 송진욱 그림	주니어태학	2024
88	인공지능은 선생님을 대신할까요?	이영호·김하민 글 | 이다 그림	서해문집	2023
89	돈은, 너로부터다	김종봉·제갈현열 지음	다산북스	2023
90	시대예보: 호명사회	송길영 지음	교보문고	2024
91	좋은 문장 표현에서 문장부호까지!	이수연 지음	마리북스	2024
92	나는 나를 지킵니다	박진영 지음	우리학교	2024
93	선율 위에 눕다	송지인 지음	자음과모음	2024
94	화가가 사랑한 나무들	앵거스 하일랜드·켄드라 윌슨 지음	오후의서재	2023
95	눈이 보이지 않는 친구와 예술을 보러 가다	와우치 아리오 지음	다다서재	2023
96	화학의 역사	와윌리엄 H. 브록 지음	교유서가	2023
97	찬란한 멸종	이정모 지음	다산북스	2024
98	플래닛 아쿠아	제러미 리프킨 지음	민음사	2024
99	지금 우리가 할 수 있는 일	에두아르도 가르시아 글 사라 보카치니 메도스 그림	청어람미디어	2023
100	인공지능은 나의 읽기-쓰기를 어떻게 바꿀까	김성우 지음	유유	2024